KB139650

21세기 **지식 정보화 시대**
대한민국의 IT **인재로 만드는 비결!**

Information **T**echnology **Q**ualification

엑셀 2021

발 행 일 : 2023년 12월 01일(1판 1쇄)

개 정 일 : 2024년 07월 01일(1판 3쇄)

I S B N : 979-11-92695-04-4(13000)

정   가 : 16,000원

집   필 : KIE기획연구실

진   행 : 김동주

본문디자인 : 앤미디어

발 행 처 : (주)아카데미소프트

발 행 인 : 유성천

주   소 : 경기도 파주시 정문로 588번길 24

홈페이지 : www.aso.co.kr / www.asotup.co.kr

CONTENTS

PART 01

ITQ 시험 안내
및
자료 사용 방법

ITQ 시험 안내

☑ 정보기술자격(ITQ) 시험의 응시 자격 및 시험 과목
☑ 합격 결정기준 및 시험 시간

1. 정보기술자격(ITQ) 시험이란?

정보화 시대의 기업, 기관, 단체 구성원들에 대한 정보기술능력 또는 정보기술 활용능력을 객관적으로 평가하는 시험입니다. 정보기술 관리 및 실무능력 수준을 지수화, 등급화하여 객관성을 높였으며, 과학기술정보통신부에서 공식 인증하는 국가공인자격 시험입니다.

2. 응시 자격 및 시험 과목

❶ 정보기술자격(ITQ) 시험은 정보기술실무능력을 평가하는 시험으로 국민 누구나 응시가 가능합니다.

❷ ITQ 시험은 동일 회차에 아래 한글/MS 워드, 한글 엑셀/한셀, 한글 액세스, 한글 파워포인트/한쇼, 인터넷의 5개 과목 중 최대 3과목까지 시험자가 선택하여 신청할 수 있습니다.

※ 단, 한글 엑셀/한셀, 한글 파워포인트/한쇼, 아래 한글/MS 워드는 동일 과목군으로 동일 회차에 응시 불가
（자격증에는 "한글 엑셀(한셀)", "한글 파워포인트(한쇼)"로 표기되며 최상위 등급이 기재됨)

자격종목		등급	ITQ시험 프로그램 버전		
			시험 S/W	공식버전	시험방식
ITQ 정보기술자격	아래 한글	A/B/C 등급	한컴 오피스	기존과 동일	PBT
	한셀				
	한쇼				
	MS 워드		MS 오피스	MS 오피스 2021 / 2016 선택 응시	
	한글 엑셀				
	한글 액세스				
	한글 파워포인트				
	인터넷		내장 브라우저 : IE8.0이상		

※ 아래 한글 : 2020/NEO 중 선택 응시(시험지 2020/NEO 공용), 한쇼/한셀 : NEO 단일 응시
※ MS 오피스 : 2021/2016 중 선택 응시(시험지 2021/2016 공용)

3. 합격 결정기준

❶ 합격 결정기준

ITQ 시험은 500점 만점을 기준으로 A등급부터 C등급까지 등급별 자격을 부여하며, 낮은 등급을 받은 수험생이 차기시험에 재응시하여 높은 등급을 받으면 등급을 업그레이드 해주는 방법으로 평가를 합니다.

A등급	B등급	C등급
400~500점	300~399점	200~299점

❷ 등급별 수준

등급	수준
A등급	주어진 과제의 80~100%를 정확히 해결할 수 있는 능력
B등급	주어진 과제의 60~79%를 정확히 해결할 수 있는 능력
C등급	주어진 과제의 40~59%를 정확히 해결할 수 있는 능력

4. 시험 배점 및 시험 시간

시험 배점	문항 및 시험방법	시험 시간
과목당 500점	5~10문항 실무작업형 실기시험	과목당 60분

5. 시험출제기준(한글 엑셀/한셀)

문항	배점	출제기준
❶ 표작성	100점	출력형태의 표를 작성하고 조건에 따른 서식변환 및 함수 사용 능력 평가 • 데이터 입력 및 셀 편집 • 도형을 이용한 제목작성 및 편집 • 그림으로 복사, 이름정의, 유효성 검사 등
	140점	• 함수 (*함수 출제 범위 참조)를 이용한 수식작성 • 조건부 서식
❷ 필터, 목표값 찾기, 자동 서식	80점	[유형1] 필터 및 서식 기본 데이터를 이용한 데이터 필터 능력과 서식작성능력 평가 • 고급 필터 : 정확한 조건과 추출 위치 지정 • 자동 서식(표스타일) : 서식 적용
		[유형2] 목표값 찾기 및 필터 원하는 결과값을 구하기 위해 변경되는 값을 구하는 능력과 데이터 필터 능력 평가 • 목표값 찾기 : 정확한 목표값 산출 • 고급 필터 : 정확한 조건과 추출위치 지정
❸ 부분합 /피벗 테이블	80점	[유형1] 부분합 기본 데이터를 이용하여 특정 필드에 대한 합계, 평균 등을 구하는 능력을 평가 • 항목의 종류별 정렬/부분합 조건과 추출결과
		[유형2] 피벗 테이블 데이터 자료 중에서 필요한 필드를 추출하여 보기 쉬운 결과물을 만드는 능력을 평가 • 항목의 종류별 정렬/부분합 조건과 추출 결과
❹ 차트	100점	기본 데이터를 이용하여 보기 쉽게 차트로 표현하는 능력을 평가 • 차트 종류 • 차트 위치 및 서식 • 차트 옵션 변경

※ 함수 출제 범위 : https://license.kpc.or.kr/ 홈페이지 접속 → [자격소개–정보기술자격(ITQ)]–[시험출제기준]–[한글 엑셀/한셀]
※ 응시료 확인 : https://license.kpc.or.kr/ 홈페이지 접속 → [자격소개–정보기술자격(ITQ)]

ITQ 회원 가입 및 시험 접수 안내

☑ 회원 가입하기
☑ 시험 접수 안내

1. 회원 가입하기

(1) ITQ 자격 검정 사이트 접속하기

❶ ITQ 자격 검정 사이트(license.kpc.or.kr)에 접속한 후 화면 위의 〈회원가입〉 단추를 클릭합니다.

❷ [회원가입]에서 '전체 약관(필수항목)에 동의합니다.' 체크 박스를 클릭합니다.

❸ '개인정보 수집·이용 내역 (필수사항)'에 '동의합니다' 체크 박스가 선택되어 있는지 확인한 후 〈개인회원(어린이) 가입 만 14세 미만〉 단추를 클릭합니다.

> ※ 응시자가 만14세 이상일 경우에는 〈개인회원가입 만14세이상〉 단추를 눌러 가입을 진행합니다.

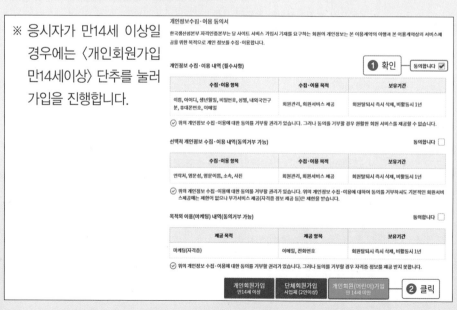

※ 회원 가입 절차는 시험 주관사에 의해 변경될 수도 있습니다.

⑵ 보호자(법적대리인) 본인인증

❶ [회원가입 (만14세 미만 개인회원)]의 [보호자(법적대리인) 본인인증]에서 '수집·이용 내역(필수사항)'의 '동의합니다.' 체크 박스를 클릭합니다. 이어서, [보호자(법적대리인) 본인인증]에서 〈휴대폰 본인인증〉 단추를 클릭합니다.

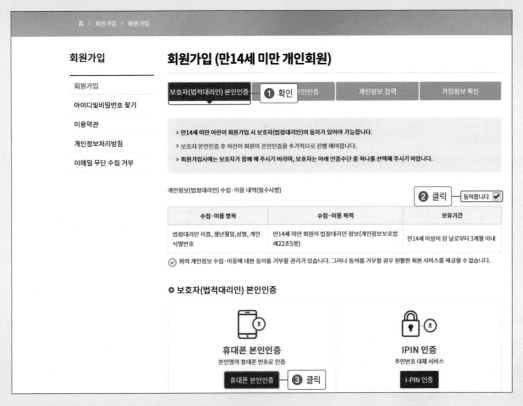

❷ '이용 중이신 통신사를 선택하세요' 창에서 보호자가 현재 이용 중인 통신사를 선택합니다. 이어서, 각각의 동의 내용을 클릭하여 체크한 후 〈시작하기〉 단추를 클릭합니다.

❸ '문자인증'을 선택하여 필요한 개인 정보와 보안문자를 입력한 후 〈확인〉 단추를 클릭합니다.

❹ 보호자의 휴대폰 문자로 전송된 '인증번호'를 입력한 후 〈확인〉 단추를 클릭합니다.

※ 14세미만 본인인증은 '8페이지의 휴대폰(본인 명의의 휴대폰이 있는 경우)' 또는 '10페이지의 I-PIN(본인 명의의 휴대폰이 없는 경우)' 중 하나를 선택하여 진행할 수 있습니다.

(3)-1. 14세미만 본인인증(휴대폰 인증절차)

❶ [14세미만 본인인증]에서 〈휴대폰 본인인증〉 단추를 클릭합니다.

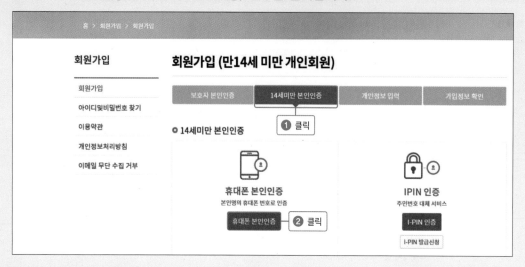

❷ '이용 중이신 통신사를 선택하세요' 창에서 14세미만이 현재 이용 중인 통신사를 선택합니다. 이어서, 각각의 동의 내용을 클릭하여 체크한 후 〈시작하기〉 단추를 클릭합니다.

❸ '문자인증'을 선택하여 필요한 개인 정보와 보안문자를 입력한 후 〈확인〉 단추를 클릭합니다.

❹ 본인의 휴대폰 문자로 전송된 '인증번호'를 입력한 후 〈확인〉 단추를 클릭합니다.

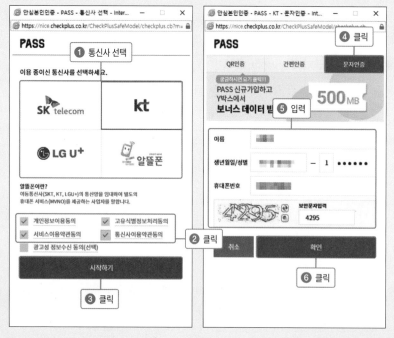

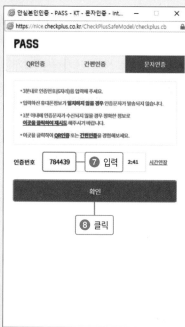

❺ [개인정보 입력]에서 '이름'과 '아이디'를 입력한 후 〈중복확인〉 단추를 클릭합니다. 이어서, '사용 하실 수 있는 ID 입니다' 메시지 창이 나오면 〈Close〉 단추를 클릭합니다.
　※ 아이디를 입력하고 〈중복확인〉 단추를 클릭하여 내가 입력한 아이디를 다른 사용자가 사용하고 있는지 반드시
　　 확인합니다.

❻ 아이디 입력이 완료되면 '비밀번호'와 '비밀번호 확인'을 입력합니다.

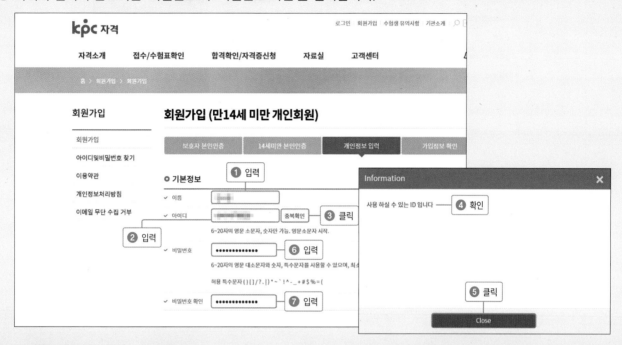

・ **이름** : 본인의 이름을 입력합니다.
・ **아이디** : 6~20자의 영문 소문자, 숫자만 가능, 영문 소문자로 시작합니다.
・ **중복확인** : 입력한 아이디를 다른 사용자가 사용하고 있는지 〈중복확인〉 버튼을 클릭해서 반드시 확인합니다.
・ **비밀번호** : 6~20자의 영문 대소문자와 숫자, 특수문자를 사용할 수 있으며, 최소 2종류 이상을 조합해야 합니다.
・ **비밀번호 확인** : 입력한 비밀번호를 똑같이 한 번 더 입력합니다.

❼ 기본정보 입력이 완료되면 [추가정보]에 내용을 입력한 후 〈가입하기〉 단추를 클릭합니다.
　※ 휴대전화 및 이메일에 '수신 동의합니다'를 클릭하여 체크할 경우 수험 정보를 받을 수 있으며, 비밀번호를 잊어
　　 버렸을 경우 비밀번호 찾기에 사용되므로 체크 박스를 클릭합니다.

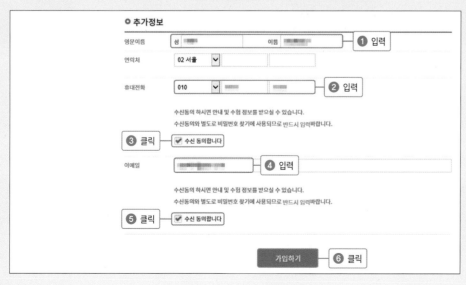

❽ 회원가입이 완료되면 회원가입 정보를 확인한 후 〈확인(홈으로 이동)〉 단추를 클릭합니다.

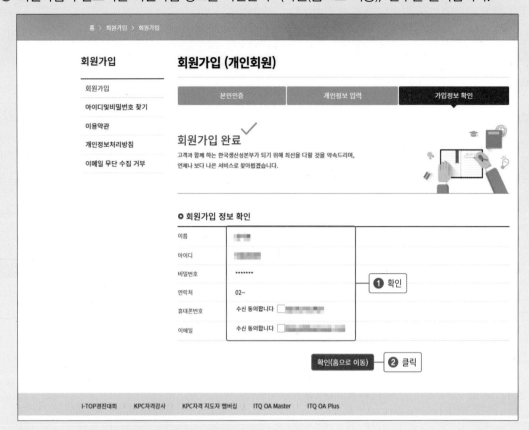

(3)-2. 14세미만 본인인증(I-PIN 인증절차)

❶ [회원가입 (만 14세 미만 개인회원)]의 [14세미만 본인인증]에서 〈I-PIN 인증〉 단추를 클릭합니다.

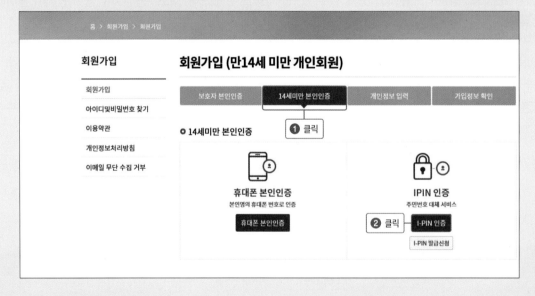

❷ [메인 화면] 창에서 〈신규발급〉 단추를 클릭합니다.

❸ [발급 전 확인사항] 창에서 〈발급하기〉 단추를 클릭합니다.

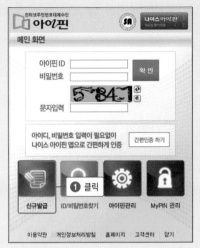
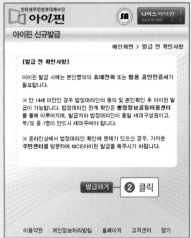

❹ [약관동의] 창에서 모든 항목에 '동의' 체크 박스를 클릭한 후 〈확인〉 단추를
클릭합니다.

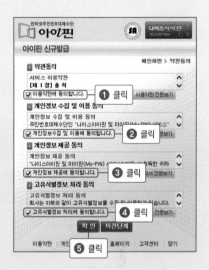

❺ [아이핀 사용자정보] 창에서 발급자 '성명'과 '주민번호', '문자입력'을 입력합니다. 사용할 '아이핀 ID'를 입력한 후
〈ID 중복확인〉 단추를 클릭하여 사용가능한 아이디인지를 확인합니다.

❻ '비밀번호'를 입력한 후 〈비밀번호 검증〉 단추를 클릭하여 비밀번호 사용가능 여부를 확인합니다. 비밀번호 검증이
완료되면 '비밀번호 확인'에 비밀번호를 한 번 더 입력합니다.

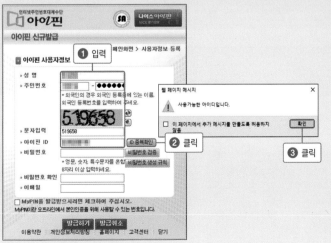

❼ '이메일'을 입력한 후 'MyPIN을 발급받으시려면 체크하여 주십시오'의 체크 박스를 클릭하고 〈발급하기〉 단추를 클릭합니다.

❽ [법정대리인 동의] 창에서 법정대리인 '성명'과 '주민번호'를 입력한 후 〈실명등록 및 아이핀 발급〉 단추를 클릭합니다.

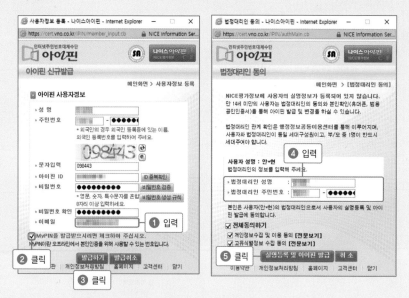

❾ [아이핀 신원확인] 창에서 '휴대폰'이나 '범용 공인인증서'를 선택한 후 정보를 입력하고 〈인증번호 요청〉 단추를 클릭합니다.

❿ 휴대폰 문자로 전송된 '인증번호'를 입력한 후 〈확인〉 단추를 클릭합니다.

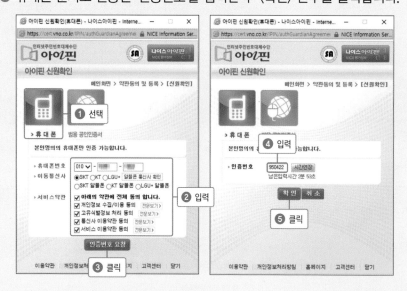

⑪ [2차 비밀번호 설정] 창에서 2차 비밀번호를 두 번 입력한 후 〈확인〉 단추를 클릭합니다.

⑫ [아이핀/My-PIN 발급완료] 창에서 발급 완료를 확인한 후 〈확인〉 단추를 클릭합니다.

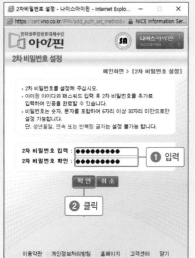 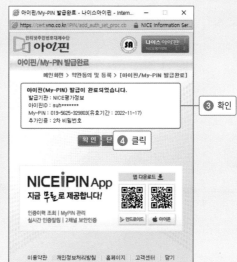

⑬ [메인 화면] 창에서 '아이핀ID', '비밀번호', '문자입력'을 입력한 후 〈확인〉 단추를 클릭합니다.

⑭ [2차 비밀번호 입력] 창에서 2차 비밀번호를 입력한 후 〈확인〉 단추를 클릭합니다.

 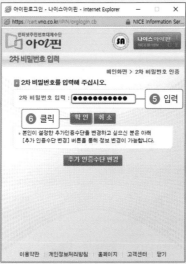

⑮ [메인 화면] 창이 나오면 〈인증 완료〉 단추를 클릭합니다.

⑯ [개인정보 입력]에서 '이름'과 '아이디'를 입력한 후 〈중복확인〉 단추를 클릭합니다. 이어서, '사용 하실 수 있는 ID 입니다' 메시지 창이 나오면 〈Close〉 단추를 클릭합니다.

※ 아이디를 입력하고 〈중복확인〉 단추를 클릭하여 내가 입력한 아이디를 다른 사용자가 사용하고 있는지 반드시 확인합니다.

⑰ 아이디 입력이 완료되면 '비밀번호'와 '비밀번호 확인'을 입력합니다.

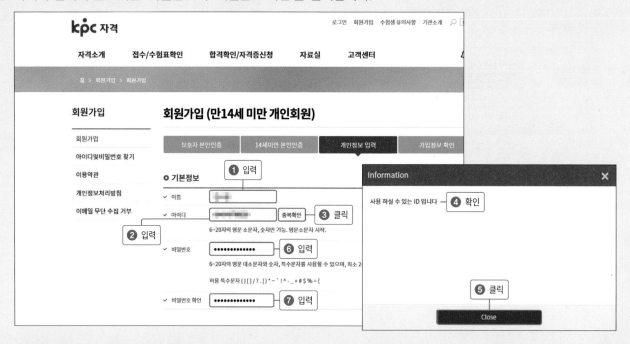

• **이름** : 본인의 이름을 입력합니다.
• **아이디** : 6~20자의 영문 소문자, 숫자만 가능, 영문 소문자로 시작합니다.
• **중복확인** : 입력한 아이디를 다른 사용자가 사용하고 있는지 [중복확인] 버튼을 클릭해서 반드시 확인합니다.
• **비밀번호** : 6~20자의 영문 대소문자와 숫자, 특수문자를 사용할 수 있으며, 최소 2종류 이상을 조합해야 합니다.
• **비밀번호 확인** : 입력한 비밀번호를 똑같이 한 번 더 입력합니다.

⑱ 기본정보 입력이 완료되면 [추가정보]에 내용을 입력한 후 〈가입하기〉 단추를 클릭합니다.

※ 휴대전화 및 이메일에 '수신 동의합니다'를 클릭하여 체크할 경우 수험 정보를 받을 수 있으며, 비밀번호를 잊어버렸을 경우 비밀번호 찾기에 사용되므로 체크 박스를 클릭합니다.

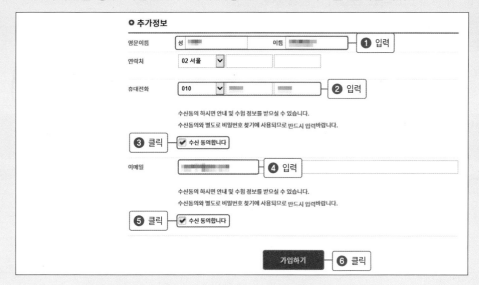

⑲ 회원가입이 완료되면 회원가입 정보를 확인한 후 〈확인(홈으로 이동)〉 단추를 클릭합니다.

2. 시험 접수 안내

❶ 응시원서의 입력 항목에 따라 지역 및 고사장 선택, 신상명세입력, 본인사진을 등록합니다.
 – 사진 등록을 위한 이미지 파일은 온라인 편집이 가능합니다.

❷ 응시원서 작성이 끝나면 결제화면에서 신용카드 및 온라인 이체로 응시료를 결제합니다.
 – 결제 금액은 응시료+인터넷 접수 건별 소정의 수수료가 산정됩니다.

❸ 응시원서 작성과 온라인 결제가 끝나면 ITQ 시험 접수확인증이 화면에 출력되고 인쇄 기능이 지원됩니다.

인터넷 접수		방문 접수
⇩		⇩
인터넷 원서접수 기간확인		방문접수 기간확인
⇩ ⇩		⇩
단체회원 로그인 · 개인회원 가입확인		지역센터 위치확인
⇩ ⇩		⇩
접수방법선택 · 개인정보확인		개인회원 가입확인
⇩ ⇩		⇩
지역/고사장/응시회원편집 · 지역/고사장/과목선택		지역별 방문접수(원서작성)
⇩ ⇩		⇩
결제 · 결제		응시료 입금
⇩ ⇩		⇩
접수완료/확인 · 접수증확인(출력)		수험표 확인
⇩ ⇩		⇩
수험표 확인(시험일 2일전까지 사진등록)		시험응시
⇩		
시험응시		

ITQ 자료 사용 방법

☑ 자료 다운로드 방법 ☑ 온라인 답안 시스템
☑ 자동 채점 프로그램 ☑ 자동 채점 프로그램 Q&A
☑ 엑셀 2021 화면 구성

1. 자료 다운로드 방법

❶ 크롬 브라우저를 실행하여 아카데미소프트(https://aso.co.kr) 홈페이지에
접속합니다.

❷ 왼쪽 상단에 [컴퓨터 자격증 교재]를 클릭합니다.

❸ [ITQ 자격증]-[2024 이공자 ITQ 엑셀 2021(좌무선)] 교재를 클릭합니다.

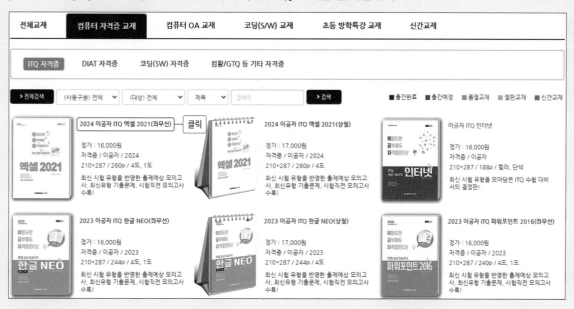

❹ 왼쪽 화면 아래에 [학습 자료]를 클릭합니다.

❺ [2024 이공자 ITQ 엑셀 2021(좌무선)_학습 자료]를 클릭합니다.

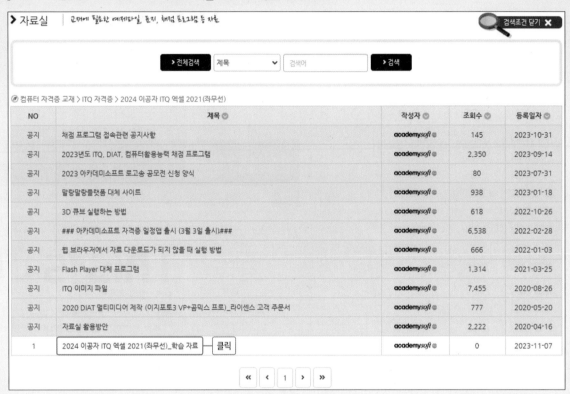

❻ **다운로드** 단추를 클릭하여 자료를 다운로드 받으시면 됩니다.

2. 온라인 답안 시스템

❶ 온라인 답안 시스템

[KOAS–온라인 답안 시스템] 프로그램은 **수험자 연습용 답안 전송 프로그램**이기 때문에 서버에서 제어가 되지 않는 개인용 버전입니다. 실제 시험 환경을 미리 확인하는 차원에서 테스트하시기 바랍니다.

※ 해당 '온라인 답안 시스템'은 변경된 ITQ 시험 버전에 맞추어 수정된 최신 버전의 프로그램입니다.

❷ 필요한 자료를 다운받아 압축을 해제했다면 바탕화면의 [2024 이공자 ITQ 엑셀 2021_학습 자료]–[온라인 답안 시스템] 폴더에서 '**온라인 답안 시스템(연습용).exe**'을 더블 클릭하여 실행합니다.

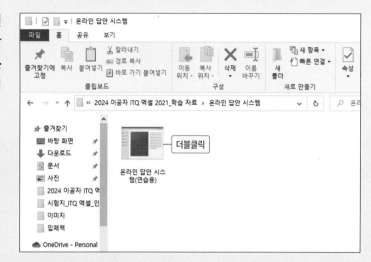

❸ 원하는 **시험 과목**을 선택하고 **수험자 성명**을 입력한 후 〈선택〉 단추를 클릭합니다.

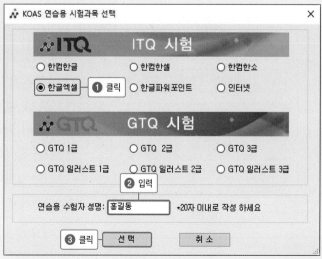

❹ **수험번호**를 입력하고 정상적인 시험인지 또는 재시험자인지를 선택한 후 〈확인〉 단추를 클릭합니다. 이어서, [수험번호 확인] 창이 나오면 수험번호와 구분 내용을 확인한 후 〈확인〉 단추를 클릭합니다.

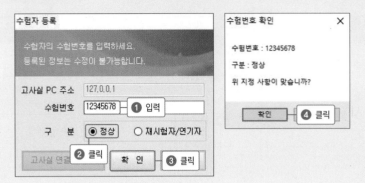

❺ 다음과 같이 수험자 정보가 맞는지 확인한 후 〈확인〉 단추를 클릭합니다.

※ 새롭게 변경된 ITQ 시험의 답안 폴더 경로는 [내 PC]–[문서]–[ITQ]입니다.

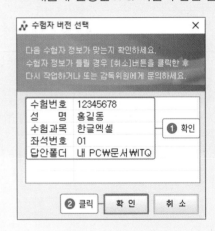

❻ 온라인 답안 시스템이 실행되면 모니터 오른쪽 상단에 답안 전송 프로그램이 나타납니다.

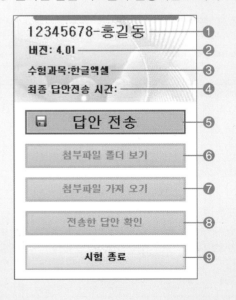

❶ 답안 저장 파일명으로 '수험번호–수험자명'으로 구성
❷ 온라인 답안 시스템 업그레이드 번호
❸ 사용자가 선택한 시험 과목
❹ 답안을 마지막에 전송한 시간
❺ 수험자가 작성한 답안을 감독위원 PC로 전송
❻ 답안 작성시 필요한 그림의 폴더 보기
❼ 답안 작성시 필요한 그림 파일 등을 감독위원 PC에서 수험자PC로 전송
❽ 수험자가 전송한 답안을 다시 불러옴
❾ 시험 종료

❼ 답안 파일 이름은 수험자 자신의 '**수험번호-성명(12345678-홍길동)**' 형태로 [내 PC]–[문서]–[ITQ] 폴더에 저장합니다.

※ 새롭게 변경된 ITQ 시험의 답안 폴더 경로는 [내 PC]–[문서]–[ITQ]입니다.

❽ 답안 전송 프로그램에서 💾답안 전송 단추를 클릭한 후 메세지 창이 나오면 〈확인〉 단추를 클릭합니다

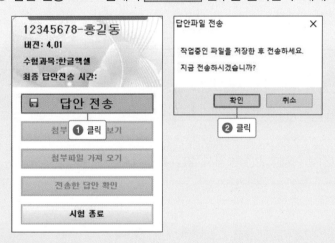

❾ 전송할 답안파일이 맞는지 확인(파일목록과 존재 유무)한 후 💾답안 전송 단추를 클릭합니다. 이어서, 메시지 창이 나오면 〈확인〉 단추를 클릭합니다.

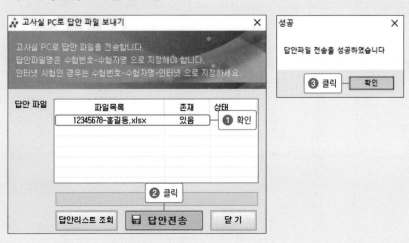

⑩ '**상태**' 항목이 '**성공**'인지 확인한 후 〈닫기〉 단추를 클릭합니다. 이어서, 감독위원의 지시를 따릅니다.

※ 해당 '온라인 답안 시스템'은 개인이 연습할 수 있도록 만들어진 프로그램으로 실제 답안 파일이 전송되지는 않습니다.

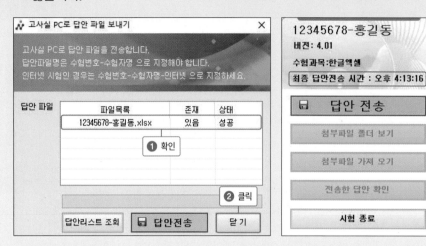

3. 자동 채점 프로그램

❶ 자동 채점 프로그램은 작성한 답안 파일을 정답 파일과 비교하여 틀린 부분을 찾아주는 프로그램입니다. 오피스 프로그램상의 한계로 100% 정확한 채점은 어렵기 때문에 참고용으로 사용하시기 바랍니다.

❷ 필요한 자료를 [자료실]에서 [공지]-'ITQ, DIAT, 컴퓨터활용능력 채점 프로그램'을 클릭합니다. 이어서, [채점 프로그램(무설치 버전)_20231109] 파일을 다운로드 받아 압축을 해제한 후 [채점 프로그램(무설치 버전)_20231109]- '채점 프로그램(무설치 버전)_실행 파일'을 더블 클릭하여 채점 프로그램을 실행합니다.

※ [웹 버전] 채점 프로그램은 [무설치 버전] 채점 프로그램과 동일합니다. [무설치 버전]이 실행이 되지 않을 때 [웹 버전]으로 실행해 보시기 바랍니다.

※ 채점 프로그램 폴더는 임의로 이름을 변경하거나 삭제하면 작동되지 않습니다.

❸ 자동 채점 프로그램이 실행되면 채점하고자 하는 표지를 클릭합니다. 이어서, 〈정답파일 열기(圖)〉 단추를 클릭한 다음 [열기] 창이 나오면 채점에 사용할 정답 파일을 선택한 후 〈열기〉 단추를 클릭합니다.

❹ 정답 파일이 열리면 〈수검자파일 열기(圖)〉 단추를 클릭합니다. 이어서, [열기] 창이 나오면 정답 파일과 비교하여 채점할 학생 답안 파일을 선택한 후 〈열기〉 단추를 클릭한 다음 〈채점〉 단추를 클릭합니다.

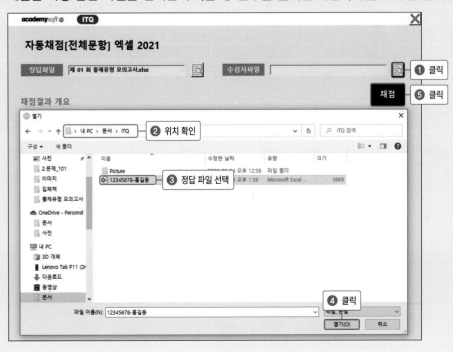

❺ 채점이 완료되면 문제별 전체 점수에서 맞은 점수를 확인하실 수 있습니다. 각 기능별로 자세하게 틀린 부분을 확인 할 때는 화면 아래에 〈채점결과 상세〉 단추를 클릭하여 [정답] 항목과 비교하여 틀린 부분을 다시 확인합니다.

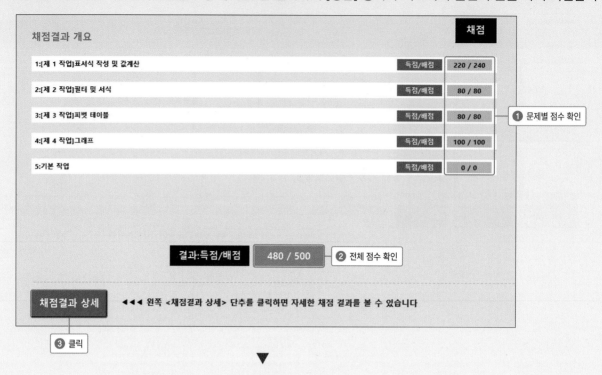

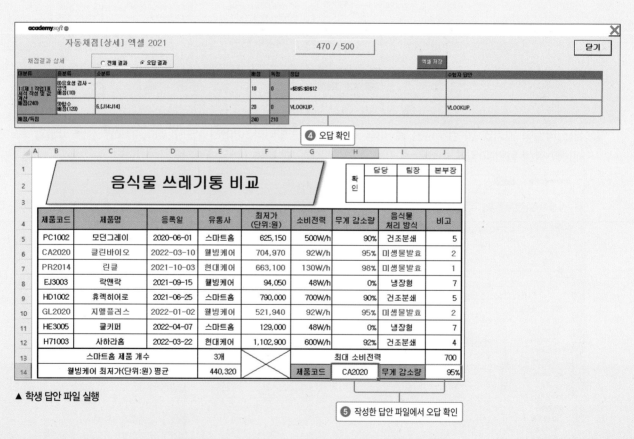

▲ 학생 답안 파일 실행

4. 자동 채점 프로그램 Q&A

1) MS 오피스 프로그램의 버전이 중복으로 설치되어 있다면 오류가 발생할 수 있습니다.(예 : 2010/2016 중복 설치)
   - 2016 버전을 제외한 MS 오피스 프로그램을 삭제하고 재부팅 후 다시 실행해보시기 바랍니다.

2) '엑셀 파일을 읽지 못했습니다.' 메시지가 나올 경우
   - 엑셀 프로그램을 최신 버전으로 업데이트 해보시기 바랍니다.

3) '허가되지 않은 파일' 메시지가 나올 경우
   - 〈정답 열기〉에서 아카데미소프트에서 제공하는 정답 파일이 아닌 다른 파일을 불러올 경우 해당 메시지가 나옵니다.

4) '.NET Framework가 설치되어 있어야 합니다.' 메시지가 나올 경우
   - 인터넷에서 '.NET Framework 4.0' 프로그램을 찾아 설치하시기 바랍니다. 만약 이미 설치되어 있다고 나올 경우에는 [시작]-[설정]-[앱]-[프로그램 및 기능]-[Windows 기능 켜기/끄기]에서 '.NET Framework' 관련 기능들이 체크되어 있는지 확인하시기 바랍니다.

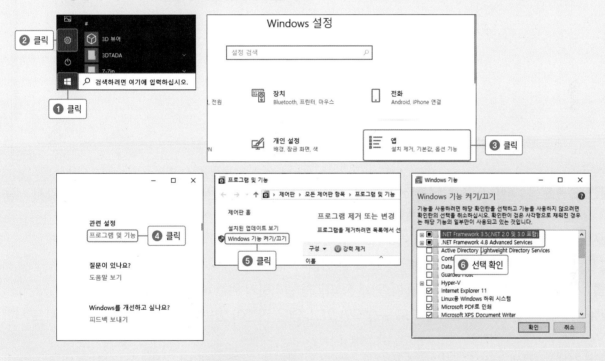

5) 'EF 작동이 중지되었습니다.' 메시지가 나올 경우
   - 사용하고 있는 오피스 프로그램을 최신 버전으로 업데이트 합니다.
     • MS 오피스 : 윈도우 업데이트를 통해 최신 버전으로 업데이트할 수 있습니다.
     • 한컴 오피스 : [시작]-[한글과 컴퓨터]-[한컴 자동 업데이트 NEO]를 실행하여 업데이트를 진행할 수 있습니다.

   ※ 주의 : 오피스 프로그램이 정품이 아닌 불법 복제프로그램(무설치 버전, 레지스트리 변형 버전, OO 패치 버전, 정품 확인 제한 버전, 업그레이드 제한 버전 등)일 경우에는 채점 프로그램이 정상적으로 실행되지 않으니 참고하시기 바랍니다.

5. 엑셀 2021 화면구성

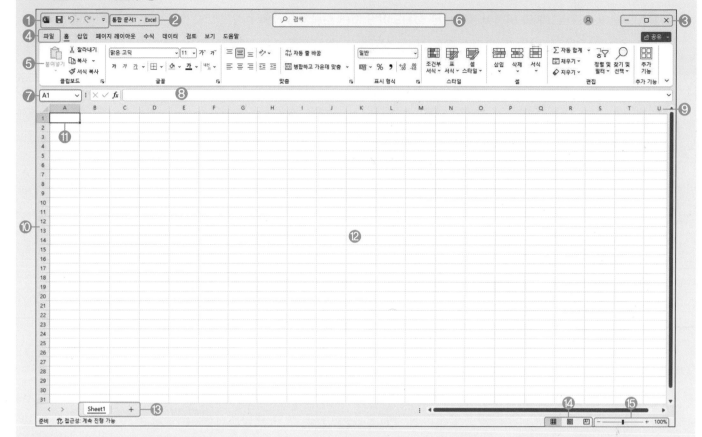

❶ **빠른 실행 도구 모음** : 저장 또는 실행 취소 등 자주 사용하는 기능을 아이콘으로 제공하며, 필요에 따라서 사용자가 기능(새로 만들기, 열기 등)을 직접 추가하거나 삭제할 수 있습니다.

❷ **제목 표시줄** : 현재 작업 중인 문서의 파일명이 표시됩니다.

❸ **창 조절 단추** : 창의 크기를 최소화, 최대화, 종료할 수 있습니다.

❹ **[파일] 탭** : 저장, 열기, 최근 항목, 새로 만들기, 인쇄 등 파일을 관리하기 위한 메뉴로 구성되어 있습니다.

❺ **리본 메뉴** : 유사한 기능들이 각각의 탭으로 구성되어 있고, 탭은 관련이 있는 기능들을 그룹으로 묶어서 표시합니다.

❻ **빠른 실행(검색)** : '검색' 부분을 클릭하여 필요한 기능을 입력하면 경로 선택 없이 원하는 작업을 바로 실행할 수 있습니다.

❼ **이름 상자** : 현재 셀 포인터가 위치한 셀 주소를 표시합니다.

❽ **수식 입력줄** : 현재 셀에 입력된 내용이 표시되며 직접 데이터를 입력하거나 수정할 수 있습니다.

❾ **열 머리글** : A~XFD열까지 16,384개의 열로 구성되어 있습니다.

❿ **행 머리글** : 1~1,048,576행으로 구성되어 있습니다.

⓫ **셀** : 행과 열이 만나 구성되는 작은 사각형을 말합니다.

⓬ **워크시트** : 실제 데이터를 입력하고 편집할 수 있는 작업 공간입니다.

⓭ **시트 탭** : 현재 작업 중인 워크시트의 이름을 표시하며, 워크시트를 추가 또는 삭제하거나 순서를 변경할 수 있습니다.

⓮ **화면 보기** : 기본, 페이지 레이아웃, 페이지 나누기 미리 보기 중에서 원하는 화면 보기 방식을 선택할 수 있습니다.

⓯ **확대/축소 도구** : 작업 중인 워크시트의 화면 배율을 설정할 수 있습니다.

PART 02

출제유형
완전정복

답안 작성요령에 맞추어 답안 파일 준비하기

☑ 시트 추가하기
☑ 시트 이름 변경 및 파일 저장

☑ 시트 그룹화 및 열([A]) 너비 조절

문제 미리보기

소스 파일 : 직접 입력   **정답 파일 :** [출제유형 01]−유형01_완성.xlsx

◆ ≪출력형태≫

◆ ≪답안 작성 요령≫

답안 작성요령

● 온라인 답안 작성 절차
  수험자 등록 ⇒ 시험 시작 ⇒ 답안파일 저장 ⇒ 답안 전송 ⇒ 시험 종료

● 문제는 총 4단계, 즉 제1작업부터 제4작업까지 구성되어 있으며 반드시 제1작업부터 순서대로 작성하고 조건대로 작업하시오.

● 모든 작업시트의 A열은 열 너비 '1'로, 나머지 열은 적당하게 조절하시오.

● 모든 작업시트의 테두리는 ≪출력형태≫와 같이 작업하시오.

● 해당 작업란에서는 각각 제시된 조건에 따라 ≪출력형태≫와 같이 작업하시오.

● 답안 시트 이름은 "제1작업", "제2작업", "제3작업", "제4작업"이어야 하며 답안 시트 이외의 것은 감점 처리됩니다.

● 각 시트를 파일로 나누어 작업해서 저장할 경우 실격 처리됩니다.

◆ [제1작업] 서식 ≪조건≫

≪조건≫
  ○ 모든 데이터의 서식에는 글꼴(굴림, 11pt), 정렬은 숫자 및 회계 서식은 오른쪽 정렬, 나머지 서식은 가운데 정렬로 작성하며 예외적인 것은 ≪출력형태≫를 참조하시오.

01 시트 추가 후 이름 변경 및 열 너비 조절하기

❶ [시작(⊞)] 단추를 눌러 Excel 2021(🅧) 프로그램을 클릭하여 실행합니다. 이어서, Esc 키를 눌러 새 통합 문서를 만듭니다.

❷ 문서가 열리면 왼쪽 하단의 시트 탭에서 새 시트(+)를 두 번 클릭하여 새로운 시트 2개를 추가합니다. 이어서, [Sheet3]이 선택된 상태에서 Shift 키를 누른 채 [Sheet1]을 클릭하여 세 개의 시트를 모두 선택합니다.

❸ [A] 열 머리글 위에서 마우스 오른쪽 단추를 눌러 바로 가기 메뉴가 나오면 [열 너비]를 클릭합니다. 이어서, [열 너비] 대화상자가 나오면 열 너비 입력 칸에 '1'을 입력한 후 〈확인〉 단추를 클릭합니다.

※ 세 개의 시트를 그룹으로 지정하였기 때문에 모든 시트의 [A] 열 너비가 '1'로 변경됩니다.

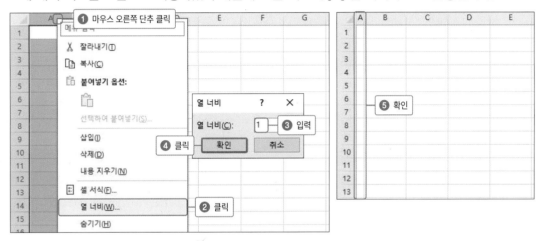

❹ [Sheet2]를 클릭하여 시트 그룹을 해제한 후 [Sheet1]을 더블 클릭합니다. 시트 이름이 블록으로 지정되면 '제1작업'을 입력한 후 Enter 키를 누릅니다.

❺ 똑같은 방법으로 [Sheet2]와 [Sheet3]의 이름을 변경('제2작업', '제3작업')합니다.

※ [제4작업] 시트는 차트를 작성할 때 추가합니다.

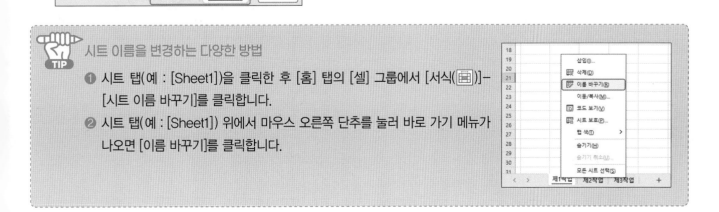

시트 이름을 변경하는 다양한 방법

❶ 시트 탭(예 : [Sheet1])을 클릭한 후 [홈] 탭의 [셀] 그룹에서 [서식(▦)]-[시트 이름 바꾸기]를 클릭합니다.

❷ 시트 탭(예 : [Sheet1]) 위에서 마우스 오른쪽 단추를 눌러 바로 가기 메뉴가 나오면 [이름 바꾸기]를 클릭합니다.

≪조건≫ : 모든 데이터의 서식에는 글꼴(굴림, 11pt), 정렬은 숫자 및 회계 서식은 오른쪽 정렬, 나머지 서식은 가운데 정렬로 작성하며 예외적인 것은 ≪출력형태≫를 참조하시오.

❶ [제1작업] 시트를 선택한 후 ⬜(전체 선택)(**Ctrl**+**A**)을 클릭합니다.

❷ [홈] 탭의 [글꼴] 그룹에서 글꼴(굴림)과 글꼴 크기(11)를 지정한 후 [맞춤] 그룹에서 '가운데 맞춤(≡)'을 클릭합니다.

※ 데이터 정렬은 기본적으로 '가운데 맞춤'으로 지정한 후 숫자 및 회계 서식만 '오른쪽 맞춤'으로 변경합니다.

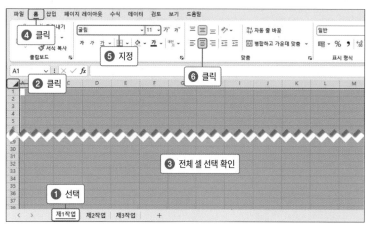

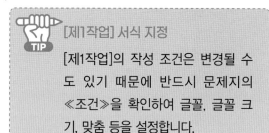

[제1작업] 서식 지정

[제1작업]의 작성 조건은 변경될 수도 있기 때문에 반드시 문제지의 ≪조건≫을 확인하여 글꼴, 글꼴 크기, 맞춤 등을 설정합니다.

❸ [파일] 탭의 [저장] 또는 [빠른 실행 도구 모음]에서 저장(🖫)을 클릭한 후 [찾아보기(🗁)]를 선택합니다.

❹ [다른 이름으로 저장] 대화상자가 나오면 경로를 [내 PC]-[문서]-[ITQ] 폴더로 지정하고, 파일 이름에 '수험번호-성명'을 입력한 후 〈저장〉 단추를 클릭합니다.

※ 실제 시험을 볼 때 작업 도중에 수시로 (10분에 한 번 정도) 저장을 하는 것이 좋습니다.

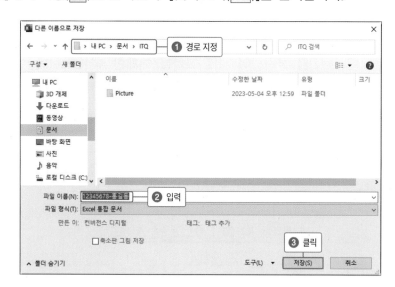

시험
분석
답안 파일 저장

실제 시험에서는 감독위원의 지시에 따라 저장 위치([내 PC]-[문서]-[ITQ])를 선택하여 '**수험번호-이름 (예 : 12345678-홍길동)**'의 형식으로 저장한 후 감독관 PC로 답안 파일을 전송해야 합니다. 단, 저장 경로는 운영체제 및 시험 규정에 따라 달라질 수 있습니다.

[제1작업] 데이터 입력 및 제목 작성

☑ 데이터 입력 후 셀 병합　　　　　　　　☑ 셀 테두리 지정
☑ 도형을 이용하여 제목을 작성한 후 그림자 스타일 지정

문제 미리보기
소스 파일 : [출제유형 02]-유형02_문제.xlsx　　정답 파일 : [출제유형 02]-유형02_완성.xlsx

➔ 다음은 '**튼튼정형외과 5월 진료 현황**'에 대한 자료이다. 자료를 입력하고 조건에 맞도록 작업하시오.

◆ ≪출력형태≫　　　　　　　　　　　　　　　　　　　　　　　　　　　　　　　　　　〈240점〉

진료코드	환자명	진료날짜	진료실	치료부위	진료비 (단위:원)	만족도	만족도 순위	치료내용
W1161	고강표	2022-05-10	1진료실	허리	75000	85	(1)	(2)
N2262	송현미	2022-05-02	2진료실	목	150000	90	(1)	(2)
W1251	한철수	2022-05-21	1진료실	허리	170000	82	(1)	(2)
W3342	김윤희	2022-05-09	3진료실	허리	26000	79	(1)	(2)
K2171	박주승	2022-05-12	2진료실	무릎	80000	92	(1)	(2)
A1312	이은주	2022-05-17	1진료실	무릎	32000	86	(1)	(2)
N2331	조성수	2022-05-21	3진료실	목	28000	98	(1)	(2)
K1362	김수연	2022-05-07	1진료실	무릎	35000	80	(1)	(2)
허리치료 진료 건수			(3)		최대 진료비(단위:원)			(5)
1진료실 진료비(단위:원) 평균			(4)		진료코드		진료실	(6)

◆ ≪조건≫

　▶ 모든 데이터의 서식에는 글꼴(굴림, 11pt), 정렬은 숫자 및 회계 서식은 오른쪽 정렬, 나머지 서식은 가운데 정렬로
　　작성하며 예외적인 것은 ≪출력형태≫를 참조하시오.

　▶ 제 목 ⇒ 도형(사다리꼴)과 그림자(오프셋 오른쪽)를 이용하여 작성하고 "튼튼정형외과 5월 진료 현황"을 입력한 후
　　다음 서식을 적용하시오(글꼴-굴림, 24pt, 검정, 굵게, 채우기-노랑).

　▶ 임의의 셀에 결재란을 작성하여 그림으로 복사 기능을 이용하여 붙이기 하시오(단, 원본 삭제).

　▶「B4:J4, G14, I14」영역은 '주황'으로 채우기 하시오.

　▶ 유효성 검사를 이용하여「H14」셀에 진료코드(「B5:B12」영역)가 선택 표시되도록 하시오.

　▶ 셀 서식 ⇒「H5:H12」영역에 셀 서식을 이용하여 숫자 뒤에 '점'을 표시하시오(예 : 85점).

　▶「F5:F12」영역에 대해 '치료부위'로 이름정의를 하시오.

　※ ≪조건≫ 중에서 파란색으로 표시된 내용만 작업합니다.

❶ **유형02_문제.xlsx** 파일을 불러와 [제1작업] 시트를 선택합니다. 이어서, ≪출력형태≫를 참고하여 아래와 같이 데이터를 입력합니다.

※ 파일 불러오기 : [파일]–[열기](Ctrl+O)–[찾아보기]를 클릭한 후 [열기] 대화상자에서 파일을 선택하여 불러옵니다.

	A	B	C	D	E	F	G	H	I	J
1										
2										
3										
4		진료코드	환자명	진료날짜	진료실	치료부위	진료비 (단위:원)	만족도	만족도 순위	치료내용
5		W1161	고강표	2022-05-10	1진료실	허리	75000	85		
6		N2262	송현미	2022-05-02	2진료실	목	150000	90		
7		W1251	한철수	2022-05-21	1진료실	허리	170000	82		
8		W3342	김윤희	2022-05-09	3진료실	허리	26000	79		
9		K2171	박주승	2022-05-12	2진료실	무릎	80000	92		
10		A1312	이은주	2022-05-17	1진료실	무릎	32000	86		
11		N2331	조성수	2022-05-21	3진료실	목	28000	98		
12		K1362	김수연	2022-05-07	1진료실	무릎	35000	80		
13	리치료 진료 건수						최대 진료비(단위:원)			
14	진료비(단위:원) 평균							진료코드		진료실

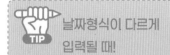

날짜형식이 다르게 입력될 때!

≪출력형태≫와 동일하게 진료 날짜를 입력했지만 다른 형식 으로 표시될 경우(예 : May–20)에는 Ctrl+Z 키를 눌러 적용된 셀 서식을 지운 후 다시 입력합니다.

데이터 입력 방법(ITQ 엑셀 시험은 [제1작업] 데이터를 직접 입력해야 합니다.)

❶ ≪출력형태≫에서 '함수'를 이용하여 답을 작성하는 (1)~(6) 부분과 '유효성 검사'를 이용하는 [H14] 셀(W1161) 의 데이터는 입력하지 않고 빈 셀로 남겨둡니다.

❷ [G4], [I4] 셀처럼 두 줄로 입력된 데이터는 첫 번째 줄의 내용을 입력한 후 Alt+Enter 키를 눌러 두 번째 줄의 내용을 입력합니다. 예) 진료비 → Alt+Enter → (단위:원)

❸ [D] 열에 입력된 날짜는 –(하이픈)을 이용하여 입력합니다.

❹ 데이터 입력 시 백분율(12%, 12.35%…)은 키보드의 '%'를 이용하여 입력합니다. 또한 소수 점은 키보드의 '.'을 이용하여 입력하며, [홈] 탭의 [표시 형식] 그룹에서 자릿수 늘림(🔼)과 자릿수 줄임(🔽)을 이용하여 소수 자리점 을 맞춥니다.

❺ 허리치료 진료 건수는 [B13] 셀, 1진료실 진료비(단위:원) 평균 [B14] 셀, 최대 진료비(단위:원)는 [G13] 셀에 각 각 입력합니다. ※ 셀들을 먼저 병합한 후 병합된 셀에 데이터를 입력할 수도 있습니다.

❻ 셀에 입력된 데이터를 수정하기 위해서는 해당 셀을 선택한 후 F2 키 또는 더블 클릭하여 데이터를 수정합니다.

❼ [제1작업] 시트에 입력된 데이터를 이용하여 [제2작업], [제3작업], [제4작업] 시트를 작성하기 때문에 오타 및 누 락된 내용이 없는지 반드시 ≪출력형태≫와 비교하여 확인합니다.

---

❷ [B13:D13] 영역을 드래그한 후 Ctrl 키 를 누른 상태에서 [B14:D14], [F13:F14], [G13:I13] 영역을 드래그 합니다. 이어서, [홈] 탭의 [맞춤] 그룹에서 '병합하고 가운 데 맞춤(🔲)'을 클릭합니다.

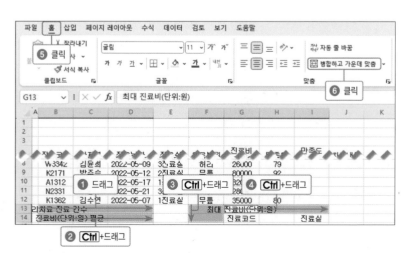

02 열 너비 및 행 높이 조절

❶ [C] 열의 열 너비를 조절하기 위해 [C] 열과 [D] 열 머리글 사이에 마우스 포인터를 위치시킨 후 **더블 클릭**합니다.

※ 열의 너비는 《출력형태》를 참고하여 조절합니다.

※ 머리글 사이를 더블 클릭하면 [C] 열에 입력된 데이터 중 가장 긴 데이터의 길이에 맞추어 열 너비가 자동으로 조절됩니다.

❷ 똑같은 방법으로 《출력형태》를 참고하여 다른 열들의 열 너비를 조절합니다.

※ [D:H] 머리글을 드래그한 후 열 머리글 사이를 더블 클릭하면 한 번에 열의 너비를 조절할 수 있습니다.

TIP 열 너비 조절

열 너비를 조절한 후에도 병합된 셀의 데이터 내용([B14: D14])이 모두 보이지 않을 경우에는 해당 열([B:D]) 머리글 사이를 마우스로 드래그하여 모든 데이터가 보이도록 합니다.

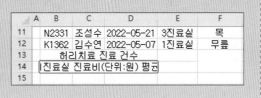

---

❸ 제목을 입력하기 위해 [1:3] 행의 머리글을 드래그한 후 행 머리글 위에서 마우스 오른쪽 단추를 눌러 바로 가기 메뉴가 나오면 [행 높이]를 클릭합니다. [행 높이] 대화상자가 나오면 '25'를 입력한 후 〈확인〉 단추를 클릭합니다.

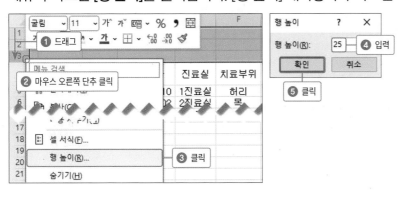

④ 똑같은 방법으로 [4] 행(행 높이 : 32)과 [5:14] 행(행 높이 : 22)의 높이를 변경합니다.

※ 행의 높이는 별도의 조건이 없기 때문에 ≪출력형태≫를 참고하여 높이를 변경합니다.

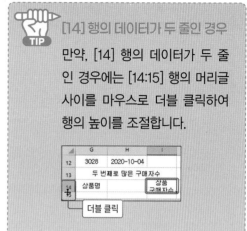

[14] 행의 데이터가 두 줄인 경우

만약, [14] 행의 데이터가 두 줄인 경우에는 [14:15] 행의 머리글 사이를 마우스로 더블 클릭하여 행의 높이를 조절합니다.

03 셀 테두리 지정

① [B4:J14] 영역을 드래그한 후 [홈] 탭의 [글꼴] 그룹에서 테두리(⊞)의 목록 단추(˅)를 눌러 '모든 테두리(⊞)'를 클릭합니다. 이어서, 다시 테두리(⊞)의 목록 단추(˅)를 눌러 '굵은 바깥쪽 테두리(⊡)'를 클릭합니다.

※ 셀 테두리는 별도의 조건이 없기 때문에 ≪출력형태≫를 참고하여 작업합니다.

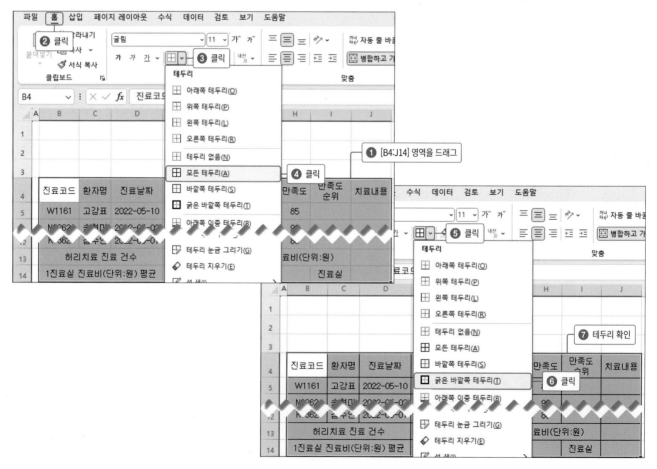

② [B4:J4] 영역을 드래그한 후 Ctrl 키를 누른 상태에서 [B13:J14] 영역도 드래그합니다. 이어서, [홈] 탭의 [글꼴] 그룹에서 '**굵은 바깥쪽 테두리(⊞)**'를 클릭합니다.

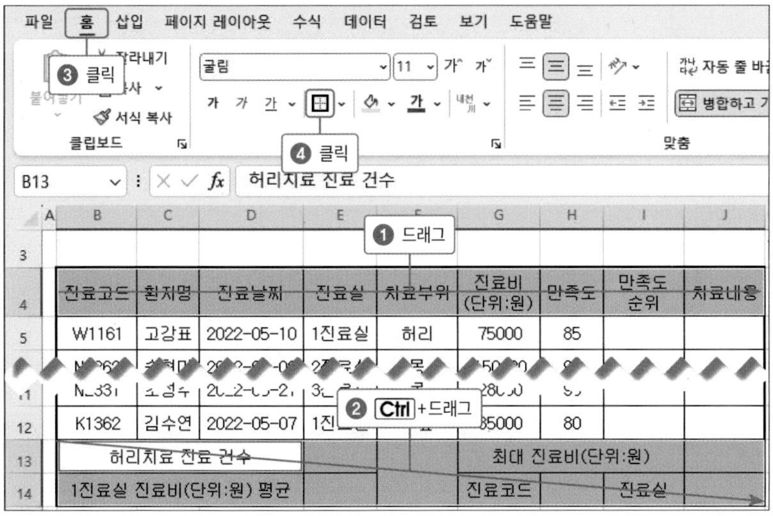

TIP 굵은 테두리 지정 시 주의할 점!

굵은 테두리(⊞)를 지정하는 방법은 다양하지만 함수 계산 후 자동 채우기를 실행하면 굵은 선이 함께 적용되어 문제가 발생할 수 있으니 위와 같은 방법으로 굵은 테두리를 지정하는 것이 좋습니다.

③ [F13:F14] 셀 위에서 마우스 오른쪽 단추를 눌러 바로 가기 메뉴가 나오면 [**셀 서식(Ctrl+1)**]을 클릭합니다.

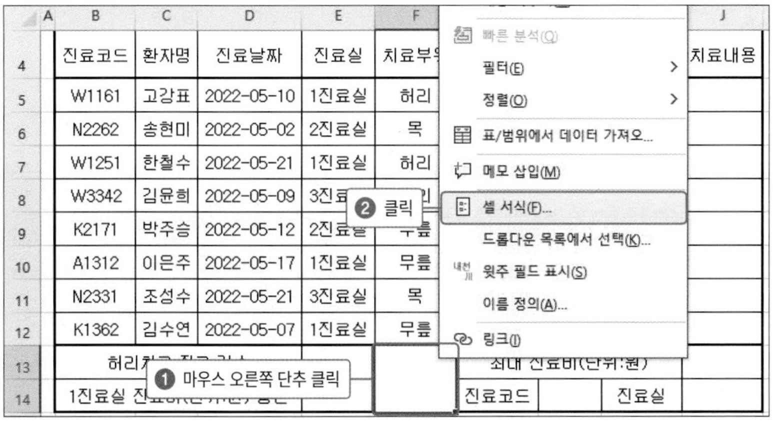

④ [셀 서식] 대화상자가 나오면 [**테두리**] 탭을 클릭하여 선의 **스타일**(────)과 **테두리**(⧅, ⧄)를 지정한 후 〈확인〉 단추를 클릭합니다. 테두리 작업이 끝나면 ≪출력형태≫와 비교하여 확인합니다.

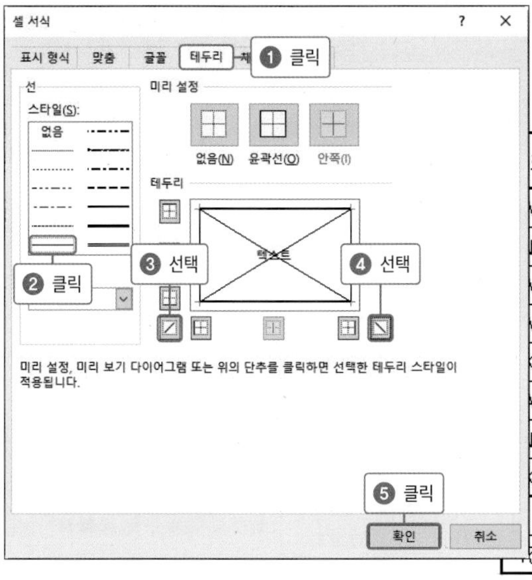

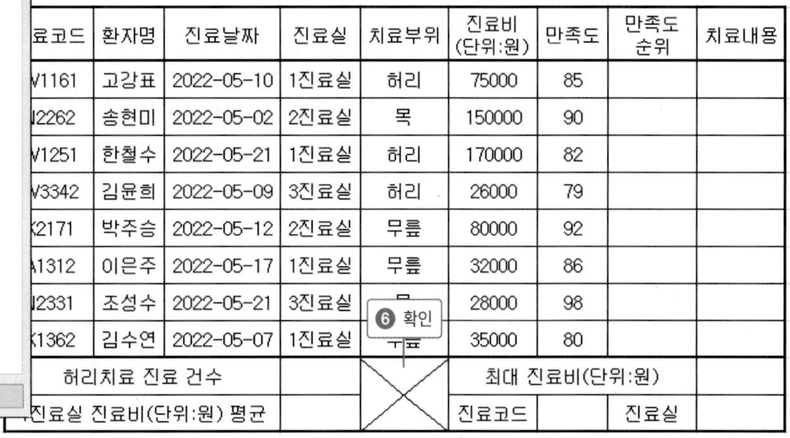

료코드	환자명	진료날짜	진료실	치료부위	진료비 (단위:원)	만족도	만족도 순위	치료내용
V1161	고강표	2022-05-10	1진료실	허리	75000	85		
I2262	송현미	2022-05-02	2진료실	목	150000	90		
V1251	한철수	2022-05-21	1진료실	허리	170000	82		
V3342	김윤희	2022-05-09	3진료실	허리	26000	79		
K2171	박주승	2022-05-12	2진료실	무릎	80000	92		
A1312	이은주	2022-05-17	1진료실	무릎	32000	86		
I2331	조성수	2022-05-21	3진료실	목	28000	98		
K1362	김수연	2022-05-07	1진료실	무릎	35000	80		
허리치료 진료 건수					최대 진료비(단위:원)			
1진료실 진료비(단위:원) 평균					진료코드		진료실	

▲ 테두리 확인

04 도형을 이용하여 제목 만들기

1 도형을 삽입하기 위해 [삽입] 탭의 [일러스트레이션] 그룹에서 [도형(📷)]-기본 도형-'**사다리꼴(△)**'을 클릭합니다.

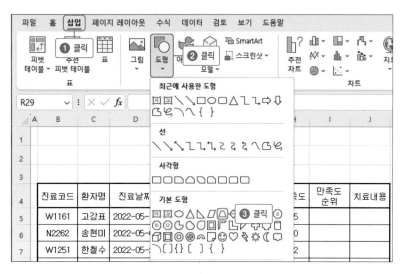

2 마우스 포인터가 **+** 모양으로 변경되면 [B1] 셀에서 [G3] 셀의 중간까지 드래그하여 도형을 삽입합니다. 도형이 삽입되면 제목(**튼튼정형외과 5월 진료 현황**)을 입력한 후 도형의 텍스트가 없는 부분을 클릭합니다.

※ ≪출력형태≫를 참고하여 [B1:G3] 셀 범위 안에 도형이 위치되도록 테두리 조절점(◻)을 이용하여 크기를 조절한 후 위치를 변경합니다.

 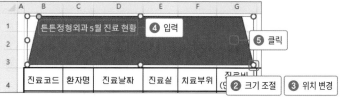

▲ 제목 입력 후 텍스트가 없는 부분을 클릭

3 글꼴 서식을 지정하기 위해 [홈] 탭의 [글꼴] 그룹에서 **글꼴(굴림)**, **글꼴 크기(24)**, **굵게(가)**, **글꼴 색(검정, 텍스트 1)**을 각각 지정합니다.

※ 글꼴 색은 목록 단추(▾)를 눌러 테마 색에서 '검정, 텍스트 1'을 선택합니다.

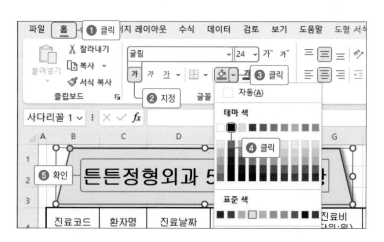

④ [홈] 탭의 [글꼴] 그룹에서 채우기 색(🪣)
의 목록 단추(▾)를 눌러 '노랑'으로 지정한
후 [맞춤] 그룹에서 세로 **가운데 맞춤**(☰)
과 가로 **가운데 맞춤**(☰)을 클릭합니다.

※ 채우기 색은 목록 단추(▾)를 눌러 표준 색
　에서 '노랑'을 선택합니다.

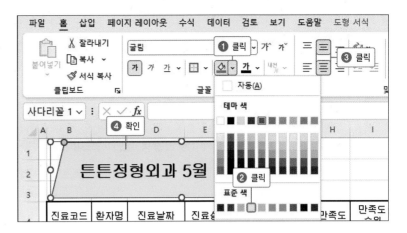

⑤ 그림자 스타일을 지정하기 위해 [도형 서식] 탭의 [도형 스타일] 그룹에서 [도형 효과(🗚)]-[그림자]-바깥
쪽-'**오프셋 오른쪽**(▢)'을 클릭합니다.

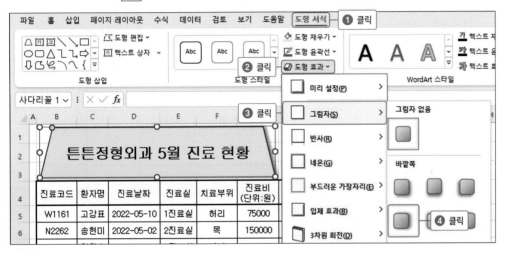

⑥ 도형을 이용한 제목이 완성되면 [파일]-[저장]([Ctrl]+[S]) 또는 [빠른 실행 도구 모음]에서 **저장**(💾)을 클릭
합니다. ※ 실제 시험을 볼 때 작업 도중에 수시로(10분에 한 번 정도) 저장을 하는 것이 좋습니다.

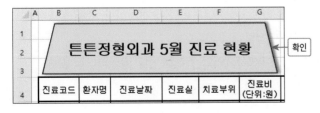

**시험
분석**　제목 만들기

- 과년도 시험 문제를 분석한 결과 도형은 계속 바뀌어서 출제되지만 **도형의 제목 글꼴(굴림, 24pt, 검정, 굵게),
채우기(노랑), 도형 효과(그림자)**는 고정적으로 출제되고 있습니다.
- **도형 모양** : 한쪽 모서리가 잘린 사각형, 대각선 방향의 모서리가 잘린 사각형, 양쪽 모서리가 둥근 사각형, 모서
리가 둥근 사각형, 갈매기형 수장, 위쪽 리본, 배지, 가로로 말린 두루마리, 육각형, 십자형, 순서도: 카드, 빗면 등
이 출제되었습니다.
- **그림자** : 오프셋 오른쪽, 오프셋 위쪽, 오프셋 대각선 오른쪽 아래, 오프셋 대각선 왼쪽 아래 등이 자주 출제되었
습니다.

[제1작업] 데이터 입력 및 제목 작성

01 다음은 '민속박물관 전시마당 현황'에 대한 자료이다. 자료를 입력하고 조건에 맞도록 작업하시오.

• 소스 파일 : 직접 입력   • 정답 파일 : [출제유형 02]-정복02_완성01.xlsx

≪출력형태≫

전시코드	전시명	전시구분	전시장소	전시 시작일	관람인원 (단위:명)	전시기간	시작 요일	관람인원 순위
G2314	거친 일상의 벗	상설	1전시실	2022-07-08	12750	61	(1)	(2)
B3242	품격의 완성	외부	시립박물관	2022-06-02	15480	30	(1)	(2)
P4372	공존의 도시	기획	기획전시실	2022-05-10	45820	25	(1)	(2)
B3247	다듬잇돌	외부	역사박물관	2022-05-12	27500	30	(1)	(2)
G2344	한국인의 일생	상설	2전시실	2022-07-05	28000	92	(1)	(2)
G2313	한국인의 음식	상설	3전시실	2022-06-05	48000	57	(1)	(2)
P2314	소소하게	기획	기획전시실	2022-07-01	52400	80	(1)	(2)
P4325	하루의 시작	기획	기획전시실	2022-07-10	36780	20	(1)	(2)
상설전시의 전시기간 평균			(3)		최소 전시기간			(5)
기획전시의 개수			(4)		전시코드		전시장소	(6)

제목: 민속박물관 전시마당 현황

≪조건≫

ㅇ 모든 데이터의 서식에는 글꼴(굴림, 11pt), 정렬은 숫자 및 회계 서식은 오른쪽 정렬, 나머지 서식은 가운데 정렬로 작성하며 예외적인 것은 ≪출력형태≫를 참조하시오.

ㅇ 제 목 ⇒ 도형(사다리꼴)과 그림자(오프셋 오른쪽)를 이용하여 작성하고 "민속박물관 전시마당 현황"을 입력한 후 다음 서식을 적용하시오(글꼴-굴림, 24pt, 검정, 굵게, 채우기-노랑).

ㅇ 임의의 셀에 결재란을 작성하여 그림으로 복사 기능을 이용하여 붙이기 하시오(단, 원본 삭제).

ㅇ 「B4:J4, G14, I14」 영역은 '주황'으로 채우기 하시오.

ㅇ 유효성 검사를 이용하여 「H14」 셀에 전시코드(「B5:B12」 영역)가 선택 표시되도록 하시오.

ㅇ 셀 서식 ⇒ 「H5:H12」 영역에 셀 서식을 이용하여 숫자 뒤에 '일'을 표시하시오(예 : 61일).

ㅇ 「H5:H12」 영역에 대해 '전시기간'으로 이름정의를 하시오.

※ ≪조건≫ 중에서 파란색으로 표시된 내용만 작업합니다.

02 다음은 '엘리에나 안양점 예약 현황'에 대한 자료이다. 자료를 입력하고 조건에 맞도록 작업하시오.

• 소스 파일 : 직접 입력 • 정답 파일 : [출제유형 02]-정복02_완성02.xlsx

≪출력형태≫

예약코드	고객명	행사구분	홀명	행사일	예약인원	계약금 (단위:원)	계약일	예약인원 순위
M0525	심재영	산수연	다현	2022-09-17	185	500000	(1)	(2)
B0611	금순영	고희연	보현	2022-09-18	140	500000	(1)	(2)
B0408	곽소형	고희연	보현	2022-09-04	130	600000	(1)	(2)
M0621	이지유	회갑연	문수	2022-09-11	350	1000000	(1)	(2)
D0513	지승아	고희연	다현	2022-09-18	95	1000000	(1)	(2)
D0622	한은정	산수연	다현	2022-09-24	85	600000	(1)	(2)
M0519	김재현	회갑연	문수	2022-09-25	365	800000	(1)	(2)
B0704	송진아	회갑연	보현	2022-09-03	300	600000	(1)	(2)
다현홀의 행사 건수			(3)			최대 예약인원		(5)
산수연의 예약인원 합계			(4)		예약코드		행사구분	(6)

≪조건≫

○ 모든 데이터의 서식에는 글꼴(굴림, 11pt), 정렬은 숫자 및 회계 서식은 오른쪽 정렬, 나머지 서식은
가운데 정렬로 작성하며 예외적인 것은 ≪출력형태≫를 참조하시오.

○ 제 목 ⇒ 도형(사다리꼴)과 그림자(오프셋 오른쪽)를 이용하여 작성하고 "엘리에나 안양점 예약 현황"을 입력한 후
다음 서식을 적용하시오(글꼴-굴림, 24pt, 검정, 굵게, 채우기-노랑).

○ 임의의 셀에 결재란을 작성하여 그림으로 복사 기능을 이용하여 붙이기 하시오(단, 원본 삭제).

○ 「B4:J4, G14, I14」 영역은 '주황'으로 채우기 하시오.

○ 유효성 검사를 이용하여 「H14」 셀에 예약코드(「B5:B12」 영역)가 선택 표시되도록 하시오.

○ 셀 서식 ⇒ 「G5:G12」 영역에 셀 서식을 이용하여 숫자 뒤에 '명'을 표시하시오(예 : 185명).

○ 「E5:E12」 영역에 대해 '홀명'으로 이름정의를 하시오.

※ ≪조건≫ 중에서 파란색으로 표시된 내용만 작업합니다.

03 다음은 '수목터널 조성 헌수 운동'에 대한 자료이다. 자료를 입력하고 조건에 맞도록 작업하시오.

• 소스 파일 : 직접 입력   • 정답 파일 : [출제유형 02]-정복02_완성03.xlsx

≪출력형태≫

관리코드	나무종류	회원구분	식재일	후원금액	수량 (단위:그루)	나무두께 (cm)	나무위치	식재연도
L1-312	왕벚나무	단체	2010-10-20	4000	40	15	(1)	(2)
R3-301	물푸레나무	주민	2013-04-26	140	3	12	(1)	(2)
L2-100	왕벚나무	단체	2010-03-31	3000	30	10	(1)	(2)
C4-201	느릅나무	주민	2014-04-05	250	5	18	(1)	(2)
R2-101	물푸레나무	기업	2013-04-26	10500	150	12	(1)	(2)
L3-202	왕벚나무	기업	2014-10-05	10000	100	15	(1)	(2)
R1-120	물푸레나무	기업	2014-11-15	4200	60	12	(1)	(2)
C4-202	느릅나무	단체	2013-10-26	2500	50	12	(1)	(2)
두 번째로 큰 후원금액			(3)			단체 회원의 수량(단위:그루) 합계		(5)
물푸레나무의 수량(단위:그루) 평균			(4)			관리코드	후원금액	(6)

≪조건≫

○ 모든 데이터의 서식에는 글꼴(굴림, 11pt), 정렬은 숫자 및 회계 서식은 오른쪽 정렬, 나머지 서식은
   가운데 정렬로 작성하며 예외적인 것은 ≪출력형태≫를 참조하시오.

○ 제 목 ⇒ 도형(사다리꼴)과 그림자(오프셋 오른쪽)를 이용하여 작성하고 "수목터널 조성 헌수 운동"을 입력한 후
   다음 서식을 적용하시오(글꼴-굴림, 24pt, 검정, 굵게, 채우기-노랑).

○ 임의의 셀에 결재란을 작성하여 그림으로 복사 기능을 이용하여 붙이기 하시오(단, 원본 삭제).

○ 「B4:J4, G14, I14」 영역은 '주황'으로 채우기 하시오.

○ 유효성 검사를 이용하여 「H14」 셀에 관리코드(「B5:B12」 영역)가 선택 표시되도록 하시오.

○ 셀 서식 ⇒ 「F5:F12」 영역에 셀 서식을 이용하여 숫자 뒤에 '천원'을 표시하시오(예 : 4,000천원).

○ 「F5:F12」 영역에 대해 '후원금액'으로 이름정의를 하시오.

※ ≪조건≫ 중에서 파란색으로 표시된 내용만 작업합니다.

04 다음은 '카드 이용 명세 현황'에 대한 자료이다. 자료를 입력하고 조건에 맞도록 작업하시오.

• 소스 파일 : 직접 입력   • 정답 파일 : [출제유형 02]-정복02_완성04.xlsx

≪출력형태≫

카드 이용 명세 현황

관리코드	고객명	결제은행	생년월일	결제금액 (단위:천원)	이용한도 (단위:십만원)	누적포인트	결제일	회원등급
N1-225	윤한솔	한진은행	1977-09-16	724	40	1936	(1)	(2)
N2-010	서민석	행복은행	1987-11-16	64	40	409	(1)	(2)
P3-210	김영웅	다연은행	1985-09-05	1060	32	290	(1)	(2)
N4-915	박진희	한진은행	1974-12-06	25	60	30	(1)	(2)
N3-125	정성재	다연은행	1982-05-09	945	90	820	(1)	(2)
P2-425	김은주	행복은행	1990-06-21	2490	200	345	(1)	(2)
P4-815	박재량	다연은행	1972-04-09	1364	100	1280	(1)	(2)
P7-410	곽소형	한진은행	1992-03-08	1538	120	564	(1)	(2)
다연은행의 이용한도(단위:십만원) 평균			(3)			한진은행의 결제금액(단위:천원) 합계		(5)
최대 결제금액(단위:천원)			(4)			고객명	누적포인트	(6)

≪조건≫

○ 모든 데이터의 서식에는 글꼴(굴림, 11pt), 정렬은 숫자 및 회계 서식은 오른쪽 정렬, 나머지 서식은 가운데 정렬로 작성하며 예외적인 것은 ≪출력형태≫를 참조하시오.

○ 제 목 ⇒ 도형(사다리꼴)과 그림자(오프셋 오른쪽)를 이용하여 작성하고 "카드 이용 명세 현황"을 입력한 후 다음 서식을 적용하시오(글꼴-굴림, 24pt, 검정, 굵게, 채우기-노랑).

○ 임의의 셀에 결재란을 작성하여 그림으로 복사 기능을 이용하여 붙이기 하시오(단, 원본 삭제).

○ 「B4:J4, G14, I14」 영역은 '주황'으로 채우기 하시오.

○ 유효성 검사를 이용하여 「H14」 셀에 고객명(「C5:C12」 영역)이 선택 표시되도록 하시오.

○ 셀 서식 ⇒ 「H5:H12」 영역에 셀 서식을 이용하여 숫자 뒤에 '점'을 표시하시오(예 : 1,936점).

○ 「F5:F12」 영역에 대해 '결제금액'으로 이름정의를 하시오.

※ ≪조건≫ 중에서 파란색으로 표시된 내용만 작업합니다.

[제1작업] 결재란 및 셀 서식 작업하기

☑ 결재란을 작성하여 그림으로 복사한 후 붙여넣기
☑ 색 채우기 및 셀 서식 지정   ☑ 유효성 검사 및 이름정의

문제 미리보기

소스 파일 : [출제유형 03]-유형03_문제.xlsx   정답 파일 : [출제유형 03]-유형03_완성.xlsx

➜ 다음은 '튼튼정형외과 5월 진료 현황'에 대한 자료이다. 자료를 입력하고 조건에 맞도록 작업하시오.

◆ 《출력형태》   〈240점〉

진료코드	환자명	진료날짜	진료실	치료부위	진료비 (단위:원)	만족도	만족도 순위	치료내용
						담당	대리	과장
			확인					
W1161	고강표	2022-05-10	1진료실	허리	75,000	85	(1)	(2)
N2262	송현미	2022-05-02	2진료실	목	150,000	90	(1)	(2)
W1251	한철수	2022-05-21	1진료실	허리	170,000	82	(1)	(2)
W3342	김윤희	2022-05-09	3진료실	허리	26,000	79	(1)	(2)
K2171	박주승	2022-05-12	2진료실	무릎	80,000	92	(1)	(2)
A1312	이은주	2022-05-17	1진료실	무릎	32,000	86	(1)	(2)
N2331	조성수	2022-05-21	3진료실	목	28,000	98	(1)	(2)
K1362	김수연	2022-05-07	1진료실	무릎	35,000	80	(1)	(2)
허리치료 진료 건수			(3)		최대 진료비(단위:원)			(5)
1진료실 진료비(단위:원) 평균			(4)			진료코드	W1161	진료실	(6)

(제목: 튼튼정형외과 5월 진료 현황)

◆ 《조건》

▶ 모든 데이터의 서식에는 글꼴(굴림, 11pt), 정렬은 숫자 및 회계 서식은 오른쪽 정렬, 나머지 서식은 가운데 정렬로 작성하며 예외적인 것은 《출력형태》를 참조하시오.

▶ 제 목 ⇒ 도형(사다리꼴)과 그림자(오프셋 오른쪽)를 이용하여 작성하고 "튼튼정형외과 5월 진료 현황"을 입력한 후 다음 서식을 적용하시오(글꼴-굴림, 24pt, 검정, 굵게, 채우기-노랑).

▶ 임의의 셀에 결재란을 작성하여 그림으로 복사 기능을 이용하여 붙이기 하시오(단, 원본 삭제).

▶ 「B4:J4, G14, I14」 영역은 '주황'으로 채우기 하시오.

▶ 유효성 검사를 이용하여 「H14」 셀에 진료코드(「B5:B12」 영역)가 선택 표시되도록 하시오.

▶ 셀 서식 ⇒ 「H5:H12」 영역에 셀 서식을 이용하여 숫자 뒤에 '점'을 표시하시오(예 : 85점).

▶ 「F5:F12」 영역에 대해 '치료부위'로 이름정의를 하시오.

※ 《조건》 중에서 파란색으로 표시된 내용만 작업합니다.

01 결재란 작성하기

■ 결재란 만들기

❶ 유형03_문제.xlsx 파일을 불러와 [제1작업] 시트를 선택합니다. 미리 작성한 데이터에 영향을 주지 않기 위해서 임의의 셀([M19:O19])에 데이터(담당, 대리, 과장)를 차례대로 입력합니다. 이어서, [L19:L20] 영역을 드래그한 후 [홈] 탭의 [맞춤] 그룹에서 '병합하고 가운데 맞춤(圖)'을 클릭합니다.

※ 파일 불러오기 : [파일]-[열기](Ctrl+O)-[찾아보기]를 클릭한 후 [열기] 대화상자에서 파일을 선택하여 불러옵니다.

❷ 그림을 참고하여 병합된 셀에 '확인'을 입력합니다. 이어서, [L19:O20] 영역을 드래그한 후 [홈] 탭의 [글꼴] 그룹에서 테두리(圖)의 목록 단추(∨)를 눌러 '모든 테두리(田)'를 선택합니다.

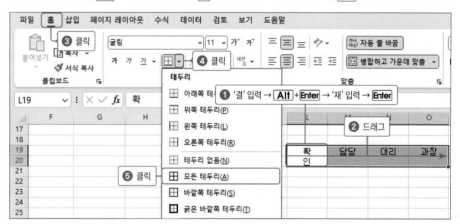

❸ ≪출력형태≫를 참고하여 행 머리글([19], [20])의 높이와 열 머리글([L], [M:O])의 너비는 마우스를 이용하여 조절합니다.

※ 출제유형 01에서 [제1작업] 시트의 모든 셀을 '가로 가운데 맞춤'으로 지정하였기 때문에 결재란을 만들면 텍스트가 가로 가운데 맞춤으로 정렬됩니다.

	K	L	M	N	O
18					
19		확인	담당	대리	과장
20					

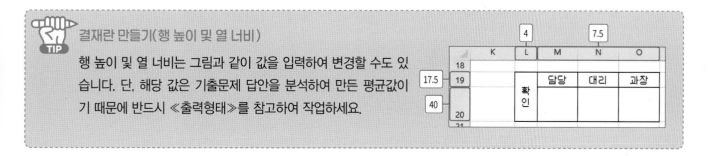

TIP 결재란 만들기(행 높이 및 열 너비)

행 높이 및 열 너비는 그림과 같이 값을 입력하여 변경할 수도 있습니다. 단, 해당 값은 기출문제 답안을 분석하여 만든 평균값이기 때문에 반드시 ≪출력형태≫를 참고하여 작업하세요.

■ 결재란을 그림으로 복사하기(그림 복사)

❶ 완성된 결재란([L19:O20])을 드래그한 후 [홈] 탭의 [클립보드] 그룹에서 복사(🗐)의 목록 단추(ˇ)를 눌러 **그림으로 복사**를 선택합니다. 이어서, [그림 복사] 대화상자가 나오면 **모양(화면에 표시된 대로)**과 **형식(그림)**을 확인한 후 〈확인〉 단추를 클릭합니다.

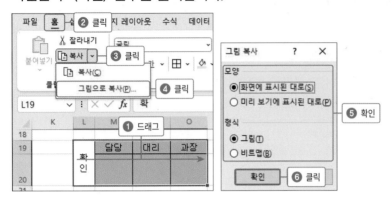

❷ [H1] 셀을 클릭한 후 [홈] 탭의 [클립보드] 그룹에서 **붙여넣기**(🗐)(**Ctrl**+**V**)를 클릭합니다.

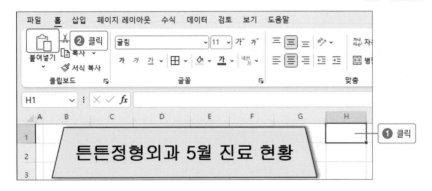

❸ 삽입된 결재란은 《출력형태》를 참고하여 크기를 조절한 후 방향키(←, →, ↑, ↓) 또는 마우스로 위치를 변경합니다.

※ 결재란을 [H1:J3] 셀 범위 안에 들어가도록 테두리 조절점(◻)을 이용하여 크기를 조절하고 위치를 변경합니다.

❹ 원본 결재란을 삭제하기 위해 [L:O] 열 머리글을 드래그한 후 선택된 열 머리글 위에서 마우스 오른쪽 단추를 눌러 바로 가기 메뉴가 나오면 **[삭제]**를 클릭합니다.

※ [홈] 탭의 [셀] 그룹에서 '셀 삭제(🔣)'를 클릭해도 결과는 동일합니다.

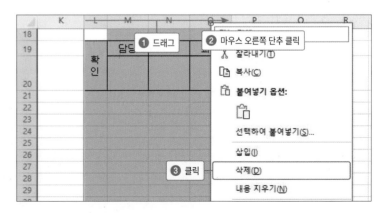

02 색 채우기 및 셀 서식 지정

■ 색 채우기(주황)

≪조건≫ : 「B4:J4, G14, I14」 영역은 '주황'으로 채우기 하시오.

❶ [B4:J4] 영역을 드래그한 후 **Ctrl** 키를 누른 상태에서 [G14], [I14] 셀을 클릭합니다.

❷ [홈] 탭의 [글꼴] 그룹에서 채우기 색(🖌)의 목록 단추(ˇ)를 눌러 '**주황**'을 선택합니다.

 ※ 색 채우기의 색상은 '주황'으로 고정되어 출제되고 있으니 참고하시기 바랍니다.

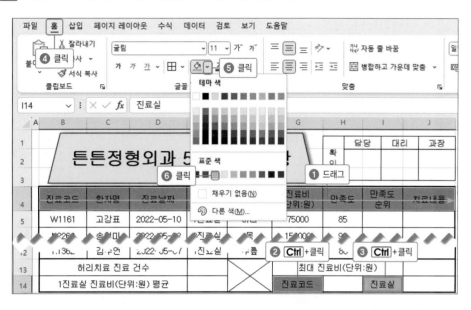

■ 셀 서식 지정

❶ [G5:G12] 영역을 드래그한 후 [홈] 탭의 [표시 형식] 그룹에서 '**쉼표 스타일(🔸)**'을 클릭합니다.

 ※ 해당 서식 지정은 별도의 ≪조건≫이 없기 때문에 [제4작업] 차트의 ≪출력형태≫에서 축의 최소값을 참고하여 '회계' 또는 '숫자' 서식을 적용합니다.

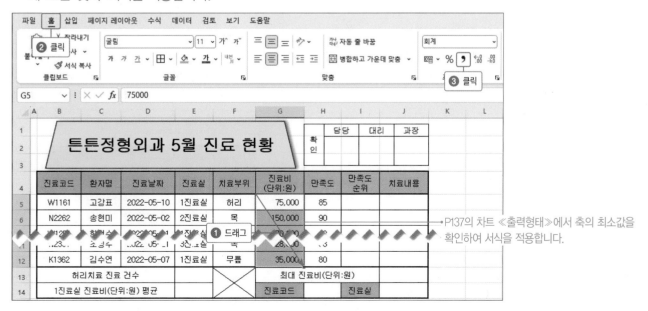

→P137의 차트 ≪출력형태≫에서 축의 최소값을 확인하여 서식을 적용합니다.

≪조건≫ : 셀 서식 ⇒ 「H5:H12」 영역에 셀 서식을 이용하여 숫자 뒤에 '점'을 표시하시오(예 : 85점).

❷ [H5:H12] 영역을 드래그한 후 영역으로 지정된 셀 범위 위에서 마우스 오른쪽 단추를 눌러 바로 가기 메뉴가 나오면 [셀 서식(**Ctrl**+**1**)]을 클릭합니다.

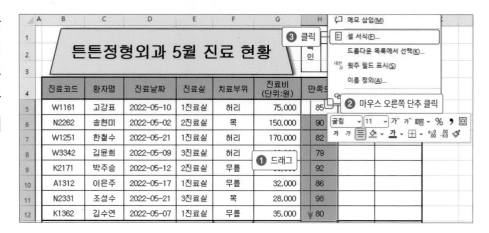

❸ [셀 서식] 대화상자가 나오면 [표시 형식] 탭의 범주에서 **사용자 지정**을 선택합니다. 이어서, 형식 입력 칸에 '#,##0"점"'을 입력한 후 〈확인〉 단추를 클릭합니다.

※ 형식에 #,###"명" 또는 #,000"명"을 입력해도 결과는 동일합니다.

숫자 서식(천 단위) 지정

만약, 진료비(단위:원) 영역을 숫자 서식으로 지정한 후 천 단위를 구분해야 한다면 [셀 서식] 대화상자에서 [표시 형식] 탭의 범주-숫자를 선택합니다. 이어서, 1000단위 구분 기호(,) 사용을 체크(✓)한 후 〈확인〉 단추를 클릭합니다.

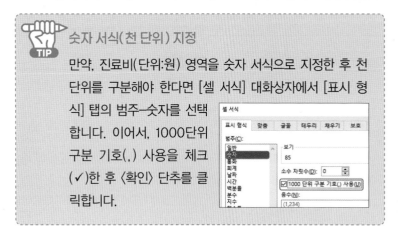

❹ 숫자 데이터를 오른쪽으로 정렬하기 위해 [G5:H12] 영역을 드래그합니다. 이어서, [홈] 탭의 [맞춤] 그룹에서 '**오른쪽 맞춤(≡)**'을 클릭합니다.

※ [제1작업]의 ≪조건≫에 따라 숫자 및 회계 서식은 '오른쪽', 나머지 서식은 '가운데'로 정렬합니다.

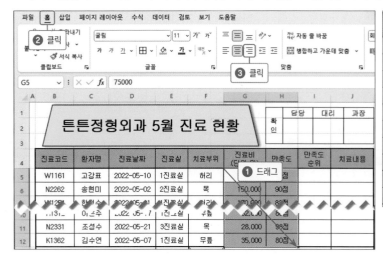

진료실	치료부위	진료비 (단위:원)	만족도	만족도 순위
1진료실	허리	75,000	85점	
2진료실	목	150,000	90점	
1진료실	허리	170,000	82점	
3진료실	허리	26,000	79점	
2진료실	무릎	80,000	92점	
1진료실	무릎	32,000	86점	
3진료실	목	28,000	98점	
1진료실	무릎	35,000	80점	
		최대 진료비(단위:원)		
	진료코드			진료실

숫자 데이터 서식(숫자/회계) 확인

❶ 차트의 ≪출력형태≫를 참고하여 축의 최소값이 '0'이면 '숫자 서식'이고, '−'이면 '회계 서식'이 적용된 것입니다.

❷ 숫자 서식은 [셀 서식] 대화상자에서 [표시 형식]–범주에서 숫자를 선택하며, 회계 서식은 [홈] 탭의 [표시 형식] 그룹에서 쉼표 스타일(,)을 클릭합니다.

▲ 숫자 서식

▲ 회계 서식

[표시 형식]을 이용한 사용자 지정 형식

- **#** : 숫자를 표시하는 기본 기호로 숫자가 없는(유효하지 않은) 빈자리를 공백으로 처리합니다.
- **0** : 숫자를 표시하는 기호로 숫자가 없는 빈자리를 0으로 채웁니다.
  - 입력(4.0) : #.# → 결과 : 4. / #.0 → 결과 : 4.0
- **,** : 천 단위 구분 기호를 표시합니다. 천 단위 구분 기호(#,) 이후에 다른 서식이 없을 경우 천 단위에서 반올림하여 표시합니다. (예 : 123456 → 123 / 123567 → 124)
- **" "** : 사용자 지정 서식에 문자열을 추가하여 보여줄 경우 큰 따옴표("")로 묶어줍니다.(예 : "원")

	데이터(값)		서식 지정		서식 지정 결과
❶	5000	▶	#,##0"원"	▶	5,000원
❷	5000	▶	G/표준"원"	▶	5000원
❸	4.52	▶	#.00"점"	▶	4.52점
❹	A	▶	@"반"	▶	A반
❺	5000	▶	쉼표 스타일 , 적용	▶	5,000
❻	5000	▶	[표시 형식]-[숫자] 서식	▶	5,000
❼	5000	▶	[표시 형식]-[회계] 서식(기호(₩) 적용)	▶	₩ 5,000
❽	5000	▶	[표시 형식]-[통화] 서식(기호(₩) 적용)	▶	₩5,000

❶ **#,##0"원"** : ITQ 엑셀 시험에서 가장 많이 사용하는 사용자 지정 서식으로 특정 숫자에 천 단위 구분 기호와 텍스트를 표시할 수 있습니다.

❷ **G/표준** : 특별한 서식을 지원하지 않고 일반적으로 입력한 데이터 그대로 표현해주는 서식입니다.
　　　　　− 5,000 → − 5000 / 54 → 54 / 0.1 → 0.1 / 1.15 → 1.15

❸ **소수점 서식 지정** : 소수 자릿수(4.52)에 맞추어 #.00 또는 0.00 또는 G/표준을 이용합니다.

❹ **@** : 문자열을 표시하는 기호로 특정 문자를 붙여서 표시할 때 사용합니다. 문자열 연결 시 한 칸을 띄어야 할 경우에는 @ "반" 또는 @" 반"으로 입력합니다.

❺ **쉼표 스타일(,) 서식 지정** : [홈] 탭의 [표시 형식] 그룹에서 쉼표 스타일(,)을 클릭하여 서식을 지정합니다. 특정 숫자에 쉼표 스타일이 적용되면 '회계' 서식으로 지정됩니다.

❻ **숫자 서식 지정** : [셀 서식] 대화상자의 [표시 형식] 탭에서 범주–숫자를 선택한 후 '1000단위 구분 기호(,) 사용'을 클릭하여 서식을 지정합니다.

❼ **기호가 적용된 회계 서식** : 숫자에 회계 서식과 함께 특정 기호를 지정하면 숫자와 기호 사이가 띄어져 표시됩니다.

❽ **기호가 적용된 통화 서식** : 숫자에 통화 서식과 함께 특정 기호를 지정하면 숫자와 기호가 붙어서 표시됩니다.

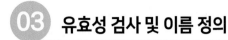

03 유효성 검사 및 이름 정의

■ 유효성 검사

≪조건≫ : 유효성 검사를 이용하여 「H14」 셀에 진료코드(「B5:B12」 영역)가 선택 표시되도록 하시오.

① [H14] 셀을 선택한 후 [데이터] 탭의 [데이터 도구] 그룹에서 '데이터 유효성 검사(▥)'를 클릭합니다.

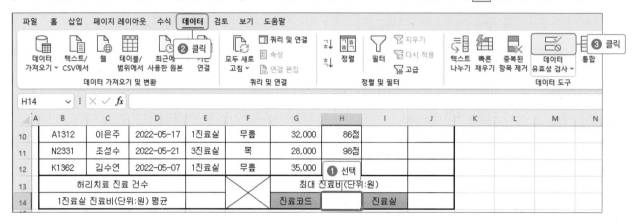

② [데이터 유효성] 대화상자가 나오면 [설정] 탭에서 **제한 대상(목록)**과 **원본([B5:B12])**을 지정한 후 〈확인〉 단추를 클릭합니다.

※ '원본'은 입력 칸을 클릭한 후 커서가 활성화되면 [B5:B12] 영역을 마우스로 드래그합니다.

TIP 원본 입력 칸에 연속된 데이터가 아닌 특정 데이터만 지정하기

유효성 검사를 이용하여 상품명 중 W1161, W1251, K2171, K1362만 선택되도록 하기 위해서는 원본 입력 칸에 직접 데이터를 입력합니다.

③ [H14] 셀의 목록 단추(▾)를 눌러 ≪출력형태≫와 동일한 'W1161'을 선택합니다.

※ ≪출력형태≫를 참고하여 [H] 열의 너비를 조절한 후 결재란 이미지의 크기를 조절합니다.

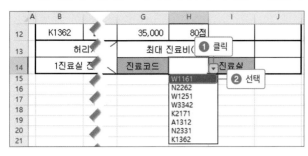

 데이터 유효성 검사 삭제

데이터 유효성 검사가 적용된 셀을 선택한 후 [데이터] 탭의 [데이터 도구] 그룹에서 데이터 유효성 검사(🖽)를 클릭합니다. 이어서, [데이터 유효성] 대화상자가 나오면 〈모두 지우기〉 단추를 클릭합니다.

■ 이름 정의

≪조건≫ : 「F5:F12」 영역에 대해 '치료부위'로 이름정의를 하시오.

① [F5:F12] 영역을 드래그한 후 이름 상자에 **'치료부위'**를 입력하고 **Enter** 키를 누릅니다.

※ 이름으로 정의된 셀이나 셀 범위를 참조할 때는 정의된 이름을 입력하여 쉽게 지정할 수 있습니다. 예 : COUNTA
(치료부위) → 치료부위 범위(F5:F12)의 개수를 계산합니다.

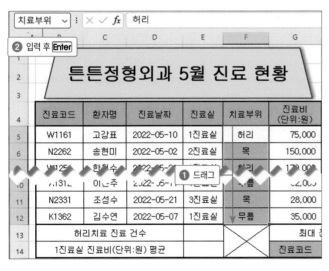

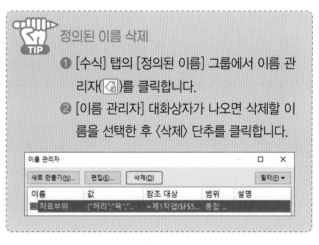

정의된 이름 삭제

① [수식] 탭의 [정의된 이름] 그룹에서 이름 관리자(🗐)를 클릭합니다.
② [이름 관리자] 대화상자가 나오면 삭제할 이름을 선택한 후 〈삭제〉 단추를 클릭합니다.

② 모든 작업이 끝나면 [파일]-[저장](**Ctrl**+**S**) 또는 [빠른 실행 도구 모음]에서 **저장**(🖫)을 클릭합니다.

※ 실제 시험을 볼 때 작업 도중에 수시로(10분에 한 번 정도) 저장을 하는 것이 좋습니다.

[제1작업] 결재란 및 셀 서식 작업하기

01 다음은 '민속박물관 전시마당 현황'에 대한 자료이다. 자료를 입력하고 조건에 맞도록 작업하시오.

• 소스 파일 : [출제유형 03]-정복03_문제01.xlsx • 정답 파일 : [출제유형 03]-정복03_완성01.xlsx

≪출력형태≫

	확인	사원	팀장	이사

민속박물관 전시마당 현황

전시코드	전시명	전시구분	전시장소	전시 시작일	관람인원 (단위:명)	전시기간	시작 요일	관람인원 순위
G2314	거친 일상의 벗	상설	1전시실	2022-07-08	12,750	61	(1)	(2)
B3242	품격의 완성	외부	시립박물관	2022-06-02	15,480	30	(1)	(2)
P4372	공존의 도시	기획	기획전시실	2022-05-10	45,820	25	(1)	(2)
B3247	다듬잇돌	외부	역사박물관	2022-05-12	27,500	30	(1)	(2)
G2344	한국인의 일생	상설	2전시실	2022-07-05	28,000	92	(1)	(2)
G2313	한국인의 음식	상설	3전시실	2022-06-05	48,000	57	(1)	(2)
P2314	소소하게	기획	기획전시실	2022-07-01	52,400	80	(1)	(2)
P4325	하루의 시작	기획	기획전시실	2022-07-10	36,780	20	(1)	(2)
상설전시의 전시기간 평균			(3)		최소 전시기간			(5)
기획전시의 개수			(4)		전시코드	G2314	전시장소	(6)

≪조건≫

○ 모든 데이터의 서식에는 글꼴(굴림, 11pt), 정렬은 숫자 및 회계 서식은 오른쪽 정렬, 나머지 서식은 가운데 정렬로 작성하며 예외적인 것은 ≪출력형태≫를 참조하시오.

○ 제 목 ⇒ 도형(사다리꼴)과 그림자(오프셋 오른쪽)를 이용하여 작성하고 "민속박물관 전시마당 현황"을 입력한 후 다음 서식을 적용하시오(글꼴-굴림, 24pt, 검정, 굵게, 채우기-노랑).

○ 임의의 셀에 결재란을 작성하여 그림으로 복사 기능을 이용하여 붙이기 하시오(단, 원본 삭제).

○ 「B4:J4, G14, I14」 영역은 '주황'으로 채우기 하시오.

○ 유효성 검사를 이용하여 「H14」 셀에 전시코드(「B5:B12」 영역)가 선택 표시되도록 하시오.

○ 셀 서식 ⇒ 「H5:H12」 영역에 셀 서식을 이용하여 숫자 뒤에 '일'을 표시하시오(예 : 61일).

○ 「H5:H12」 영역에 대해 '전시기간'으로 이름정의를 하시오.

 셀 서식 지정

❶ P153 차트 ≪출력형태≫에서 축의 최소값(0 또는 -)을 참고하여 '숫자' 또는 '회계' 서식을 지정합니다.

❷ 차트에 맞는 셀 서식(숫자 또는 회계)을 지정하지 않더라도 [제1작업]의 ≪출력형태≫와 결과가 같으면 셀 서식은 감점으로 처리되지 않습니다.

※ ≪조건≫ 중에서 파란색으로 표시된 내용만 작업합니다.

02 다음은 '엘리에나 안양점 예약 현황'에 대한 자료이다. 자료를 입력하고 조건에 맞도록 작업하시오.

• 소스 파일 : [출제유형 03]-정복03_문제02.xlsx   • 정답 파일 : [출제유형 03]-정복03_완성02.xlsx

≪출력형태≫

확인	사원	팀장	부장

엘리에나 안양점 예약 현황

예약코드	고객명	행사구분	홀명	행사일	예약인원	계약금 (단위:원)	계약일	예약인원 순위
M0525	심재영	산수연	다현	2022-09-17	185	500,000	(1)	(2)
B0611	금순영	고희연	보현	2022-09-18	140	500,000	(1)	(2)
B0408	곽소형	고희연	보현	2022-09-04	130	600,000	(1)	(2)
M0621	이지유	회갑연	문수	2022-09-11	350	1,000,000	(1)	(2)
D0513	지승아	고희연	다현	2022-09-18	95	1,000,000	(1)	(2)
D0622	한은정	산수연	다현	2022-09-24	85	600,000	(1)	(2)
M0519	김재현	회갑연	문수	2022-09-25	365	800,000	(1)	(2)
B0704	송진아	회갑연	보현	2022-09-03	300	600,000	(1)	(2)
다현홀의 행사 건수		(3)			최대 예약인원			(5)
산수연의 예약인원 합계		(4)			예약코드	M0525	행사구분	(6)

≪조건≫

○ 모든 데이터의 서식에는 글꼴(굴림, 11pt), 정렬은 숫자 및 회계 서식은 오른쪽 정렬, 나머지 서식은
   가운데 정렬로 작성하며 예외적인 것은 ≪출력형태≫를 참조하시오.

○ 제 목 ⇒ 도형(사다리꼴)과 그림자(오프셋 오른쪽)를 이용하여 작성하고 "엘리에나 안양점 예약 현황"을 입력한
   후 다음 서식을 적용하시오(글꼴-굴림, 24pt, 검정, 굵게, 채우기-노랑).

○ 임의의 셀에 결재란을 작성하여 그림으로 복사 기능을 이용하여 붙이기 하시오(단, 원본 삭제).

○ 「B4:J4, G14, I14」 영역은 '주황'으로 채우기 하시오.

○ 유효성 검사를 이용하여 「H14」 셀에 예약코드(「B5:B12」 영역)가 선택 표시되도록 하시오.

○ 셀 서식 ⇒ 「G5:G12」 영역에 셀 서식을 이용하여 숫자 뒤에 '명'을 표시하시오(예 : 185명).

○ 「E5:E12」 영역에 대해 '홀명'으로 이름정의를 하시오.

TIP 셀 서식 지정 : P154 차트 ≪출력형태≫에서 축의 최소값(0 또는 -)을 참고하여 '숫자' 또는 '회계' 서식을
지정합니다.
※≪조건≫ 중에서 파란색으로 표시된 내용만 작업합니다.

03 다음은 '수목터널 조성 헌수 운동'에 대한 자료이다. 자료를 입력하고 조건에 맞도록 작업하시오.

• 소스 파일 : [출제유형 03]-정복03_문제03.xlsx • 정답 파일 : [출제유형 03]-정복03_완성03.xlsx

≪출력형태≫

관리코드	나무종류	회원구분	식재일	후원금액	수량 (단위:그루)	나무두께 (cm)	나무위치	식재연도
							담당	팀장	센터장

수목터널 조성 헌수 운동

							결 재			

관리코드	나무종류	회원구분	식재일	후원금액	수량 (단위:그루)	나무두께 (cm)	나무위치	식재연도
L1-312	왕벚나무	단체	2010-10-20	4,000	40	15	(1)	(2)
R3-301	물푸레나무	주민	2013-04-26	140	3	12	(1)	(2)
L2-100	왕벚나무	단체	2010-03-31	3,000	30	10	(1)	(2)
C4-201	느릅나무	주민	2014-04-05	250	5	18	(1)	(2)
R2-101	물푸레나무	기업	2013-04-26	10,500	150	12	(1)	(2)
L3-202	왕벚나무	기업	2014-10-05	10,000	100	15	(1)	(2)
R1-120	물푸레나무	기업	2014-11-15	4,200	60	12	(1)	(2)
C4-202	느릅나무	단체	2013-10-26	2,500	50	12	(1)	(2)
두 번째로 큰 후원금액			(3)			단체 회원의 수량(단위:그루) 합계		(5)
물푸레나무의 수량(단위:그루) 평균			(4)			관리코드	L1-312	후원금액	(6)

≪조건≫

o 모든 데이터의 서식에는 글꼴(굴림, 11pt), 정렬은 숫자 및 회계 서식은 오른쪽 정렬, 나머지 서식은
 가운데 정렬로 작성하며 예외적인 것은 ≪출력형태≫를 참조하시오.

o 제 목 ⇒ 도형(사다리꼴)과 그림자(오프셋 오른쪽)를 이용하여 작성하고 "수목터널 조성 헌수 운동"을 입력한 후
 다음 서식을 적용하시오(글꼴-굴림, 24pt, 검정, 굵게, 채우기-노랑).

o 임의의 셀에 결재란을 작성하여 그림으로 복사 기능을 이용하여 붙이기 하시오(단, 원본 삭제).
o 「B4:J4, G14, I14」 영역은 '주황'으로 채우기 하시오.
o 유효성 검사를 이용하여 「H14」 셀에 관리코드(「B5:B12」 영역)가 선택 표시되도록 하시오.
o 셀 서식 ⇒ 「F5:F12」 영역에 셀 서식을 이용하여 숫자 뒤에 '천원'을 표시하시오(예 : 4,000천원).
o 「F5:F12」 영역에 대해 '후원금액'으로 이름정의를 하시오.

 셀 서식 지정 : P155 차트 ≪출력형태≫에서 축의 최소값(0 또는 -)을 참고하여 '숫자' 또는 '회계' 서식을
 지정합니다.
 ※≪조건≫ 중에서 파란색으로 표시된 내용만 작업합니다.

04 다음은 '카드 이용 명세 현황'에 대한 자료이다. 자료를 입력하고 조건에 맞도록 작업하시오.

· 소스 파일 : [출제유형 03]-정복03_문제04.xlsx · 정답 파일 : [출제유형 03]-정복03_완성04.xlsx

≪출력형태≫

관리코드	고객명	결제은행	생년월일	결제금액 (단위:천원)	이용한도 (단위:십만원)	누적포인트	결제일	회원등급
N1-225	윤한솔	한진은행	1977-09-16	724	40	1,936	(1)	(2)
N2-010	서민석	행복은행	1987-11-16	64	40	409	(1)	(2)
P3-210	김영웅	다연은행	1985-09-05	1,060	32	290	(1)	(2)
N4-915	박진희	한진은행	1974-12-06	25	60	30	(1)	(2)
N3-125	정성재	다연은행	1982-05-09	945	90	820	(1)	(2)
P2-425	김은주	행복은행	1990-06-21	2,490	200	345	(1)	(2)
P4-815	박재량	다연은행	1972-04-09	1,364	100	1,280	(1)	(2)
P7-410	곽소형	한진은행	1992-03-08	1,538	120	564	(1)	(2)
다연은행의 이용한도(단위:십만원) 평균			(3)			한진은행의 결제금액(단위:천원) 합계		(5)
최대 결제금액(단위:천원)			(4)			고객명	윤한솔 누적포인트	(6)

표 상단에 "카드 이용 명세 현황" 제목과 결재란(담당/대리/팀장)이 있음.

≪조건≫

○ 모든 데이터의 서식에는 글꼴(굴림, 11pt), 정렬은 숫자 및 회계 서식은 오른쪽 정렬, 나머지 서식은
  가운데 정렬로 작성하며 예외적인 것은 ≪출력형태≫를 참조하시오.

○ 제 목 ⇒ 도형(사다리꼴)과 그림자(오프셋 오른쪽)를 이용하여 작성하고 "카드 이용 명세 현황"을 입력한 후
  다음 서식을 적용하시오(글꼴-굴림, 24pt, 검정, 굵게, 채우기-노랑).

○ 임의의 셀에 결재란을 작성하여 그림으로 복사 기능을 이용하여 붙이기 하시오(단, 원본 삭제).

○ 「B4:J4, G14, I14」 영역은 '주황'으로 채우기 하시오.

○ 유효성 검사를 이용하여 「H14」 셀에 고객명(「C5:C12」 영역)이 선택 표시되도록 하시오.

○ 셀 서식 ⇒ 「H5:H12」 영역에 셀 서식을 이용하여 숫자 뒤에 '점'을 표시하시오(예 : 1,936점).

○ 「F5:F12」 영역에 대해 '결제금액'으로 이름정의를 하시오.

셀 서식 지정 : P156 차트 ≪출력형태≫에서 축의 최소값(0 또는 -)을 참고하여 '숫자' 또는 '회계' 서식을
지정합니다.
※ ≪조건≫ 중에서 파란색으로 표시된 내용만 작업합니다.

[제1작업] 값 계산(함수) 및 조건부 서식

☑ 다양한 함수의 기능 및 사용 방법 익히기
☑ 조건부 서식을 이용하여 특정 셀에 서식을 지정하기

문제 미리보기

소스 파일 : [출제유형 04]-유형04_문제.xlsx   정답 파일 : [출제유형 04]-유형04_완성.xlsx

➔ 다음은 '튼튼정형외과 5월 진료 현황'에 대한 자료이다. 자료를 입력하고 조건에 맞도록 작업하시오.

◆ ≪출력형태≫ 〈240점〉

진료코드	환자명	진료날짜	진료실	치료부위	진료비 (단위:원)	만족도	만족도 순위	치료내용
						담당	대리	과장
			튼튼정형외과 5월 진료 현황			확인		
W1161	고강표	2022-05-10	1진료실	허리	75,000	85	(1)	(2)
N2262	송현미	2022-05-02	2진료실	목	150,000	90	(1)	(2)
W1251	한철수	2022-05-21	1진료실	허리	170,000	82	(1)	(2)
W3342	김윤희	2022-05-09	3진료실	허리	26,000	79	(1)	(2)
K2171	박주승	2022-05-12	2진료실	무릎	80,000	92	(1)	(2)
A1312	이은주	2022-05-17	1진료실	무릎	32,000	86	(1)	(2)
N2331	조성수	2022-05-21	3진료실	목	28,000	98	(1)	(2)
K1362	김수연	2022-05-07	1진료실	무릎	35,000	80	(1)	(2)
허리치료 진료 건수			(3)		최대 진료비(단위:원)			(5)
1진료실 진료비(단위:원) 평균			(4)		진료코드	W1161	진료실	(6)

◆ ≪조건≫

➔ (1)~(6) 셀은 반드시 **주어진 함수를 이용**하여 값을 구하시오(결과값을 직접 입력하면 해당 셀은 0점 처리됨).

(1) 만족도 순위 ⇒ 만족도의 내림차순 순위를 1~3까지 구하고 그 외에는 공백으로 표시하시오(IF, RANK.EQ 함수).

(2) 치료내용 ⇒ 진료코드의 세 번째 값이 1이면 '충격파', 2이면 '도수치료', 3이면 '물리치료'로 표시하시오
　　　　　　　(CHOOSE, MID 함수).

(3) 허리치료 진료 건수 ⇒ 결과값에 '건'을 붙이시오. 정의된 이름(치료부위)을 이용하여 구하시오
　　　　　　　　　　　(COUNTIF 함수, & 연산자)(예 : 1건).

(4) 1진료실 진료비(단위:원) 평균 ⇒ 단, 조건은 입력데이터를 이용하시오(DAVERAGE 함수).

(5) 최대 진료비(단위:원) ⇒ (MAX 함수)

(6) 진료실 ⇒ 「H14」 셀에서 선택한 진료코드에 대한 진료실을 구하시오(VLOOKUP 함수).

(7) 조건부 서식의 수식을 이용하여 진료비(단위:원)가 '80,000' 이상인 행 전체에 다음의 서식을 적용하시오
　(글꼴 : 파랑, 굵게).

01 함수 입력 방법

➊ 함수는 미리 정의되어 있는 수식으로 특정 값(인수)이 입력되면 정해진 규칙에 의해 그에 대응하는 값을 산출해 줍니다.

➋ 함수를 이용한 수식 계산은 '**등호, 함수이름, 왼쪽 괄호, 인수, 오른쪽 괄호**' 순으로 작성됩니다.

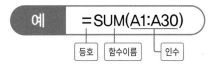

예 **=SUM(A1:A30)**
등호 함수이름 인수

➌ 각각의 인수는 **쉼표(,)**로 구분하고 인수의 범위를 나타낼 경우에는 **콜론(:)**을 이용합니다.

예 **=RANK.EQ(A1,A1:A30,1)**
인수 인수 범위 인수 구분

➍ 문자열을 인수로 사용할 경우에는 **큰 따옴표(" ")**로 묶어줍니다.

예 **=IF(B2>=70,"합격","불합격")**

➎ 간단한 수식으로 처리가 가능한 함수는 **셀에 직접 입력**하고, 함수식을 정확하게 모를 경우에는 [수식] 탭의 [함수 라이브러리] 그룹에서 **함수 삽입(*fx*)**(**Shift**+**F3**)을 이용합니다.

※ 함수 마법사를 이용하면 함수(예 : SUM) 및 해당 함수에서 사용되는 인수(Number1, Number2)들에 대한 설명을 확인하면서 함수식을 작성할 수 있기 때문에 초보자도 쉽게 함수 문제를 해결할 수 있습니다.

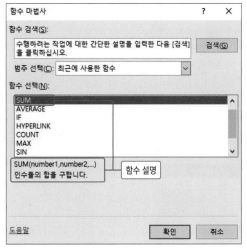

▲ 함수 마법사(함수 설명)

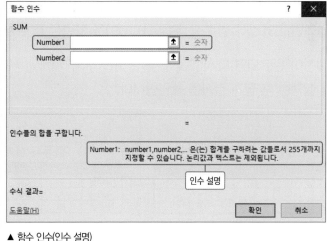

▲ 함수 인수(인수 설명)

TIP 인수 및 상수

➊ **인수** : 함수의 구성 요소로 수식, 배열, 범위, 상수, 함수 등 참조할 수 있는 값 또는 범위를 의미합니다.
  예 : =SUM(A1:A4)

➋ **상수** : 사용자가 직접 입력하는 숫자, 문자, 날짜, 시간 데이터 등을 의미합니다. 예 : =SUM(874,954)

02 셀 참조

❶ 셀 참조란 셀 주소를 이용하여 값을 계산하는 것으로, 크게 상대 참조와 절대 참조로 구분됩니다.

❷ 상대 참조와 절대 참조를 지정하기 위해서는 해당 셀을 선택한 후 F4 키를 누릅니다.

❸ **상대 참조**(=A1)로 계산된 수식에 자동 채우기를 실행하면 셀 참조 위치가 계산식의 위치에 따라서 **자동으로 변경**됩니다.

❹ **절대 참조**(=$A$1)로 계산된 수식에 자동 채우기를 실행하면 셀 참조 위치가 **고정**되어 참조 위치가 변경되지 않습니다.

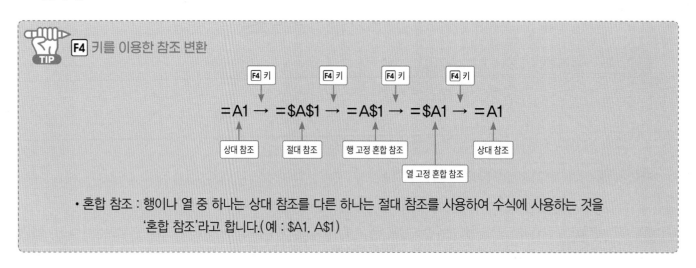

> **F4 키를 이용한 참조 변환**
>
> =A1 → =$A$1 → =A$1 → =$A1 → =A1
>
> 상대 참조　　절대 참조　　행 고정 혼합 참조　　　　　　상대 참조
>
> 　　　　　　　　　　　　　　열 고정 혼합 참조
>
> • 혼합 참조 : 행이나 열 중 하나는 상대 참조를 다른 하나는 절대 참조를 사용하여 수식에 사용하는 것을
> '혼합 참조'라고 합니다.(예 : $A1, A$1)

■ 상대 참조

❶ [파일]-[열기]-[찾아보기]를 클릭한 후 **유형04_상대참조_문제.xlsx** 파일을 불러옵니다.

❷ 파일이 열리면 [E3] 셀에 함수식 **=SUM(B3:D3)**을 입력한 후 **Enter** 키를 누릅니다.

❸ 함수식 계산이 완료되면 다시 [E3] 셀을 클릭합니다. 이어서, **채우기 핸들**(➕)을 [E5] 셀까지 드래그하여 자동 채우기를 실행한 후 합계 결과를 확인합니다.

❹ 합계 결과 확인이 끝나면 **Ctrl**+**~** 키를 눌러 **상대 참조**를 확인합니다.

※ **Ctrl**+**~** 키를 누를 때마다 '수식 보기'와 '기본 보기'로 전환됩니다.

	A	B	C	D	E
1	컴퓨터 실기 성적				
2	이름	한글	엑셀	파포	합계
3	김대한	70	80	80	=SUM(B3:D3)
4	이민국	30	40	50	=SUM(B4:D4)
5	홍길동	60	70	70	=SUM(B5:D5)

확인

■ 절대 참조

❶ [파일]-[열기]-[찾아보기]를 클릭한 후 **유형04_절대참조_문제.xlsx** 파일을 불러옵니다.

❷ 파일이 열리면 [E3] 셀에 함수식 **=SUM(B3:D3)+$B$7**을 입력한 후 **Enter** 키를 누릅니다.

　※ 절대 참조($B$7) 지정 : [B7] 셀을 마우스로 클릭한 후 **F4** 키를 한 번 누릅니다.

❸ 함수식 계산이 완료되면 다시 [E3] 셀을 클릭합니다. 이어서, **채우기 핸들(+)**을 [E5] 셀까지 드래그하여 자동 채우기를 실행한 후 합계 결과를 확인합니다.

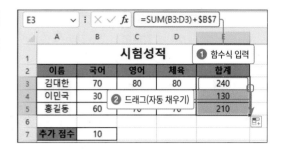

❹ 합계 결과 확인이 끝나면 **Ctrl**+**~** 키를 눌러 **절대 참조**로 지정된 셀 주소([$B$7])를 확인합니다.

　※ '상대 참조'와 '절대 참조'를 함께 사용하여 학생별 시험성적 합계(상대 참조)에 모두 동일하게 추가 점수 10점을 더한(절대 참조) 결과입니다.

	A	B	C	D	E	
1			시험성적			
2	이름	국어	영어	체육	합계	
3	김대한	70	80	80	=SUM(B3:D3)+$B$7	
4	이민국	30	40	50	=SUM(B4:D4)+$B$7	
5	홍길동	60	70	70	=SUM(B5:D5)+$B$7	
6						
7	추가 점수	10			확인	

---

03 계산식과 연산자

■ 계산식

함수를 사용하지 않고 셀 주소 값을 이용하여 연산을 수행하는 방식으로 반드시 계산식 앞에 '='을 먼저 입력해야 하며, **사칙연산 기호(+, −, ×, ÷)**를 이용하여 계산합니다.

예 : =A1+B1+C1

■ 산술 연산자

더하기(+), 빼기(−), 곱하기(*), 나누기(/) 등 가장 기본적인 연산을 실행하기 위해 필요한 연산자입니다.

예 : [A1] 셀에 입력된 값(50)

연산자	기능	사용 예	결과	연산자	기능	사용 예	결과
+	더하기	=A1+10	60	^	거듭제곱(지수)	=A1^2	2500
−	빼기	=A1−10	40	%	백분율	=A1%	0.5
*	곱하기	=A1*10	500				
/	나누기	=A1/10	5				

■ 비교 연산자

두 값을 비교하여 결과가 **참**이면 논리값 **TRUE**를 표시하고, **거짓**이면 논리값 **FALSE**를 표시합니다.

예 : [A1] 셀에 입력된 값(10)

연산자	기능	사용 예	결과	연산자	기능	사용 예	결과
=	같다	=A1=10	TRUE	〉=	크거나 같다 (이상)	=A1〉=10	TRUE
〈〉	다르다 (같지 않다)	=A1〈〉10	FALSE	〈	작다 (미만)	=A1〈10	FALSE
〉	크다 (초과)	=A1〉10	FALSE	〈=	작거나 같다 (이하)	=A1〈=10	TRUE

■ 텍스트 연결 연산자(&)

데이터를 연결해 주는 연산자로 **문자&문자, 숫자&숫자, 숫자&문자, 특정 셀&문자** 등 다양한 방법으로 활용됩니다.

※ &를 이용하여 연결한 경우 결과는 항상 텍스트로 인식됩니다.

예 : [A1] 셀에 입력된 값 : 100

="대한"&"민국" → 대한민국/=A1&"원" → 100원/=A1&100 → 100100

04 시험에 자주 출제되는 함수 정리

※ 함수에 대한 사용 방법을 모르는 경우에는 p72~p83을 먼저 학습한 후 최근에 자주 출제된 함수 목록을 확인하시기 바랍니다.

■ 시험에 자주 출제되는 함수

ITQ 엑셀 시험에서 가장 어렵고 중심이 되는 부분이 바로 함수 문제입니다. 최근에 출제된 함수를 분석한 결과 상당히 넓은 범위에서 함수 문제가 출제되고 있기 때문에 특정 부분만 학습하기에는 많은 어려움이 있습니다. 하지만 조금이라도 범위를 좁혀서 함수를 학습하고자 한다면 아래 내용들을 참고하여 학습하시기 바랍니다.

★ 최근에 자주 출제된 함수 목록 ★

과년도 기출문제를 분석한 결과 자주 출제되는 함수 목록은 ITQ 엑셀 시험을 준비할 때 반드시 학습이 필요한 함수입니다. 함수의 오른쪽 '☆'의 개수는 출제 빈도수에 따라 표시한 것으로 '☆'의 개수가 많은 함수일수록 사용 방법을 완벽하게 익혀야 합니다.

그 이유는 ITQ 엑셀의 함수 문제가 다른 함수와 함께(중첩) 사용하는 방식으로도 출제가 되기 때문에 각각의 함수 기능을 완벽하게 알지 못하면 중첩으로 출제된 함수 문제의 답을 찾아내기가 어렵습니다. 시험에 자주 출제되는 함수 목록 외에도 출제될 가능성이 높은 함수가 있기 때문에 함수 부록(P92)의 내용을 꼭 확인하시기 바랍니다.

구분	자주 출제되는 함수 목록
통계 함수	RANK.EQ(☆☆☆☆☆), COUNTIF(☆☆☆☆☆), AVERAGE(☆☆☆☆), MAX(☆☆☆), MIN(☆☆☆), LARGE(☆☆), COUNT(☆), COUNTA(☆), SMALL(☆), MEDIAN(☆)
수학/삼각 함수	ROUND(☆☆☆☆☆), SUMIF(☆☆☆☆), ROUNDDOWN(☆☆☆), ROUNDUP(☆☆), SUMPRODUCT(☆), INT(☆)
텍스트 함수	RIGHT(☆☆☆), LEFT(☆☆☆), MID(☆☆☆), REPT(☆☆)
날짜/시간 함수	YEAR(☆☆☆), DATE(☆☆), WEEKDAY(☆☆), MONTH(☆), TODAY(☆)
논리 함수	IF(☆☆☆☆☆), OR(☆), AND(☆)
찾기/참조 함수	VLOOKUP(☆☆☆☆☆), CHOOSE(☆☆☆☆☆)
데이터베이스 함수	DSUM(☆☆☆☆☆), DAVERAGE(☆☆☆☆☆), DMAX(☆☆), DCOUNTA(☆)

※ 함수 문제에서 텍스트 연결 연산자(&)가 자주 출제되기 때문에 반드시 숙지하시기 바랍니다.

■ 시험에 자주 출제되는 '통계 함수'

• 소스 파일 : [출제유형 04]–[함수]–유형04_통계 함수_문제.xlsx
• 정답 파일 : [출제유형 04]–[함수]–유형04_통계 함수_완성.xlsx

RANK.EQ	• 기능 : 수의 목록에 있는 어떤 수의 순위를 구하는 함수 • 형식 : =RANK.EQ(순위를 구하려는 수, 순위를 구하려는 범위, 순위를 결정할 방법) – 순위를 결정할 방법 : 0 또는 생략 시 '내림차순', 0이 아닌 숫자를 입력할 경우 '오름차순'으로 순위를 지정 • 사용 예 : 평균을 기준으로 순위(내림차순)를 표시 ▶함수식 : =RANK.EQ(E2,\$E\$2:\$E\$4) F2 =RANK.EQ(E2,\$E\$2:\$E\$4) <table><tr><th></th><th>A 이름</th><th>B 국어</th><th>C 영어</th><th>D 수학</th><th>E 평균</th><th>F 순위</th><th>G</th><th>H 함수식</th></tr><tr><td>2</td><td>김대한</td><td>85</td><td>75</td><td>80</td><td>80</td><td>2</td><td>◄</td><td>=RANK.EQ(E2,\$E\$2:\$E\$4)</td></tr><tr><td>3</td><td>이민국</td><td>70</td><td>60</td><td>60</td><td>63</td><td>3</td><td>◄</td><td>=RANK.EQ(E3,\$E\$2:\$E\$4)</td></tr><tr><td>4</td><td>홍길동</td><td>80</td><td>90</td><td>100</td><td>90</td><td>1</td><td>◄</td><td>=RANK.EQ(E4,\$E\$2:\$E\$4)</td></tr></table>
시험에 자주 출제되는 RANK.EQ 함수 중첩 예시	① 문제 : 서비스 순서 ⇒ 서비스 시작을 기준으로 오름차순 순위를 구한 결과값에 '위'를 붙이시오 (RANK.EQ 함수, & 연산자)(예 : 1위). ☞ =RANK.EQ(H5,\$H\$5:\$H\$12,1)&"위" → RANK.EQ+& 사용 ② 문제 : 판매 순위 ⇒ 판매수량(단위:EA)의 내림차순 순위를 1~3까지 구하고, 그 외에는 공백으로 나타내시오 (IF, RANK.EQ 함수). ☞ =IF(RANK.EQ(G5,\$G\$5:\$G\$12)<=3,RANK.EQ(G5,\$G\$5:\$G\$12),"") → IF+RANK.EQ 사용

※ '중첩 예시'는 해당 함수가 기출문제에서 어떤 형식으로 다른 함수와 중첩하여 출제되었는지를 보여주기 위한 것으로 '모의고사 및 기출문제'를 풀다가 이해가 되지 않을 경우 참고하시기 바랍니다.

COUNTIF	• 기능 : 지정한 범위 내에서 특정 조건을 만족하는 셀의 개수를 구하는 함수 • 형식 : =COUNTIF(개수를 구하려는 셀 범위, 조건) • 사용 예 : 국어, 영어, 수학 점수 중에서 '90' 이상인 셀의 개수를 표시 ▶함수식 : =COUNTIF(B2:D6,">=90") E8 =COUNTIF(B2:D6,">=90") <table><tr><th></th><th>A 이름</th><th>B 국어</th><th>C 영어</th><th>D 수학</th><th>E 총점</th><th>F</th></tr><tr><td>2</td><td>김대한</td><td>85</td><td>75</td><td>80</td><td>240</td><td></td></tr><tr><td>3</td><td>이민국</td><td>70</td><td>75</td><td>60</td><td>205</td><td></td></tr><tr><td>4</td><td>홍길동</td><td>80</td><td>90</td><td>100</td><td>270</td><td></td></tr><tr><td>5</td><td>유재석</td><td>100</td><td>90</td><td>100</td><td>290</td><td></td></tr><tr><td>6</td><td>강호동</td><td>90</td><td>80</td><td>80</td><td>250</td><td></td></tr><tr><td>7</td><td></td><td></td><td></td><td></td><td></td><td></td></tr><tr><td>8</td><td colspan="4">90점 이상인 셀의 개수</td><td>6</td><td></td></tr><tr><td>9</td><td></td><td></td><td></td><td></td><td>▲</td><td></td></tr><tr><td>10</td><td colspan="5">함수식</td><td></td></tr><tr><td>11</td><td colspan="5">=COUNTIF(B2:D6,">=90")</td><td></td></tr></table>

시험에 자주 출제되는 COUNTIF 함수 중첩 예시	① 문제 : 현금 사용 개수 ⇒ 정의된 이름(거래방식)을 이용하여 구한 결과값에 '개'를 붙이시오 (COUNTIF, & 연산자)(예 : 2개). ☞ =COUNTIF(거래방식,"현금")&"개" → COUNTIF+& 사용 ※ 이름으로 정의된 범위를 COUNTIF 함수식에 사용하여 개수를 구함 ② 문제 : 예상 관객수가 평균 이상인 영화제 수 ⇒ 결과값 뒤에 '개'를 붙이시오 (COUNTIF, AVERAGE 함수, & 연산자)(예 : 2 → 2개). ☞ =COUNTIF(G5:G12,")="&AVERAGE(G5:G12))&"개" → COUNTIF+AVERAGE+& 사용

AVERAGE	• 기능 : 특정 범위(인수)의 평균을 구하는 함수 • 형식 : =AVERAGE(셀 범위) • 사용 예 : 국어, 영어, 수학 점수의 평균을 표시 ▶함수식 : =AVERAGE(B2:D2) 	E2		=AVERAGE(B2:D2)
A	B	C	D	E	F	G
이름	국어	영어	수학	평균		함수식
김대한	85	75	80	80	◀	=AVERAGE(B2:D2)
이민국	70	75	60	68.33333	◀	=AVERAGE(B3:D3)
홍길동	80	90	100	90	◀	=AVERAGE(B4:D4)	
시험에 자주 출제되는 AVERAGE 함수 중첩 예시	① 문제 : 비고 ⇒ 4월과 5월 판매수량의 평균이 80,000 이상이면 '판매우수', 그 외에는 공백으로 구하시오 (IF, AVERAGE 함수). ☞ =IF(AVERAGE(F5:G5)〉=80000,"판매우수","") → IF+AVERAGE 사용 ② 문제 : 판매수량(단위:대)의 평균 ⇒ 반올림하여 정수로 구하시오(ROUND, AVERAGE 함수)(예 : 421.3 → 421). ☞ =ROUND(AVERAGE(G5:G12),0) → ROUND+AVERAGE 사용

MAX	• 기능 : 최대값을 구하는 함수 • 형식 : =MAX(셀 범위) • 사용 예 : 학생들의 총점 중에서 가장 높은 총점을 표시 ▶함수식 : =MAX(E2:E6) 	G2		=MAX(E2:E6)
A	B	C	D	E	F	G
이름	국어	영어	수학	총점		가장 높은 총점
김대한	85	75	80	240		290
이민국	70	75	60	205		▲
홍길동	80	90	100	270		함수식
유재석	100	90	100	290		=MAX(E2:E6)
강호동	90	80	80	250			

MIN	• 기능 : 최소값을 구하는 함수 • 형식 : =MIN(셀 범위) • 사용 예 : 학생들 총점 중에서 가장 낮은 총점을 표시 ▶함수식 : =MIN(E2:E6) 	G2		=MIN(E2:E6)
A	B	C	D	E	F	G
이름	국어	영어	수학	총점		가장 낮은 총점
김대한	85	75	80	240		205
이민국	70	75	60	205		▲
홍길동	80	90	100	270		함수식
유재석	100	90	100	290		=MIN(E2:E6)
강호동	90	80	80	250			
시험에 자주 출제되는 MAX / MIN 함수 예시	① 문제 : 최대/최소 판매량(단위:개)의 차이 ⇒ 「최대 판매량(단위:개)-최소 판매량(단위:개)」로 구하시오 (MAX, MIN 함수). ☞ =MAX(G5:G12)-MIN(G5:G12) → MAX+MIN 사용

COUNT	• 기능 : 지정된 셀 범위에서 숫자(날짜 포함)가 입력된 셀의 개수를 구하는 함수 • 형식 : =COUNT(셀 범위) • 사용 예 : [A2:E4] 영역에서 숫자가 입력된 셀의 개수를 표시 ▶함수식 : =COUNT(A2:E4) | E5	:	× ✓ fx	=COUNT(A2:E4) | <table><tr><td></td><td>A</td><td>B</td><td>C</td><td>D</td><td>E</td><td>F</td><td>G</td></tr><tr><td>1</td><td>이름</td><td>국어</td><td>영어</td><td>수학</td><td>기타</td><td></td><td></td></tr><tr><td>2</td><td>김대한</td><td>85</td><td>75</td><td>80</td><td>제출</td><td></td><td></td></tr><tr><td>3</td><td>이민국</td><td>70</td><td>75</td><td>60</td><td>미제출</td><td></td><td></td></tr><tr><td>4</td><td>홍길동</td><td>80</td><td>90</td><td>100</td><td>제출</td><td></td><td>함수식</td></tr><tr><td>5</td><td colspan="4">숫자가 입력된 셀의 개수</td><td>9</td><td>◀</td><td>=COUNT(A2:E4)</td></tr></table>
시험에 자주 출제되는 COUNT 함수 중첩 예시	① 문제 : 출장일수가 3일 이하인 비율 ⇒ 「출장일수가 3일 이하인 개수÷출장일수의 개수」로 구한 결과값을 백분 율로 표시하시오(COUNTIF, COUNT 함수)(예 : 10%). ☞ =COUNTIF(G5:G12,"<=3")/COUNT(G5:G12) → COUNTIF+COUNT 사용
COUNTA	• 기능 : 지정된 셀 범위에서 공백을 제외한 모든(문자, 숫자, 논리값 등) 셀의 개수를 구하는 함수 • 형식 : =COUNTA(셀 범위) • 사용 예 : [B2:E4] 영역에서 공백을 제외한 모든 셀의 개수를 표시 ▶함수식 : =COUNTA(B2:E4) | E5	:	× ✓ fx	=COUNTA(B2:E4) | <table><tr><td></td><td>A</td><td>B</td><td>C</td><td>D</td><td>E</td><td>F</td><td>G</td></tr><tr><td>1</td><td>이름</td><td>국어</td><td>영어</td><td>수학</td><td>기타</td><td></td><td></td></tr><tr><td>2</td><td>김대한</td><td>85</td><td>75</td><td>80</td><td></td><td></td><td></td></tr><tr><td>3</td><td>이민국</td><td></td><td></td><td></td><td>결석</td><td></td><td></td></tr><tr><td>4</td><td>홍길동</td><td>80</td><td>90</td><td>100</td><td></td><td></td><td>함수식</td></tr><tr><td>5</td><td colspan="4">공백을 제외한 셀의 개수</td><td>7</td><td>◀</td><td>=COUNTA(B2:E4)</td></tr></table>
시험에 자주 출제되는 COUNTA 함수 중첩 예시	① 문제 : 렌트기간이 3일 이상인 고객비율 ⇒ 전체 렌트고객 중 렌트기간이 3일 이상인 고객의 비율을 구한 결과 값을 백분율로 표시하시오(COUNTIF, COUNTA 함수)(예 : 10%). ☞ =COUNTIF(F5:F12,">=3")/COUNTA(F5:F12) → COUNTIF+COUNTA 사용
LARGE	• 기능 : 지정된 셀 범위에서 입력한 숫자 번째로 큰 값을 구하는 함수 • 형식 : =LARGE(셀 범위, 몇 번째로 큰 값을 구할 숫자) • 사용 예 : 학생들 총점 중에서 3번째로 높은 총점을 표시 ▶함수식 : =LARGE(E2:E6,3) | G2	:	× ✓ fx	=LARGE(E2:E6,3) | <table><tr><td></td><td>A</td><td>B</td><td>C</td><td>D</td><td>E</td><td>F</td><td>G</td></tr><tr><td>1</td><td>이름</td><td>국어</td><td>영어</td><td>수학</td><td>총점</td><td></td><td>3번째로 높은 총점</td></tr><tr><td>2</td><td>김대한</td><td>85</td><td>75</td><td>80</td><td>240</td><td></td><td>250</td></tr><tr><td>3</td><td>이민국</td><td>70</td><td>75</td><td>60</td><td>205</td><td></td><td>▲</td></tr><tr><td>4</td><td>홍길동</td><td>80</td><td>90</td><td>100</td><td>270</td><td></td><td>함수식</td></tr><tr><td>5</td><td>유재석</td><td>100</td><td>90</td><td>100</td><td>290</td><td></td><td>=LARGE(E2:E6,3)</td></tr><tr><td>6</td><td>강호동</td><td>90</td><td>80</td><td>80</td><td>250</td><td></td><td></td></tr></table>
SMALL	• 기능 : 지정된 셀 범위에서 입력한 숫자 번째로 작은 값을 구하는 함수 • 형식 : =SMALL(셀 범위, 몇 번째로 작은 값을 구할 숫자) • 사용 예 : 학생들 총점 중에서 2번째로 낮은 총점을 표시 ▶함수식 : =SMALL(E2:E6,2) | G2	:	× ✓ fx	=SMALL(E2:E6,2) | <table><tr><td></td><td>A</td><td>B</td><td>C</td><td>D</td><td>E</td><td>F</td><td>G</td></tr><tr><td>1</td><td>이름</td><td>국어</td><td>영어</td><td>수학</td><td>총점</td><td></td><td>2번째로 낮은 총점</td></tr><tr><td>2</td><td>김대한</td><td>85</td><td>75</td><td>80</td><td>240</td><td></td><td>240</td></tr><tr><td>3</td><td>이민국</td><td>70</td><td>75</td><td>60</td><td>205</td><td></td><td>▲</td></tr><tr><td>4</td><td>홍길동</td><td>80</td><td>90</td><td>100</td><td>270</td><td></td><td>함수식</td></tr><tr><td>5</td><td>유재석</td><td>100</td><td>90</td><td>100</td><td>290</td><td></td><td>=SMALL(E2:E6,2)</td></tr><tr><td>6</td><td>강호동</td><td>90</td><td>80</td><td>80</td><td>250</td><td></td><td></td></tr></table>

MEDIAN	• 기능 : 특정 범위(인수)에서 중간값을 구하는 함수 • 형식 : =MEDIAN(셀 범위) • 사용 예 : 국어, 영어, 수학, 과제물 점수의 중간값을 표시 ▶ 함수식 : =MEDIAN(B2:E2) F2 ∨ : × ✓ fx =MEDIAN(B2:E2) <table><tr><td></td><td>A</td><td>B</td><td>C</td><td>D</td><td>E</td><td>F</td><td>G</td><td>H</td></tr><tr><td>1</td><td>이름</td><td>국어</td><td>영어</td><td>수학</td><td>과제물</td><td>중간값</td><td></td><td>함수식</td></tr><tr><td>2</td><td>김대한</td><td>85</td><td>75</td><td>80</td><td>80</td><td>80</td><td>◀</td><td>=MEDIAN(B2:E2)</td></tr><tr><td>3</td><td>이민국</td><td>70</td><td>75</td><td>60</td><td>80</td><td>72.5</td><td>◀</td><td>=MEDIAN(B3:E3)</td></tr><tr><td>4</td><td>홍길동</td><td>80</td><td>90</td><td>100</td><td>60</td><td>85</td><td>◀</td><td>=MEDIAN(B4:E4)</td></tr></table>
시험에 자주 출제되는 MEDIAN 함수 중첩 예시	① 문제 : 누적 판매량이 중간값 미만인 상품의 개수 ⇒ 결과값 뒤에 '개'를 붙이시오 　(COUNTIF, MEDIAN 함수, & 연산자)(예 : 2개). ☞ =COUNTIF(H5:H12,"〈"&MEDIAN(H5:H12))&"개" → COUNTIF＋MEDIAN＋& 사용

■ 시험에 자주 출제되는 '수학/삼각 함수'

• 소스 파일 : [출제유형 04]-[함수]-유형04_수학 및 삼각 함수_문제.xlsx
• 정답 파일 : [출제유형 04]-[함수]-유형04_수학 및 삼각 함수_완성.xlsx

ROUND	• 기능 : 수를 지정한 자릿수로 반올림하는 함수 • 형식 : =ROUND(반올림할 수, 반올림할 자릿수) <table><tr><td>반올림할 자릿수</td><td>의미</td><td>함수식</td></tr><tr><td>1</td><td>소수 둘째 자리에서 반올림하여 소수 첫째 자리를 구함</td><td>=ROUND(12345.123,1) = 12345.1</td></tr><tr><td>2</td><td>소수 셋째 자리에서 반올림하여 소수 둘째 자리를 구함</td><td>=ROUND(12345.123,2) = 12345.12</td></tr><tr><td>3</td><td>소수 넷째 자리에서 반올림하여 소수 셋째 자리를 구함</td><td>=ROUND(12345.1234,3) =12345.123</td></tr><tr><td>0</td><td>소수 첫째 자리에서 반올림하여 일의 자리(정수)를 구함</td><td>=ROUND(12345.123,0) = 12345</td></tr><tr><td>−1</td><td>정수 첫째 자리에서 반올림하여 십의 자리를 구함</td><td>=ROUND(12345,−1) = 12350</td></tr><tr><td>−2</td><td>정수 둘째 자리에서 반올림하여 백의 자리를 구함</td><td>=ROUND(12345,−2) = 12300</td></tr><tr><td>−3</td><td>정수 셋째 자리에서 반올림하여 천의 자리를 구함</td><td>=ROUND(12345,−3) = 12000</td></tr></table> B2 ∨ : × ✓ fx =ROUND(A2,3) <table><tr><td></td><td>A</td><td>B</td><td>C</td><td>D</td></tr><tr><td>1</td><td>데이터</td><td>결과</td><td></td><td>함수식</td></tr><tr><td>2</td><td>12345.6789</td><td>12345.679</td><td>◀</td><td>=ROUND(A2,3)</td></tr><tr><td>3</td><td>12345.6789</td><td>12345.7</td><td>◀</td><td>=ROUND(A3,1)</td></tr><tr><td>4</td><td>12345.6789</td><td>12346</td><td>◀</td><td>=ROUND(A4,0)</td></tr><tr><td>5</td><td>12345</td><td>12350</td><td>◀</td><td>=ROUND(A5,-1)</td></tr></table>
시험에 자주 출제되는 ROUND 함수 중첩 예시	① 문제 : 상설전시 전시기간 평균 ⇒ 반올림하여 정수로 구하시오. 단, 조건은 입력데이터를 이용하시오 　(ROUND, DAVERAGE 함수)(예 : 45.6 → 46). ☞ =ROUND(DAVERAGE(B4:H12,H4,D4:D5),0) → ROUND＋DAVERAGE 사용 ② 문제 : 판매수량(단위:대)의 평균 ⇒ 반올림하여 정수로 구하시오(ROUND, AVERAGE 함수)(예 : 421.3 → 421). ☞ =ROUND(AVERAGE(G5:G12),0) → ROUND＋AVERAGE 사용 ③ 문제 : 개설강좌 총 수강료(단위:원) ⇒ 「수강료(단위:원)×수강인원」으로 구하되 반올림하여 천 단위까지 구하시오(ROUND, SUMPRODUCT 함수)(예 : 12,345,670 → 12,346,000). ☞ =ROUND(SUMPRODUCT(G5:G12,H5:H12),−3) → ROUND＋SUMPRODUCT 사용

ROUNDDOWN	• 기능 : 0에 가까워지도록 수를 내림하는 함수 • 형식 : =ROUNDDOWN(내림할 수, 내림할 자릿수) B2 ⌄ : × ✓ fx =ROUNDDOWN(A2,3) 		A	B	C	D
---	---	---	---	---
1	데이터	결과		함수식
2	12345.6789	12345.678	◀	=ROUNDDOWN(A2,3)
3	12345.6789	12345.6	◀	=ROUNDDOWN(A3,1)
4	12345.6789	12345	◀	=ROUNDDOWN(A4,0)
5	12345	12340	◀	=ROUNDDOWN(A5,-1)	
시험에 자주 출제되는 ROUNDDOWN 함수 중첩 예시	① 문제 : 발라드 장르의 컬러링 다운로드 평균 ⇒ 내림하여 정수로 구하시오. 단, 조건은 입력데이터를 이용하시오 (ROUNDDOWN, DAVERAGE 함수)(예 : 4,123.6 → 4,123). ☞ =ROUNDDOWN(DAVERAGE(B4:H12,H4,E4:E5),0) → ROUNDDOWN+DAVERAGE 사용 ② 문제 : 연령 ⇒ 「2020−생년월일의 연도」로 계산하되 내림하여 십의 단위로 구한 결과값에 '대'를 붙이시오 (ROUNDDOWN, YEAR 함수, & 연산자)(예 : 42 → 40대). ☞ =ROUNDDOWN(2020−YEAR(D5),−1)&"대" → ROUNDDOWN+YEAR+& 사용 ③ 문제 : 총 판매금액 ⇒ 「판매량(단위:BOX)×판매금액」으로 구하되 내림하여 천만 단위까지 구하시오 (ROUNDDOWN, SUMPRODUCT 함수)(예 : 123,456,000 → 120,000,000). ☞ =ROUNDDOWN(SUMPRODUCT(F5:F12,G5:G12),−7) → ROUNDDOWN+SUMPRODUCT 사용
ROUNDUP	• 기능 : 0에서 멀어지도록 수를 올림하는 함수 • 형식 : =ROUNDUP(올림할 수, 올림할 자릿수) B2 ⌄ : × ✓ fx =ROUNDUP(A2,3) 		A	B	C	D
---	---	---	---	---
1	데이터	결과		함수식
2	12345.6789	12345.679	◀	=ROUNDUP(A2,3)
3	12345.6789	12345.7	◀	=ROUNDUP(A3,1)
4	12345.6789	12346	◀	=ROUNDUP(A4,0)
5	12345	12350	◀	=ROUNDUP(A5,-1)	
시험에 자주 출제되는 ROUNDUP 함수 중첩 예시	① 문제 : 네일 부문 고등부의 평균 ⇒ 올림하여 정수로 구하고, 조건은 입력데이터를 이용하시오 (ROUNDUP, DAVERAGE 함수)(예 : 212.3 → 213). ☞ =ROUNDUP(DAVERAGE(B4:H12,D4,B4:B5),0) → ROUNDUP+DAVERAGE 사용
SUMIF	• 기능 : 주어진 조건에 만족하는 데이터들의 합계를 구하는 함수 • 형식 : =SUMIF(조건에 맞는지 확인할 셀 범위, 조건, 합계를 구할 범위) • 사용 예 : 고학년 학생들의 '총점' 합계를 표시 ▶함수식 : =SUMIF(A2:A6,"고학년",F2:F6) F7 ⌄ : × ✓ fx =SUMIF(A2:A6,"고학년",F2:F6) |	A	B	C	D	E	F
---	---	---	---	---	---	---
1	학년	이름	국어	영어	수학	총점
2	고학년	김대한	85	75	80	240
3	저학년	이민국	70	75	60	205
4	고학년	홍길동	80	90	100	270
5	저학년	유재석	100	90	100	290
6	고학년	강호동	90	80	80	250
7	고학년 학생의 총점 합계					760
8						▲
9			함수식			
10			=SUMIF(A2:A6,"고학년",F2:F6)				
시험에 자주 출제되는 SUMIF 함수 중첩 예시	① 문제 : 대한항공 출발인원 평균 ⇒ (SUMIF, COUNTIF 함수) ☞ =SUMIF(D5:D12,"대한항공",F5:F12)/COUNTIF(D5:D12,"대한항공") → SUMIF+COUNTIF 사용 ② 문제 : 쌍둥이 판매수량 합계 ⇒ 쌍둥이 판매수량의 합계를 구한 결과값 뒤에 '대'를 붙이시오 (SUMIF 함수, & 연산자)(예 : 224대). ☞ =SUMIF(D5:D12,"쌍둥이",H5:H12)&"대" → SUMIF+& 사용

SUMPRODUCT	• 기능 : 배열의 해당 요소들을 모두 곱하고 그 곱의 합계를 표시하는 함수 • 형식 : =SUMPRODUCT(배열1, 배열2, …) • 사용 예 : 배열1과 배열2의 값을 모두 곱한 결과를 합계로 표시 ▶함수식 : =SUMPRODUCT(A2:A5,B2:B5) ※ [A2]×[B2], [A3]×[B3], [A4]×[B4], [A5]×[B5]를 곱한 결과의 합계를 표시 
시험에 자주 출제되는 SUMPRODUCT 함수 중첩 예시	① 문제 : 총 판매금액 ⇒ 「판매량(단위:BOX)×판매금액」으로 구하되 내림하여 천만 단위까지 구하시오 (ROUNDDOWN, SUMPRODUCT 함수)(예 : 123,456,000 → 120,000,000). ☞ =ROUNDDOWN(SUMPRODUCT(F5:F12,G5:G12),-7) → ROUNDDOWN+SUMPRODUCT 사용
INT	• 기능 : 소수점 아래를 버리고 가장 가까운 정수로 내림하는 함수 • 형식 : =INT(정수로 내림하려는 실수) • 사용 예 : 실수를 정수로 변환하여 값을 표시 ▶함수식 : =INT(5.5) 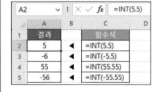

**시험에 자주 출제되는
INT 함수 중첩 예시**
	① 문제 : 비고 ⇒ 업데이트 만족도의 소수점 이하 부분이 0.5 이상이면 '★'를 표시하고 그 외에는 공백으로 구하시오
	    (IF, INT 함수).
	☞ =IF(G5-INT(G5)>=0.5,"★","") → IF+INT 사용
	② 문제 : 초등학생 평균 교육비(단위:원) ⇒ 조건은 입력데이터를 이용하고, 버림하여 정수로 구하시오
	    (INT, DAVERAGE 함수)(예 : 27,356.7 → 27,356).
	☞ =INT(DAVERAGE(B4:H12,G4,D4:D5)) → INT+DAVERAGE 사용

■ 시험에 자주 출제되는 '텍스트 함수'

• 소스 파일 : [출제유형 04]–[함수]–유형04_텍스트 함수_문제.xlsx
• 정답 파일 : [출제유형 04]–[함수]–유형04_텍스트 함수_완성.xlsx

LEFT	• 기능 : 문자열의 왼쪽에서부터 원하는 수만큼의 문자를 표시해 주는 함수 • 형식 : =LEFT(문자열, 추출할 문자수) • 사용 예 : 왼쪽부터 원하는 문자의 개수를 입력하여 문자열을 추출하여 표시 ▶함수식 : =LEFT(A2,9)
시험에 자주 출제되는 LEFT 함수 중첩 예시	① 문제 : 비고 ⇒ 제품코드의 첫 번째 글자가 K이면 '키즈제품', 그 외에는 공백으로 구하시오(IF, LEFT 함수). ☞ =IF(LEFT(B5,1)="K","키즈제품","") → IF+LEFT 사용 ② 문제 : 지역 ⇒ 관리번호의 첫 번째 글자가 1이면 '서울', 2이면 '경기', 3이면 '인천'으로 구하시오 (CHOOSE, LEFT 함수). ☞ =CHOOSE(LEFT(B5,1),"서울","경기","인천") → CHOOSE+LEFT 사용

RIGHT	• 기능 : 문자열의 오른쪽에서부터 원하는 수만큼의 문자를 표시해 주는 함수 • 형식 : =RIGHT(문자열, 추출할 문자수) • 사용 예 : 오른쪽부터 원하는 문자의 개수를 입력하여 문자열을 추출하여 표시 ▶ 함수식 : =RIGHT(A2,4) 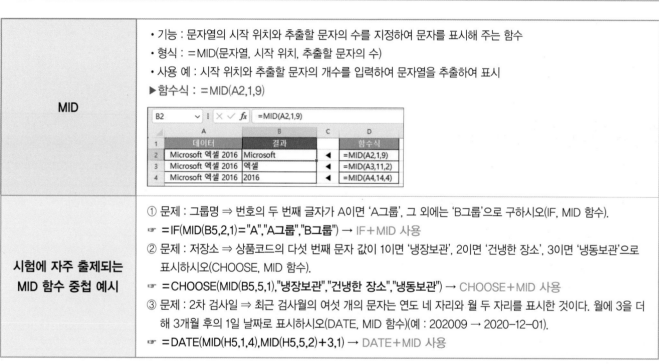
시험에 자주 출제되는 RIGHT 함수 중첩 예시	① 문제 : 분류 ⇒ 제품코드의 마지막 글자가 M이면 '메이크업', 그 외에는 '스킨케어'로 구하시오(IF, RIGHT 함수). ☞ =IF(RIGHT(B5,1)="M","메이크업","스킨케어") → IF+RIGHT 사용 ② 문제 : 성별 ⇒ 사원코드의 마지막 글자가 1이면 '남자', 2이면 '여자'로 구하시오(CHOOSE, RIGHT 함수). ☞ =CHOOSE(RIGHT(D5,1),"남자","여자") → CHOOSE+RIGHT 사용 ③ 문제 : 광고시작일 ⇒ 광고번호의 마지막 두 자리 숫자를 월로, 일은 '10'으로 하는 2020년도 날짜를 구하시오 (DATE, RIGHT 함수)(예 : C3-07 → 2020-07-10). ☞ =DATE(2020,RIGHT(B5,2),10) → DATE+RIGHT 사용

MID	• 기능 : 문자열의 시작 위치와 추출할 문자의 수를 지정하여 문자를 표시해 주는 함수 • 형식 : =MID(문자열, 시작 위치, 추출할 문자의 수) • 사용 예 : 시작 위치와 추출할 문자의 개수를 입력하여 문자열을 추출하여 표시 ▶ 함수식 : =MID(A2,1,9) 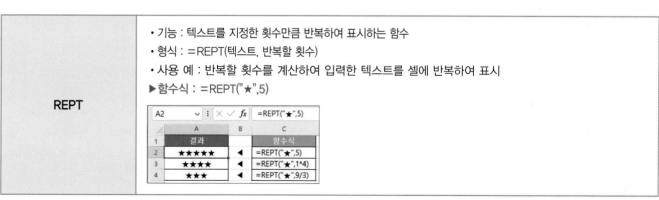
시험에 자주 출제되는 MID 함수 중첩 예시	① 문제 : 그룹명 ⇒ 번호의 두 번째 글자가 A이면 'A그룹', 그 외에는 'B그룹'으로 구하시오(IF, MID 함수). ☞ =IF(MID(B5,2,1)="A","A그룹","B그룹") → IF+MID 사용 ② 문제 : 저장소 ⇒ 상품코드의 다섯 번째 문자 값이 1이면 '냉장보관', 2이면 '건냉한 장소', 3이면 '냉동보관'으로 표시하시오(CHOOSE, MID 함수). ☞ =CHOOSE(MID(B5,5,1),"냉장보관","건냉한 장소","냉동보관") → CHOOSE+MID 사용 ③ 문제 : 2차 검사일 ⇒ 최근 검사월의 여섯 개의 문자는 연도 네 자리와 월 두 자리를 표시한 것이다. 월에 3을 더 해 3개월 후의 1일 날짜로 표시하시오(DATE, MID 함수)(예 : 202009 → 2020-12-01). ☞ =DATE(MID(H5,1,4),MID(H5,5,2)+3,1) → DATE+MID 사용

REPT	• 기능 : 텍스트를 지정한 횟수만큼 반복하여 표시하는 함수 • 형식 : =REPT(텍스트, 반복할 횟수) • 사용 예 : 반복할 횟수를 계산하여 입력한 텍스트를 셀에 반복하여 표시 ▶ 함수식 : =REPT("★",5)

■ 시험에 자주 출제되는 '날짜/시간 함수'

• 소스 파일 : [출제유형 04]−[함수]−유형04_날짜와 시간 함수_문제.xlsx
• 정답 파일 : [출제유형 04]−[함수]−유형04_날짜와 시간 함수_완성.xlsx

DATE	• 기능 : 특정한 날짜를 표시하기 위한 함수 • 형식 : =DATE(년, 월, 일) • 사용 예 : 2020,12,25를 날짜로 표시 ▶함수식 : =DATE(2020,12,25) 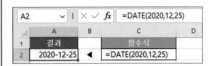
시험에 자주 출제되는 DATE 함수 중첩 예시	① 문제 : 광고시작일 ⇒ 광고번호의 마지막 두 자리 숫자를 월로, 일은 '10'으로 하는 2020년도 날짜를 구하시오 (DATE, RIGHT 함수)(예 : C3−07 → 2020−07−10). ☞ =DATE(2020,RIGHT(B5,2),10) → DATE+RIGHT 사용 ② 문제 : 2차 검사일 ⇒ 최근 검사월의 여섯 개의 문자는 연도 네 자리와 월 두 자리를 표시한 것이다. 월에 3을 더해 3개월 후의 1일 날짜로 표시하시오(DATE, MID 함수)(예 : 202009 → 2020−12−01). ☞ =DATE(MID(H5,1,4),MID(H5,5,2)+3,1) → DATE+MID 사용

YEAR	• 기능 : '날짜'에서 '연도'를 구하는 함수 • 형식 : =YEAR(날짜 or 셀 주소) • 사용 예 : 2020−12−25에서 연도만 추출하여 표시 ▶함수식 : =YEAR("2020−12−25") 
시험에 자주 출제되는 YEAR 함수 중첩 예시	① 문제 : 출시연도 ⇒ 출시일의 연도를 추출하여 '년'을 붙이시오(YEAR 함수, & 연산자)(예 : 2020년). ☞ =YEAR(H5)&"년" → YEAR+& 사용 ② 문제 : 비고 ⇒ 출시일의 연도가 2020이면 '신상품', 그 외에는 공백으로 표시하시오(IF, YEAR 함수). ☞ =IF(YEAR(E5)=2020,"신상품","") → IF+YEAR 사용 ③ 문제 : 부르즈 할리파 건물 연수 ⇒ 「시스템 오늘의 연도−완공연도」로 구한 결과값에 '년'을 붙이시오 (YEAR, TODAY 함수, & 연산자)(예 : 2년). ☞ =YEAR(TODAY())−G9&"년" → YEAR+TODAY+& 사용

MONTH	• 기능 : '날짜'에서 '월'을 구하는 함수 • 형식 : =MONTH(날짜 or 셀 주소) • 사용 예 : 2020−12−25에서 월만 추출하여 표시 ▶함수식 : =MONTH("2020−12−25") 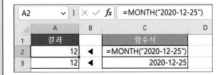
시험에 자주 출제되는 MONTH 함수 중첩 예시	① 문제 : 시작월 ⇒ 시작일의 월을 추출하여 '월'을 붙이시오(MONTH 함수, & 연산자)(예 : 2020−09−05 → 9월). ☞ =MONTH(E5)&"월" → MONTH+& 사용 ② 비고 ⇒ 행사일의 월이 7이면 '7월', 그 외에는 공백으로 구하시오(IF, MONTH 함수). ☞ =IF(MONTH(F5)=7,"7월","") → IF+MONTH 사용

WEEKDAY	• 기능 : 날짜에서 해당하는 요일의 번호를 구하는 함수 • 형식 : =WEEKDAY(날짜,유형) | 유형	월	화	수	목	금	토	일 | |---|---|---|---|---|---|---|---| | 1(생략) : 1(일요일)~7(토요일) | 2 | 3 | 4 | 5 | 6 | 7 | 1 | | 2 : 1(월요일)~7(일요일) | 1 | 2 | 3 | 4 | 5 | 6 | 7 | | 3 : 0(월요일)~6(일요일) | 0 | 1 | 2 | 3 | 4 | 5 | 6 | • 사용 예 : 유형에 따라 2020-12-31에 해당하는 요일의 번호를 표시 ▶함수식 : =WEEKDAY(A2,1) ※ 2020년 12월 31일의 요일은 '목요일'입니다. 
시험에 자주 출제되는 WEEKDAY 함수 중첩 예시	① 문제 : 전시 시작일 요일 ⇒ 전시 시작일의 요일을 구하시오(CHOOSE, WEEKDAY 함수)(예 : 월요일). ☞ =CHOOSE(WEEKDAY(F5,2),"월요일","화요일","수요일","목요일","금요일","토요일","일요일") → CHOOSE+WEEKDAY 사용 ② 문제 : 측정요일 ⇒ 측정날짜의 요일이 토요일과 일요일이면 '주말', 그 외에는 '평일'로 구하시오 (IF, WEEKDAY 함수)(예 : 월요일). ☞ =IF(WEEKDAY(B5,2)>=6,"주말","평일") → IF+WEEKDAY 사용

TODAY	• 기능 : 시스템의 현재 날짜를 표시하기 위한 함수 • 형식 : =TODAY() • 사용 예 : 현재 날짜를 표시 ▶함수식 : =TODAY() ※ 현재 날짜를 표시하기 때문에 날짜가 바뀔 때마다 결과도 달라집니다.
시험에 자주 출제되는 TODAY 함수 중첩 예시	① 문제 : 부르즈 할리파 건물 연수 ⇒ 「시스템 오늘의 연도-완공연도」로 구한 결과값에 '년'을 붙이시오 (YEAR, TODAY 함수, & 연산자)(예 : 2년). ☞ =YEAR(TODAY())-G9&"년" → YEAR+TODAY+& 사용

■ 시험에 자주 출제되는 '논리 함수'

• 소스 파일 : [출제유형 04]-[함수]-유형04_논리 함수_문제.xlsx
• 정답 파일 : [출제유형 04]-[함수]-유형04_논리 함수_완성.xlsx

IF	• 기능 : 특정 조건을 지정하여 해당 조건에 만족하면 '참(TRUE)'에 해당하는 값을, 그렇지 않으면 '거짓(FALSE)'에 해당하는 값을 표시하는 함수 • 형식 : =IF(조건, 참일 때 수행할 내용, 거짓일 때 수행할 내용) • 사용 예 : 평균이 80 이상이면 '합격' 그렇지 않으면 '불합격'을 표시 ▶함수식 : =IF(E2>=80,"합격","불합격") 

시험에 자주 출제되는 IF 함수 중첩 예시	① 문제 : 판매 순위 ⇒ 판매수량(단위:EA)의 내림차순 순위를 1~3까지 구하고, 그 외에는 공백으로 나타내시오 (IF, RANK.EQ 함수). ☞ =IF(RANK.EQ(G5,$G$5:$G$12)<=3,RANK.EQ(G5,$G$5:$G$12),"") → IF+RANK.EQ 사용 ② 문제 : 비고 ⇒ 제품코드의 첫 번째 글자가 K이면 '키즈제품', 그 외에는 공백으로 구하시오(IF, LEFT 함수). ☞ =IF(LEFT(B5,1)="K","키즈제품","") → IF+LEFT 사용 ③ 문제 : 분류 ⇒ 제품코드의 마지막 글자가 M이면 '메이크업', 그 외에는 '스킨케어'로 구하시오(IF, RIGHT 함수). ☞ =IF(RIGHT(B5,1)="M","메이크업","스킨케어") → IF+RIGHT 사용 ④ 문제 : 그룹명 ⇒ 번호의 두 번째 글자가 A이면 'A그룹', 그 외에는 'B그룹'으로 구하시오(IF, MID 함수). ☞ =IF(MID(B5,2,1)="A","A그룹","B그룹") → IF+MID 사용 ⑤ 비고 ⇒ 행사일의 월이 7이면 '7월', 그 외에는 공백으로 구하시오(IF, MONTH 함수). ☞ =IF(MONTH(F5)=7,"7월","") → IF+MONTH 사용 ⑥ 추가적립금(원) ⇒ 전월구매액(원)이 300,000 이상이고 총구매건수가 15 이상이면 '2,000', 그 외에는 '500'으로 표시하시오(IF, AND 함수). ☞ =IF(AND(F5>=300000,H5>=15),2000,500) → IF+AND 사용 ⑦ 비고 ⇒ 품목이 '포유류'이거나 '조류'이면 '예방접종'으로 표시하고 그 외에는 공백으로 표시하시오(IF, OR 함수). ☞ =IF(OR(D5="포유류",D5="조류"),"예방접종","") → IF+OR 사용 ⑧ 문제 : 측정요일 ⇒ 측정날짜의 요일이 토요일과 일요일이면 '주말', 그 외에는 '평일'로 구하시오 (IF, WEEKDAY 함수)(예 : 월요일). ☞ =IF(WEEKDAY(B5,2)>=6,"주말","평일") → IF+WEEKDAY 사용 ⑨ 문제 : 비고 ⇒ 출시일의 연도가 2020이면 '신상품', 그 외에는 공백으로 표시하시오(IF, YEAR 함수). ☞ =IF(YEAR(E5)=2020,"신상품","") → IF+YEAR 사용

중첩 IF	• 기능 : 조건이 2개 이상일 때 2개 이상의 IF 함수를 사용하여 '참(TRUE)'과 '거짓(FALSE)'의 값을 표시하는 함수 • 형식 : =IF(조건, 참일 때, IF(조건, 참일 때, 거짓일 때)) • 사용 예 : 평균이 90 이상이면 '최우수', 80 이상이면 '우수', 그렇지 않으면 '불합격'을 표시 ▶함수식 : =IF(E2>=90,"최우수",IF(E2>=80,"우수","노력")) F2 =IF(E2>=90,"최우수",IF(E2>=80,"우수","노력")) |	A	B	C	D	E	F	G	H
1	이름	국어	영어	수학	평균	결과		함수식
2	김대한	85	75	80	80	우수	◀	=IF(E2>=90,"최우수",IF(E2>=80,"우수","노력"))
3	이민국	70	75	60	68	노력	◀	=IF(E3>=90,"최우수",IF(E3>=80,"우수","노력"))
4	홍길동	80	90	100	90	최우수	◀	=IF(E4>=90,"최우수",IF(E4>=80,"우수","노력"))
5	유재석	100	90	100	97	최우수	◀	=IF(E5>=90,"최우수",IF(E5>=80,"우수","노력"))
6	강호동	90	80	80	83	우수	◀	=IF(E6>=90,"최우수",IF(E6>=80,"우수","노력"))	
시험에 자주 출제되는 중첩 IF 함수 중첩 예시	① 문제 : 지역 ⇒ 건물코드의 마지막 글자가 1이면 '서아시아', 2이면 '동아시아', 그 외에는 '미주'로 구하시오 (IF, RIGHT 함수). ☞ =IF(RIGHT(B5,1)="1","서아시아",IF(RIGHT(B5,1)="2","동아시아","미주")) → 중첩 IF+RIGHT 사용 ② 문제 : 비고 ⇒ 재고율이 40% 미만이면 '히트상품', 월말재고량이 120 미만이거나 재고율이 70% 미만이면 '일반상품', 그 외에는 공백으로 구하시오(IF, OR 함수). ☞ =IF(G5<40%,"히트상품",IF(OR(F5<120,G5<70%),"일반상품","")) → 중첩 IF+OR 사용

AND	• 기능 : 모든 조건을 만족하면 '참'을 그렇지 않으면 '거짓'을 표시하는 함수 • 형식 : =AND(조건1, 조건2, ⋯ 조건30) • 사용 예 : 국어, 영어, 수학 점수가 모두 80 이상일 경우 '우수', 그렇지 않으면 '노력'으로 표시 ▶ 함수식 : =IF(AND(B2>=80, C2>=80, D2>=80),"우수","노력") ※ ITQ 엑셀 시험에서는 대부분 IF 함수와 함께 사용합니다. 	F2			fx	=IF(AND(B2>=80, C2>=80, D2>=80),"우수","노력")
A	B	C	D	E	F	G	H
1	이름	국어	영어	수학	평균	결과		함수식
2	김대한	85	75	80	80	노력	◀	=IF(AND(B2>=80, C2>=80, D2>=80),"우수","노력")
3	이민국	70	75	60	68	노력	◀	=IF(AND(B3>=80, C3>=80, D3>=80),"우수","노력")
4	홍길동	80	90	100	90	우수	◀	=IF(AND(B4>=80, C4>=80, D4>=80),"우수","노력")
5	유재석	100	90	100	97	우수	◀	=IF(AND(B5>=80, C5>=80, D5>=80),"우수","노력")
6	강호동	80	80	80	80	우수	◀	=IF(AND(B6>=80, C6>=80, D6>=80),"우수","노력")	
OR	• 기능 : 한 개의 조건이라도 만족하면 '참'을 그렇지 않으면 '거짓'을 표시하는 함수 • 형식 : =OR(조건1, 조건2, ⋯ 조건30) • 사용 예 : 국어, 영어, 수학 점수 중 한 과목이라도 90 이상일 경우 '우수', 그렇지 않으면 '노력'으로 표시 ▶ 함수식 : =IF(OR(B2>=90, C2>=90, D2>=90),"우수","노력") ※ ITQ 엑셀 시험에서는 대부분 IF 함수와 함께 사용합니다. 	F2			fx	=IF(OR(B2>=90, C2>=90, D2>=90),"우수","노력")
A	B	C	D	E	F	G	H
1	이름	국어	영어	수학	평균	결과		함수식
2	김대한	85	75	80	80	노력	◀	=IF(OR(B2>=90, C2>=90, D2>=90),"우수","노력")
3	이민국	70	75	60	68	노력	◀	=IF(OR(B3>=90, C3>=90, D3>=90),"우수","노력")
4	홍길동	80	90	100	90	우수	◀	=IF(OR(B4>=90, C4>=90, D4>=90),"우수","노력")
5	유재석	100	90	100	97	우수	◀	=IF(OR(B5>=90, C5>=90, D5>=90),"우수","노력")
6	강호동	80	80	80	80	노력	◀	=IF(OR(B6>=90, C6>=90, D6>=90),"우수","노력")	

■ 시험에 자주 출제되는 '찾기/참조 함수'

• 소스 파일 : [출제유형 04]–[함수]–유형04_찾기 및 참조 함수_문제.xlsx
• 정답 파일 : [출제유형 04]–[함수]–유형04_찾기 및 참조 함수_완성.xlsx

VLOOKUP	• 기능 : 지정된 셀 범위의 왼쪽 첫 번째 열에서 특정 값을 찾아 지정한 열과 같은 행에 위치한 값을 표시하는 함수 • 형식 : =VLOOKUP(찾을 값, 셀 범위, 열 번호, 찾을 방법) 　– 찾을 값 : 셀 범위(첫 번째 열)에서 찾을 값(참조 영역, 문자열 등) 　– 셀 범위 : 찾을 값을 검색할 범위(범위 지정 시 찾을 값이 있는 열이 첫 번째 열로 지정되어야 함) 　– 열 번호 : 셀 범위 내의 열 번호로 값을 추출할 열을 지정(셀 범위 중 첫 번째 열의 값이 1로 기준이 됨) 　– 찾을 방법 : FALSE(또는 0) : 정확하게 일치하는 값을 찾음 　　　　　　　　TRUE(생략 또는 1) : 비슷하게 일치하는 근삿값을 찾음 • 사용 예 : 이름이 홍길동인 학생의 수학 점수를 표시 ▶ 함수식 : =VLOOKUP(B4,B2:F6,4,0) ※ VLOOKUP 함수는 매회 출제되는 함수이기 때문에 완벽하게 학습해야 합니다. 	F7			fx	=VLOOKUP(B4,B2:F6,4,0)
A	B	C	D	E	F	G	H	I
1	번호	이름	국어	영어	수학	평균
2	1	김대한	85	75	80	80
3	2	이민국	70	75	60	68
4	3	홍길동	80	90	100	90
5	4	유재석	100	90	100	97
6	5	강호동	90	80	80	83
7	이름이 '홍길동'인 학생의 수학 점수					100	◀	함수식	=VLOOKUP(B4,B2:F6,4,0)	
시험에 자주 출제되는 VLOOKUP 함수 중첩 예시	① 매출금액(원) ⇒ 「H14」 셀에서 선택한 제품명에 대한 「가격×판매수량(단위:EA)」으로 구하시오 　(VLOOKUP 함수). ☞ =VLOOKUP(H14,C5:H12,4,0)*VLOOKUP(H14,C5:H12,5,0) → VLOOKUP×VLOOKUP 사용

CHOOSE	• 기능 : 인수 목록에서 번호에 해당하는 값을 찾아주는 함수 • 형식 : =CHOOSE(값을 골라낼 위치 또는 번호, 값1, 값2, …) • 사용 예 : 체력 등급(1~3)에 따라 지정된 값을 표시 ▶함수식 : =CHOOSE(B2,"우수체력","기본체력","체력보강") `C2  ✕ ✓ fx  =CHOOSE(B2,"우수체력","기본체력","체력보강")` |	A	B	C	D	E
---	---	---	---	---	---
1	이름	체력 등급	구분		함수식
2	김대한	3	체력보강	◀	=CHOOSE(B2,"우수체력","기본체력","체력보강")
3	이민국	1	우수체력	◀	=CHOOSE(B3,"우수체력","기본체력","체력보강")
4	홍길동	2	기본체력	◀	=CHOOSE(B4,"우수체력","기본체력","체력보강")	
시험에 자주 출제되는 CHOOSE 함수 중첩 예시	① 문제 : 지역 ⇒ 관리번호의 첫 번째 글자가 1이면 '서울', 2이면 '경기', 3이면 '인천'으로 구하시오 (CHOOSE, LEFT 함수). ☞ =CHOOSE(LEFT(B5,1),"서울","경기","인천") → CHOOSE+LEFT 사용 ② 문제 : 성별 ⇒ 사원코드의 마지막 글자가 1이면 '남자', 2이면 '여자'로 구하시오(CHOOSE, RIGHT 함수). ☞ =CHOOSE(RIGHT(D5,1),"남자","여자") → CHOOSE+RIGHT 사용 ③ 문제 : 저장소 ⇒ 상품코드의 다섯 번째 문자 값이 1이면 '냉장보관', 2이면 '건냉한 장소', 3이면 '냉동보관'으로 표시하시오(CHOOSE, MID 함수). ☞ =CHOOSE(MID(B5,5,1),"냉장보관","건냉한 장소","냉동보관") → CHOOSE+MID 사용 ④ 문제 : 전시 시작일 요일 ⇒ 전시 시작일의 요일을 구하시오(CHOOSE, WEEKDAY 함수)(예 : 월요일). ☞ =CHOOSE(WEEKDAY(F5,2),"월요일","화요일","수요일","목요일","금요일","토요일","일요일") → CHOOSE+WEEKDAY 사용

■ 시험에 자주 출제되는 '데이터베이스 함수'

• 소스 파일 : [출제유형 04]-[함수]-유형04_데이터베이스 함수_문제.xlsx
• 정답 파일 : [출제유형 04]-[함수]-유형04_데이터베이스 함수_완성.xlsx

DSUM	• 기능 : 지정한 조건에 맞는 데이터베이스에서 필드(열) 값들의 합계를 구하는 함수 • 형식 : =DSUM(데이터베이스, 필드(열) 위치, 조건범위) • 사용 예 : 학년이 '저학년'인 학생들의 '총점' 합계를 계산 ▶함수식 : =DSUM(A1:F6,F1,A1:A2) ※ [F1] 셀 주소 대신 열 번호인 '6'을 입력해도 결과는 같습니다. `F7  ✕ ✓ fx  =DSUM(A1:F6,F1,A1:A2)` |	A	B	C	D	E	F
---	---	---	---	---	---	---
1	학년	이름	국어	영어	수학	총점
2	저학년	김대한	85	75	80	240
3	고학년	이민국	70	75	60	205
4	고학년	홍길동	80	90	100	270
5	저학년	유재석	100	90	100	290
6	저학년	강호동	90	80	80	250
7	저학년 학생의 총점 합계					780
8						▲
9			함수식			
10			=DSUM(A1:F6,F1,A1:A2)				
시험에 자주 출제되는 DSUM 함수 중첩 예시	① 문제 : 스테인리스 재질의 판매금액(단위:원) 합계 ⇒ 반올림하여 천원 단위까지 구하시오. 단, 조건은 입력데이터를 이용하시오(ROUND, DSUM 함수)(예 : 53,340 → 53,000). ☞ =ROUND(DSUM(B4:H12,G4,E4:E5),-3) → ROUND+DSUM 사용

DAVERAGE	• 기능 : 지정한 조건에 맞는 데이터베이스에서 필드(열) 값들의 평균을 구하는 함수 • 형식 : =DAVERAGE(데이터베이스, 필드(열) 위치, 조건범위) • 사용 예 : 학년이 '저학년'인 학생들의 '총점' 평균을 계산 ▶ 함수식 : =DAVERAGE(A1:F6,F1,A1:A2) ※ [F1] 셀 주소 대신 열 번호인 '6'을 입력해도 결과는 같습니다. F7 ✓ fx =DAVERAGE(A1:F6,F1,A1:A2) 		A	B	C	D	E	F
1	학년	이름	국어	영어	수학	총점
2	저학년	김대한	85	75	80	240
3	고학년	이민국	70	75	60	205
4	고학년	홍길동	80	90	100	270
5	저학년	유재석	100	90	100	290
6	저학년	강호동	90	80	80	250
7	저학년 학생의 총점 평균					260
8						▲
9	함수식
10	=DAVERAGE(A1:F6,F1,A1:A2)	
시험에 자주 출제되는 DAVERAGE 함수 중첩 예시	① 문제 : 상설전시 전시기간 평균 ⇒ 반올림하여 정수로 구하시오. 단, 조건은 입력데이터를 이용하시오 (ROUND, DAVERAGE 함수)(예 : 45.6 → 46). ☞ =ROUND(DAVERAGE(B4:H12,H4,D4:D5),0) → ROUND+DAVERAGE 사용 ② 문제 : 발라드 장르의 컬러링 다운로드 평균 ⇒ 내림하여 정수로 구하시오. 단, 조건은 입력데이터를 이용하시오 (ROUNDDOWN, DAVERAGE 함수)(예 : 4,123.6 → 4,123). ☞ =ROUNDDOWN(DAVERAGE(B4:H12,H4,E4:E5),0) → ROUNDDOWN+DAVERAGE 사용
DMAX	• 기능 : 지정한 조건에 맞는 데이터베이스의 필드(열) 값들 중에서 가장 높은 값을 구하는 함수 • 형식 : =DMAX(데이터베이스, 필드(열) 위치, 조건범위) • 사용 예 : 학년이 '저학년'인 학생들의 '총점' 중 가장 높은 점수 ▶ 함수식 : =DMAX(A1:F6,F1,A1:A2) ※ [F1] 셀 주소 대신 열 번호인 '6'을 입력해도 결과는 같습니다. F7 ✓ fx =DMAX(A1:F6,F1,A1:A2) 		A	B	C	D	E	F
1	학년	이름	국어	영어	수학	총점
2	저학년	김대한	85	75	80	240
3	고학년	이민국	70	75	60	205
4	고학년	홍길동	80	90	100	270
5	저학년	유재석	100	90	100	290
6	저학년	강호동	90	80	80	250
7	저학년 학생의 총점 중 가장 높은 점수					290
8						▲
9	함수식
10	=DMAX(A1:F6,F1,A1:A2)	
DCOUNTA	• 기능 : 지정한 조건에 맞는 데이터베이스의 필드(열) 값들 중에서 비어있지 않은 셀의 개수를 구하는 함수 • 형식 : =DCOUNTA(데이터베이스, 필드(열) 위치, 조건범위) • 사용 예 : 학년이 '저학년'인 학생들 중에서 평가가 '우수'인 학생의 인원수 ▶ 함수식 : =DCOUNTA(A1:G6,G1,A1:A2) ※ [G1] 셀 주소 대신 열 번호인 '7'을 입력해도 결과는 같습니다. G7 ✓ fx =DCOUNTA(A1:G6,G1,A1:A2) |	A	B	C	D	E	F	G
1	학년	이름	국어	영어	수학	총점	평가
2	저학년	김대한	85	75	80	240	
3	고학년	이민국	70	75	60	205	
4	고학년	홍길동	80	90	100	270	우수
5	저학년	유재석	100	90	100	290	우수
6	저학년	강호동	90	80	80	250	우수
7	저학년 학생 중에서 평가가 우수인 학생의 인원수						2
8							▲
9	함수식
10	=DCOUNTA(A1:G6,G1,A1:A2)	

데이터베이스 함수

데이터베이스 함수는 대부분 사용 방법(형식)이 비슷하기 때문에 어떤 기능의 함수인지만 알면 나머지 데이터베이스 함수들도 큰 어려움 없이 문제를 해결할 수 있습니다.

❶ DCOUNT : 데이터베이스 필드(열)에서 조건에 만족하는 숫자가 들어있는 셀의 개수를 구하는 함수

❷ DMIN : 데이터베이스 필드(열)에서 조건에 만족하는 값 중 최소값을 구하는 함수

❸ DGET : 데이터베이스 필드(열)에서 조건에 만족하는 하나의 값을 추출하는 함수

❹ DPRODUCT : 데이터베이스 필드(열)에서 조건에 만족하는 값을 곱해주는 함수

05 만족도 순위 구하기(IF, RANK.EQ 함수)

≪조건≫ : (1) 만족도 순위 ⇒ 만족도의 내림차순 순위를 1~3까지 구하고 그 외에는 공백으로 표시하시오(IF, RANK.EQ 함수).

■ RANK.EQ 함수

RANK.EQ 함수 : 수의 목록에 있는 어떤 수의 순위를 구하는 함수

❶ 유형04_문제.xlsx 파일을 불러와 [제1작업] 시트를 선택합니다. [I5] 셀을 클릭한 후 수식 입력 줄의 **함수 삽입** (f_x)(**Shift**+**F3**)을 클릭합니다.

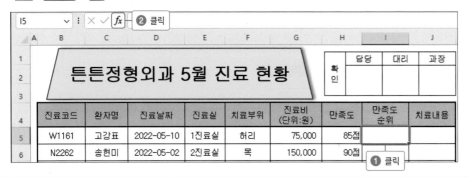

함수 마법사(f_x)

ITQ 엑셀 시험에서 함수 문제를 해결하기 위해서는 함수 마법사를 이용하거나 셀에 직접 함수식을 입력하는 방법이 있습니다. 함수에 대해 어느 정도 사용 방법을 알고 있을 경우에는 직접 셀에 함수식을 입력해도 되지만, 함수에 대해서 잘 모르거나 오류없이 정확하게 함수 문제를 해결하고자 한다면 함수 마법사를 이용하는 것이 편리합니다. 그 이유는 사용하고자 하는 함수(예 : RANK.EQ)에 대한 세부적인 설명과 함께 각각의 인수(Number, Ref, Order)들에 대한 설명이 자세히 나오기 때문입니다. 아래 내용은 함수 마법사를 이용하여 RANK.EQ 함수의 인수를 확인한 것입니다.

• Number : 순위를 구하려는 수

• Ref : 순위를 구하려는 목록의 배열(셀 범위) 또는 셀 주소

• Order : 순위를 정할 방법을 지정하는 수. 오름차순(0이 아닌 다른 값) 또는 내림차순(0또는 생략)을 지정

※ 오름차순 정렬 순서(내림차순은 반대) : 숫자(1,2,3, …) → 특수문자 → 영문(A→Z) → 한글(ㄱ→ㅎ) → 논리값 → 오류값 → 공백 셀(빈 셀)

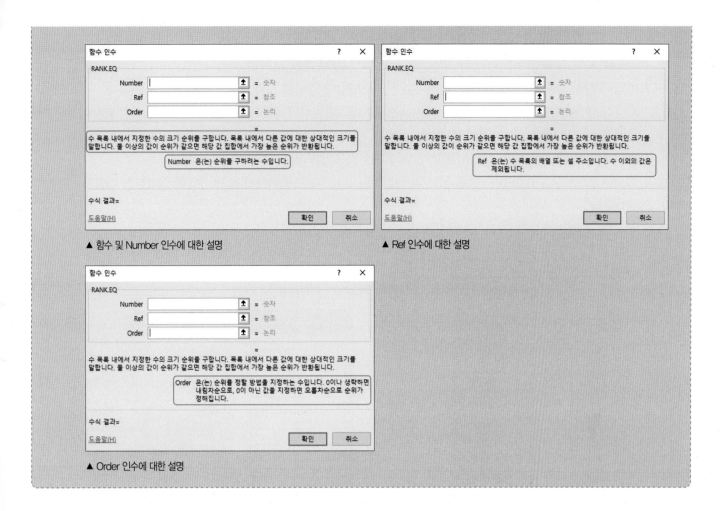

▲ 함수 및 Number 인수에 대한 설명

▲ Ref 인수에 대한 설명

▲ Order 인수에 대한 설명

❷ [함수 마법사] 대화상자가 나오면 함수 검색 입력 칸에 사용할 **함수명(RANK.EQ)**을 입력한 후 〈검색〉 단추를 클릭합니다. 이어서, 해당 함수가 검색되어 나오면 〈확인〉 단추를 클릭합니다.

※ IF 함수와 함께 다른 함수(예 : IF, INT / IF, RANK.EQ / IF, LEFT / IF, AND 등)를 사용하는 경우에는 뒤에 있는 함수를 먼저 실행하여 결과를 추출한 후 IF 함수를 실행합니다.

※ '함수 선택'에서 보이는 함수들은 '범주 선택(권장, 최근에 사용한 함수, 모두 등)'에서 선택한 목록의 함수들을 보여줍니다. '최근에 사용한 함수' 범주가 선택되었을 경우에는 시스템 환경에 따라 함수의 목록이 다르게 나타납니다.

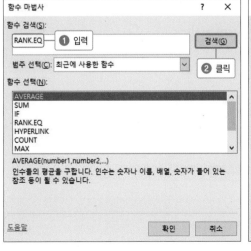

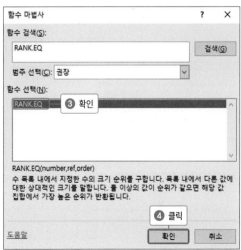

❸ [함수 인수] 대화상자가 나오면 아래와 같이 각각의 인수 값을 입력한 후 〈확인〉 단추를 클릭합니다.

- Number 입력 칸을 클릭한 후 순위를 구할 기준 값인 [H5] 셀을 클릭합니다.
- Ref 입력 칸을 클릭한 후 순위를 구할 셀 범위([H5:H12])의 영역을 드래그하고, F4 키를 누릅니다.
  ※ 채우기 핸들(➕)을 이용하여 순위를 구할 때는 정해진 셀 범위(만족도)가 고정되어 있어야 하기 때문에 F4 키를 눌러 '절대 참조($H$5:$H$12)'로 지정해야 합니다.
- Order 입력 칸은 내림차순으로 지정하기 위해 아무것도 입력하지 않습니다.
  ※ 'Order' 입력 칸에 '0'이 아닌 값을 입력하면 오름차순, 아무것도 입력하지 않거나 '0'을 입력하면 내림차순으로 정렬됩니다.

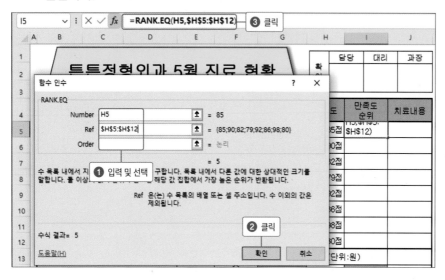

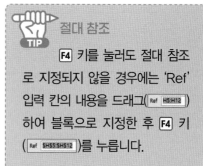

절대 참조

F4 키를 눌러도 절대 참조로 지정되지 않을 경우에는 'Ref' 입력 칸의 내용을 드래그(Ref H5:H12)하여 블록으로 지정한 후 F4 키(Ref $H$5:$H$12)를 누릅니다.

❹ IF 함수에 RANK.EQ 함수의 결과를 사용해야 하기 때문에 수식 입력 줄의 RANK.EQ(H5,$H$5:$H$12)를 드래그하여 **잘라내기(Ctrl+X)**한 후 다시 **함수 삽입(fx)(Shift+F3)**을 클릭합니다.

■ IF 함수

IF 함수 : 특정 조건을 지정하여 해당 조건에 만족하면 '참(TURE)'에 해당하는 값을 그렇지 않으면 '거짓(FALSE)'에 해당하는 값을 표시하는 함수

❶ [함수 마법사] 대화상자가 나오면 함수 검색 입력 칸에 사용할 **함수명(IF)**을 입력한 후 〈검색〉 단추를 클릭합니다. 이어서, 해당 함수가 검색되어 나오면 〈확인〉 단추를 클릭합니다.

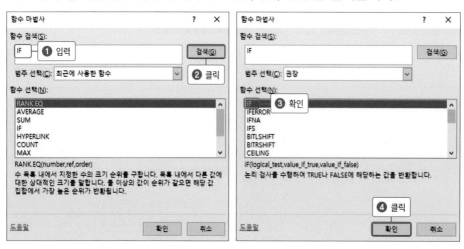

❷ [함수 인수] 대화상자가 나오면 아래와 같이 각각의 인수 값을 입력한 후 〈확인〉 단추를 클릭합니다.

- Logical_test 입력 칸을 클릭하여 **붙여넣기**(⎡Ctrl⎤+⎡V⎤)한 후 〈=3을 입력하고 인수 RANK.EQ(H5, $H$5:$H$12)〈=3을 확인합니다. 붙여넣기로 입력된 데이터는 이전에 잘라낸 RANK.EQ (H5,$H$5:$H$12) 함수식입니다.

  ※ Logical_test 인수는 참 또는 거짓이 판정될 값이나 식을 입력합니다. 'RANK.EQ(H5,$H$5:$H$12)〈=3' 함수식을 풀어보면 만족도 영역에서 [H5] 셀이 몇 번째 순위(5)인지 확인한(RANK.EQ(H5,$H$5:$H$12)) 후 해당 순위가 3보다 작거나 같은지(〈=3) 비교합니다.

- **Value_if_ture** 입력 칸을 클릭하여 **붙여넣기**(⎡Ctrl⎤+⎡V⎤)를 합니다.

  ※ Value_if_true 인수는 참일 때 표시하는 값입니다. 순위가 3보다 작거나 같을 때 순위(RANK.EQ(H5,$H$5:$H$12)) 결과값을 표시합니다.

- **Value_if_false** 입력 칸을 클릭하여 "" 를 입력합니다.

  ※ Value_if_false 인수는 거짓일 때 표시하는 값입니다. 1~3위 외에는 공백("")으로 표시합니다.

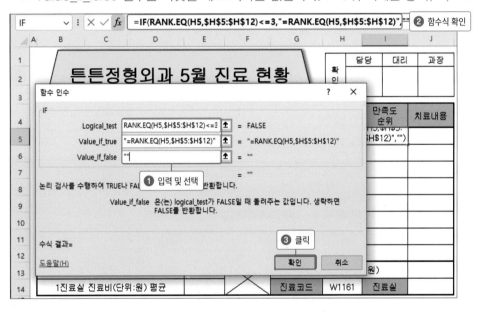

❸ 함수가 계산되면 [I5] 셀의 **채우기 핸들**(➕)을 [I12] 셀까지 **드래그**합니다.

※ 함수를 삽입한 후 [I5] 셀이 빈 셀로 보이지만 수식 입력 줄에서 계산된 함수식을 확인할 수 있습니다.

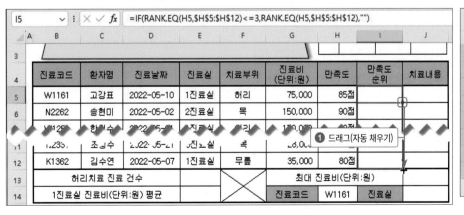

치료내용 구하기(CHOOSE, MID 함수)

《조건》: (2) 치료내용 ⇒ 진료코드의 세 번째 값이 1이면 '충격파', 2이면 '도수치료', 3이면 '물리치료'로 표시하시오(CHOOSE, MID 함수).

■ MID 함수

MID 함수 : 문자열의 시작 위치와 추출할 문자의 수를 지정하여 문자를 표시해 주는 함수

❶ [J5] 셀을 클릭한 후 수식 입력 줄의 **함수 삽입**(f_x)(**Shift**+**F3**)을 클릭합니다.

❷ [함수 마법사] 대화상자가 나오면 함수 검색 입력 칸에 사용할 **함수명(MID)**을 입력한 후 〈검색〉 단추를 클릭합니다. 이어서, 해당 함수가 검색되어 나오면 〈확인〉 단추를 클릭합니다.

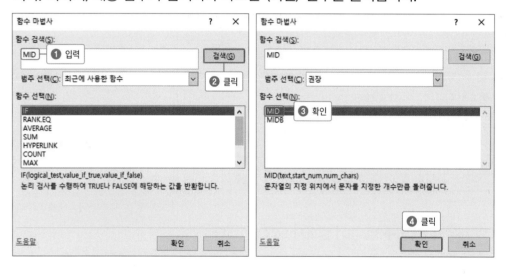

❸ [함수 인수] 대화상자가 나오면 아래와 같이 각각의 인수 값을 입력한 후 〈확인〉 단추를 클릭합니다.

- Text 입력 칸을 클릭한 후 추출할 값인 [B5] 셀을 클릭합니다.
- Start_num 입력 칸을 클릭한 후 시작 위치인 '3'을 입력합니다.

  ※ Start_num은 시작 위치를 표시합니다.

  예) '진료코드'의 세 번째 값이라고 했기 때문에 기준점이 '3'이 됩니다.

- Num_chars 입력 칸을 클릭한 후 가지고 올 글자 개수인 '1'을 입력합니다.

※ Num_chart은 시작 위치부터 가지고 올 글자 수를 표시합니다.

  예) '진료코드'의 세 번째 값이라고 했기 때문에 글자 개수은 '1'을 입력합니다.

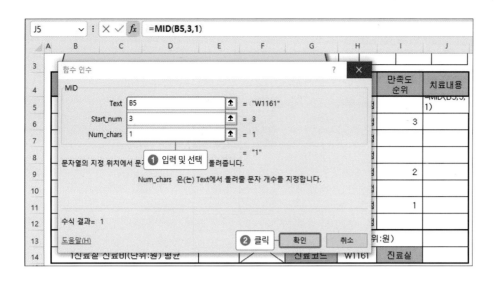

④ CHOOSE 함수에 MID 함수의 결과를 사용해야 하기 때문에 수식 입력 줄의 MID(B5,3,1)을 드래그하여 잘라내기(**Ctrl**+**X**)한 후 다시 함수 삽입(**fx**)(**Shift**+**F3**)을 클릭합니다.

※ [J] 열의 너비를 조절한 후 ≪출력형태≫를 참고하여 결재란 이미지의 크기를 조절합니다.

■ CHOOSE 함수

CHOOSE 함수 : 인수 목록에서 번호에 해당하는 값을 찾아주는 함수

① [함수 마법사] 대화상자가 나오면 함수 검색 입력 칸에 사용할 함수명(CHOOSE)을 입력한 후 〈검색〉 단추를 클릭합니다. 이어서, 해당 함수가 검색되어 나오면 〈확인〉 단추를 클릭합니다.

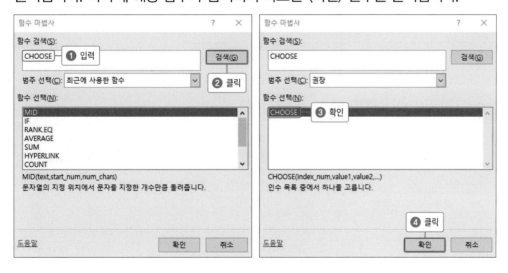

② [함수 인수] 대화상자가 나오면 아래와 같이 각각의 인수 값을 입력한 후 〈확인〉 단추를 클릭합니다.
   - Index_num 입력 칸을 클릭하여 **붙여넣기**(**Ctrl**+**V**)를 합니다. 붙여넣기로 입력된 데이터는 이전에 잘라 낸 MID(B5,3,1) 함수식입니다.
      ※ Index_num 인수는 값을 골라낼 위치 또는 번호를 입력합니다. 'MID(B5,3,1)' 함수식을 풀어보면 진료코드 셀 [B5]에서 세 번째 글자부터 한 개의 숫자를 가지고 옵니다.

– Value1, Value2,… 입력 칸은 표시하고자 하는 값을 차례대로 입력합니다.

※ Index_num 값이 '1'이면 Value1, '2'이면 Value2, '3'이면 Value3을 표시합니다.

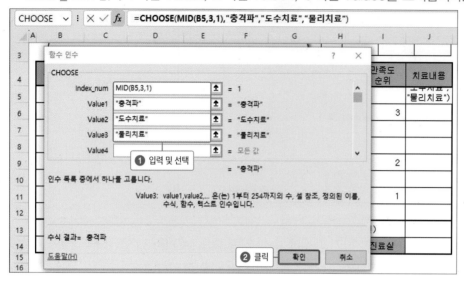

❸ 함수가 계산되면 [J5] 셀의 **채우기 핸들(➕)**을 [J12] 셀까지 드래그합니다.

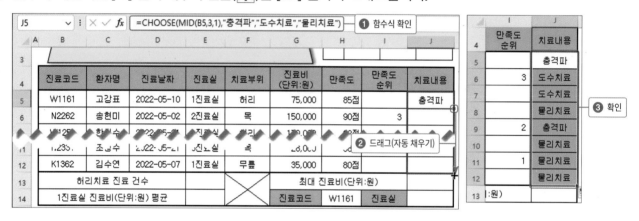

≪**조건**≫ : (3) 허리치료 진료 건수 ⇒ 결과값에 '건'을 붙이시오. 정의된 이름(치료부위)을 이용하여 구하시오(COUNTIF 함수, & 연산자)(예 : 1건).

■ COUNTIF 함수

COUNTIF 함수 : 특정 조건을 만족하는 셀의 개수를 구하는 함수

❶ [E13] 셀을 클릭한 후 수식 입력 줄의 **함수 삽입(fx)(Shift + F3)**을 클릭합니다.

❷ [함수 마법사] 대화상자가 나오면 함수 검색 입력 칸에 사용할 **함수명(COUNTIF)**을 입력한 후 〈검색〉 단추를 클릭합니다. 이어서, 해당 함수가 검색되어 나오면 〈확인〉 단추를 클릭합니다.

 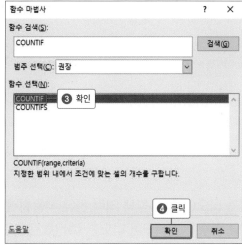

❸ [함수 인수] 대화상자가 나오면 아래와 같이 각각의 인수 값을 입력한 후 〈확인〉 단추를 클릭합니다.

- **Range 입력 칸을 클릭한 후 조건에 맞는 셀들의 개수를 구하려는 영역([F5:F12])을 드래그합니다.**

  ※ Range 인수는 조건(Criteria에 입력한 값을 기준)에 맞는 셀의 개수를 구하려는 셀 범위입니다.

  ※ [F5:F12] 영역은 앞에서 이름으로 정의 했기 때문에, Range 인수에 '치료부위'라고 입력됩니다.

- **Criteria 입력 칸을 클릭한 후 허리치료를 받은 사람이 몇 명인지 구하기 위해 '허리'를 입력합니다.**

  ※ Criteria 인수는 셀의 개수를 구할 조건을 지정하는 곳으로 '숫자, 식, 텍스트' 형태로 입력합니다.

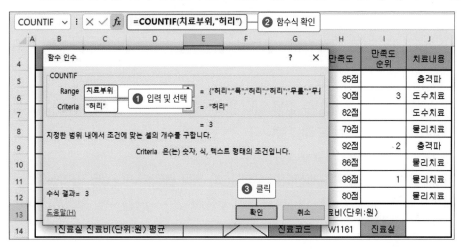

❹ 수식 입력줄에서 함수 끝나는 부분을 클릭합니다. 이어서, &"건"을 입력하고 **Enter** 키를 누릅니다.

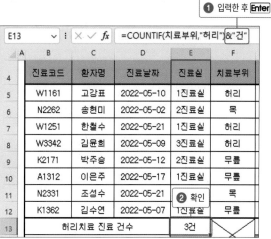

1진료실 진료비(단위:원) 평균 구하기(DAVERAGE 함수)

《조건》: ⑷ 1진료실 진료비(단위:원) 평균 ⇒ 단, 조건은 입력데이터를 이용하시오(DAVERAGE 함수).

DAVERAGE 함수 : 지정한 조건에 맞는 데이터베이스에서 필드(열) 값들의 평균을 구하는 함수

❶ [E14] 셀을 클릭한 후 수식 입력 줄의 **함수 삽입**(*fx*)(**Shift**
+**F3**)을 클릭합니다.

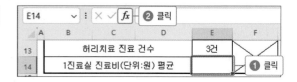

❷ [함수 마법사] 대화상자가 나오면 함수 검색 입력 칸에 사용할 **함수명(DAVERAGE)**을 입력한 후 〈검색〉 단추를
클릭합니다. 이어서, 해당 함수가 검색되어 나오면 〈확인〉 단추를 클릭합니다.

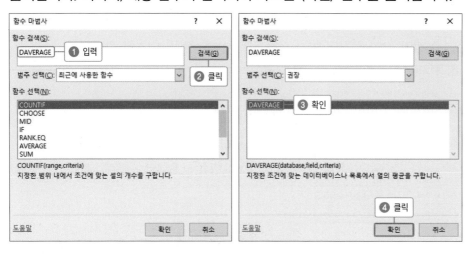

❸ [함수 인수] 대화상자가 나오면 아래와 같이 각각의 인수 값을 입력한 후 〈확인〉 단추를 클릭합니다.

- **Database** 입력 칸을 클릭한 후 [B4:H12] 영역을 드래그합니다.

  ※ Database 인수는 데이터베이스나 목록으로 지정할 셀 범위입니다.

- **Field** 입력 칸을 클릭한 후 진료비(단위:원) 평균을 계산하기 위해 [G4] 셀을 클릭하거나 **6**을 입력합니다.

  ※ Field 인수는 목록(데이터베이스)에서 조건(Criteria 인수에서 조건 지정)에 맞는 평균을 구할 열의 위치를 선택하
  거나 입력합니다.

- **Criteria** 입력 칸을 클릭한 후 진료실이 1진료실인 조건을 지정하기 위해 [E4:E5] 영역을 드래그합니다.

  ※ Criteria 인수는 찾을 조건이 있는 셀 범위로 열 레이블과 조건 레이블이 포함되어야 합니다.

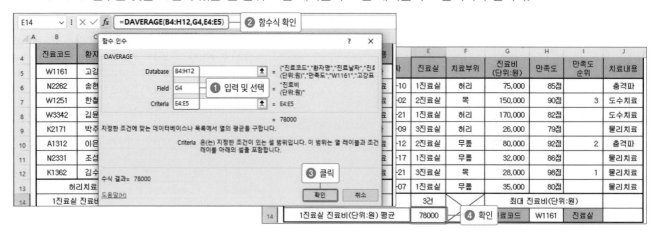

최대 진료비(단위:원) 구하기(MAX 함수)

≪조건≫ : (5) 최대 진료비(단위:원) ⇒ (MAX 함수)

MAX 함수 : 최대값을 구하는 함수

❶ [J13] 셀을 클릭한 후 수식 입력 줄의 **함수 삽입**(⨍ₓ)(**Shift**+**F3**)을 클릭합니다.

❷ [함수 마법사] 대화상자가 나오면 함수 검색 입력 칸에 사용할 **함수명(MAX)**을 입력한 후 〈검색〉 단추를 클릭합니다. 이어서, 해당 함수가 검색되어 나오면 〈확인〉 단추를 클릭합니다.

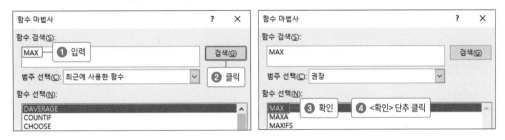

❸ [함수 인수] 대화상자가 나오면 아래와 같이 인수 값을 입력한 후 〈확인〉 단추를 클릭합니다.

   – Number1 입력 칸을 클릭한 후 최대값을 구하려는 영역([G5:G12])을 클릭합니다.

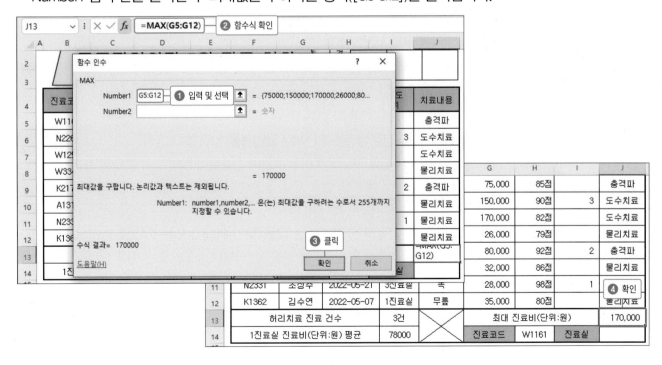

10 **선택한 진료코드에 대한 진료실을 구하기(VLOOKUP 함수)**

≪조건≫ : (6) 진료실 ⇒ 「H14」 셀에서 선택한 진료코드에 대한 진료실을 구하시오(VLOOKUP 함수).

VLOOKUP 함수 : 지정된 셀 범위의 왼쪽 첫 번째 열에서 특정 값을 찾아 지정한 열과 같은 행에 위치한 값을 표시하는 함수

❶ [J14] 셀을 클릭한 후 수식 입력 줄의 **함수 삽입**(*fx*)(**Shift**+**F3**)
을 클릭합니다.

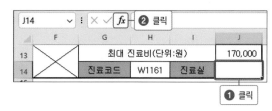

❷ [함수 마법사] 대화상자가 나오면 함수 검색 입력 칸에 사용할 **함수명(VLOOKUP)**을 입력한 후 〈검색〉 단추를
클릭합니다. 이어서, 해당 함수가 검색되어 나오면 〈확인〉 단추를 클릭합니다.

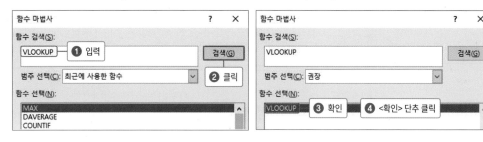

❸ [함수 인수] 대화상자가 나오면 아래와 같이 각각의 인수 값을 입력한 후 〈확인〉 단추를 클릭합니다.
 − **Lookup_value** 입력 칸을 클릭한 후 진료코드에 대한 진료실을 찾기 위해 데이터 유효성 검사가 적용된
 [H14] 셀을 클릭합니다.
   ※ Lookup_value 인수는 찾으려는 값을 지정합니다.
 − **Table_array** 입력 칸을 클릭한 후 [B5:H12] 영역을 드래그 합니다. 단, 범위 지정 시 찾을 값이 있는 열(진료
 코드)가 첫 번째 열로 지정되어야 합니다.
   ※ Table_array 인수는 찾을 값이 포함된 범위를 지정합니다.
 − **Col_index_num** 입력 칸을 클릭한 후 진료실 필드의 위치 값인 **4**를 입력합니다.
   ※ [B5:H12] 범위를 기준으로 첫 번째 열(진료코드)이 '1'이기 때문에 진료실 필드의 위치 값은 '4'가 됩니다.
   ※ Col_index_num 인수는 'Table_array' 내의 열 번호 중 값을 추출할 열을 지정합니다. 단, Table_array에서 지
   정한 셀 범위 중 첫 번째 열의 값이 '1'로 기준이 됩니다.
 − **Range_lookup** 입력 칸을 클릭한 후 정확하게 일치하는 값을 찾기 위해 **0 또는 FALSE**를 입력합니다.
   ※ Range_lookup 인수는 셀 범위에서 정확하게 일치하는 값을 찾으려면 FALSE(또는 0)를 입력하고, 비슷하게 일
   치하는 근삿값을 찾으려면 TRUE(생략 또는 1)를 입력합니다.

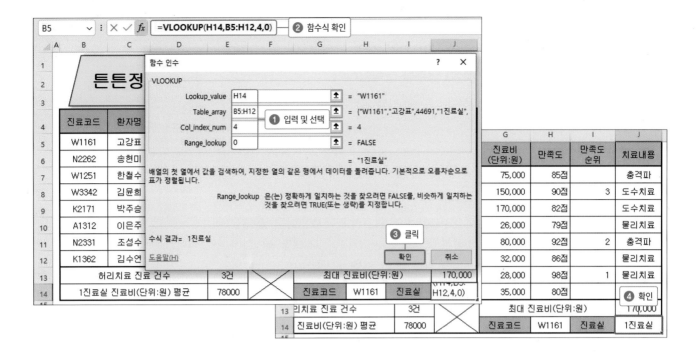

11 조건부 서식

≪조건≫ : (7) 조건부 서식의 수식을 이용하여 진료비(단위:원)가 '80,000' 이상인 행 전체에 다음의 서식을 적용하시오(글꼴 : 파랑, 굵게).

① 조건부 서식을 지정할 [B5:J12] 영역을 드래그한 후 [홈] 탭의 [스타일] 그룹에서 [조건부 서식(▦)]- **새 규칙** (▦)을 클릭합니다.

※ 조건부 서식을 적용할 범위를 영역으로 지정할 때는 필드명(4행)이 포함되지 않도록 주의합니다.

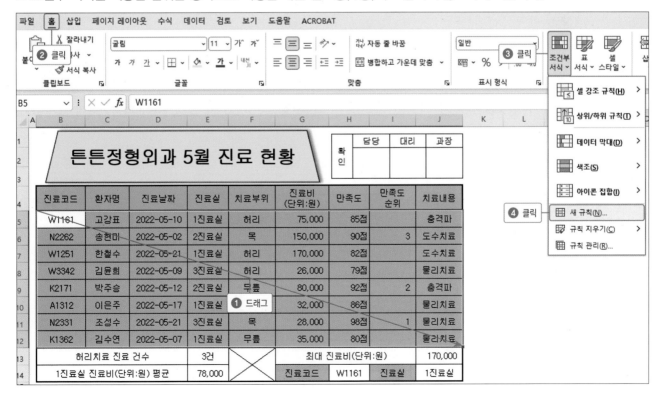

❷ [새 서식 규칙] 대화상자가 나오면 ▶수식을 사용하여 서식을 지정할 셀 결정을 선택합니다. 이어서, '다음 수식이 참인 값의 서식 지정' 입력 칸에 =$G5>=80000을 입력한 후 〈서식〉 단추를 클릭합니다.

※ 수식을 입력할 때 [G5] 셀을 클릭한 후 F4 키를 2번 누르면 열 고정 혼합 참조($G5)로 변경됩니다.

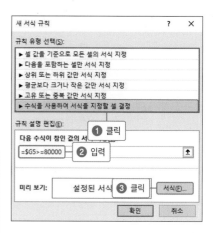

 수식을 이용하여 행 전체에 서식 지정하기

수식(=$G5>=80000)을 이용하여 행 전체에 서식을 지정할 때 참조할 셀([G5])은 반드시 열 고정 혼합 참조(예 : $G5)로 지정되어야 합니다. 열 고정 혼합 참조로 지정되면 [G] 열을 고정한 채 행([5:12])만 차례대로 확인하여 진료비(단위:원) '80,000' 이상이면 해당 행에 설정된 서식을 적용합니다.

❸ [셀 서식] 대화상자가 나오면 [글꼴] 탭을 클릭한 후 **글꼴 스타일(굵게), 색(파랑)**을 지정한 후 〈확인〉 단추를 클릭합니다.

❹ 다시 [새 서식 규칙] 대화상자가 나오면 입력한 수식(=$G5>=80000)과 글꼴 서식(**파랑, 굵게**)을 확인한 후 〈확인〉 단추를 클릭합니다.

※ 조건부 서식을 지정한 후 특정 열이 '###'으로 표시되거나, 열 간격이 너무 좁다고 판단되면 열의 너비를 조절합니다.

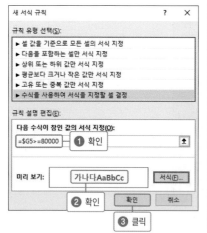

⑤ 모든 작업이 끝나면 [파일]-[저장](**Ctrl** + **S**) 또는 [빠른 실행 도구 모음]에서 **저장(🖫)**을 클릭합니다.

※ 실제 시험을 볼 때 작업 도중에 수시로(10분에 한 번 정도) 저장을 하는 것이 좋습니다.

TIP 조건부 서식의 편집 및 삭제

❶ 조건부 서식이 지정된 셀을 범위로 지정합니다.

❷ [홈] 탭의 [스타일] 그룹에서 [조건부 서식(▦)]-규칙 관리를 클릭하면 지정된 조건부 서식의 내용을 수정하거나 삭제할 수 있습니다.

❸ 조건부 서식 편집 : [조건부 서식 규칙 관리자] 대화상자에서 〈규칙 편집〉 단추를 클릭합니다.

❹ 조건부 서식 삭제 : [조건부 서식 규칙 관리자] 대화상자에서 〈규칙 삭제〉 단추를 클릭합니다.

※ 만약 조건부 서식이 지정된 셀의 범위를 모르거나, 범위를 선택하지 않았다면 서식 규칙 표시에 '현재 선택 영역'을 '현재 워크 시트'로 변경하면 규칙을 확인할 수 있습니다.

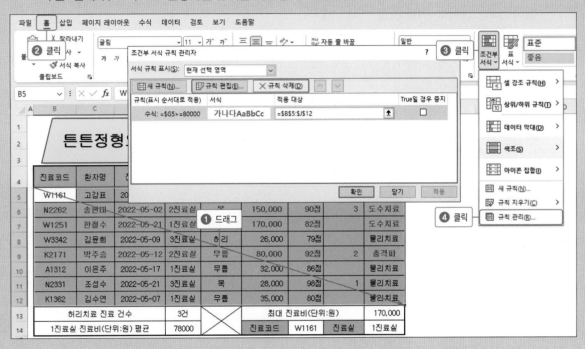

시험 분석 | 조건부 서식

- 과년도 시험 문제를 분석한 결과 조건부 서식은 **수식을 이용하는 방법**과 **데이터 막대를 이용하는 방법**으로 번갈아가며 출제되고 있습니다. 난이도는 데이터 막대를 이용하는 조건부 서식이 쉬운 편에 속합니다.

- 수식을 이용하여 조건부 서식을 작성할 때 비교 연산자 중에서 '~이상(>=)'과 '~이하(<=)'가 자주 출제되고 있기 때문에 학습이 필요합니다.(예 : =$H5)=90 / =$G5〈=100000 등)

  ※ 비교 연산자에 대한 자세한 설명은 P58을 참고하시기 바랍니다.

- 데이터 막대를 이용하여 조건부 서식을 작성할 때 기본 색상(기본 : 녹색, 빨강 등) 외에 별도의 《조건》이 없을 경우 **그라데이션 채우기** 및 **단색 채우기** 중 어느 것을 사용해도 상관없습니다.

- 데이터 막대를 이용하여 조건부 서식을 지정할 때 최소값과 최대값의 종류를 '자동'이 아닌 '**최소값-최소값, 최대값-최대값**'으로 지정해야 합니다.

데이터 막대를 이용한 조건부 서식 지정하기

• 소스 파일 : [출제유형 04]-유형04_데이터 막대_문제.xlsx   • 정답 파일 : [출제유형 04]-유형04_데이터 막대_완성.xlsx

≪조건≫ : ⑺ 조건부 서식의 수식을 이용하여 판매금액(단위:원) 셀에 데이터 막대 스타일(녹색)을 최소값 및 최대값으로 적용하시오

❶ [F5:F12] 영역을 드래그 한 후 [홈] 탭의 [스타일] 그룹에서 [조건부 서식(▦)]-[데이터 막대(▦)]-단색 채우기-
녹색 데이터 막대(▦)를 클릭합니다.

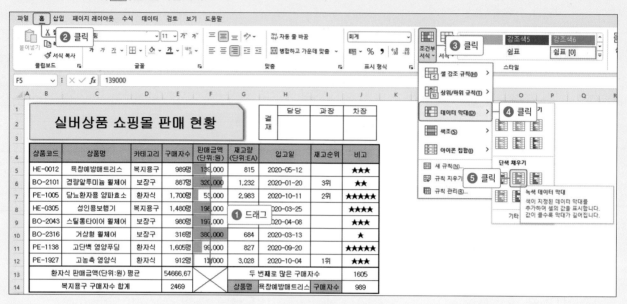

❷ 막대 스타일이 적용되면 다시 [조건부 서식(▦)]-규칙 관리를 클릭합니다.

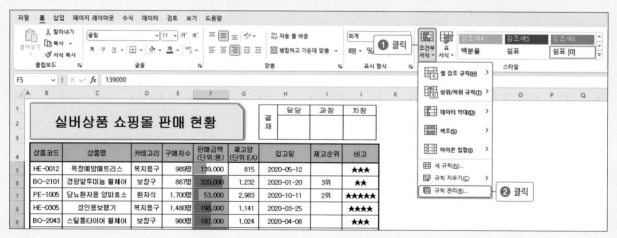

❸ [조건부 서식 규칙 관리자] 대화상자가 나오면 〈규칙 편집〉 단추를 클릭합니다.

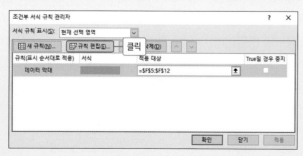

❹ [서식 규칙 편집] 대화상자가 나오면 '종류' 항목에서 최소값(최소값)과 최대값(최대값)을 변경한 후 〈확인〉 단추를 클릭합니다.

❺ [조건부 서식 규칙 관리자] 대화상자가 다시 나오면 〈확인〉 단추를 클릭한 후 데이터 막대 스타일을 확인합니다.

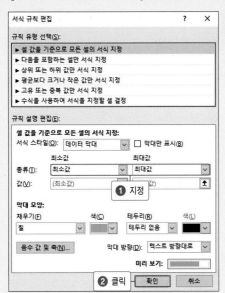

카테고리	구매자수	판매금액 (단위:원)	재고량 (단위:EA)
복지용구	989명	139,000	815
보장구	887명	320,000	1,232
환자식	1,700명	53,000	2,983
복지용구	1,480명	198,000	❸ 확인
보장구	980명	197,000	
보장구	316명	380,000	684
환자식	1,605명	99,000	827
환자식	912명	12,000	3,028

데이터 막대 조건부 서식을 한 번에 지정하기

❶ 데이터 막대를 이용하여 조건부 서식을 지정하기 위해 [F5:F12] 영역을 드래그 합니다.

❷ [홈] 탭의 [스타일] 그룹에서 [조건부 서식(▦)]–[데이터 막대(▦)]–기타 규칙을 클릭합니다.

❸ [새 서식 규칙] 대화상자가 나오면 종류를 최소값 및 최대값으로 지정한 후 색을 녹색으로 선택합니다.
   이어서, 〈확인〉 단추를 클릭합니다.

   ※ [새 서식 규칙] 대화상자를 이용하여 데이터 막대를 지정하면 색(예 : 녹색)이 녹색 데이터 막대보다 진하게 나오지만 채점과는 무관합니다.

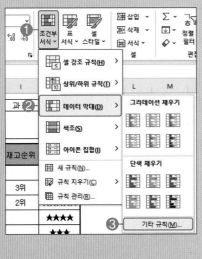

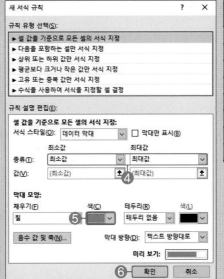

01 다음은 '**민속박물관 전시마당 현황**'에 대한 자료이다. 자료를 입력하고 조건에 맞도록 작업하시오.

· 소스 파일 : [출제유형 04]-정복04_문제01.xlsx   · 정답 파일 : [출제유형 04]-정복04_완성01.xlsx

≪출력형태≫

전시코드	전시명	전시구분	전시장소	전시 시작일	관람인원 (단위:명)	전시기간	시작 요일	관람인원 순위
G2314	거친 일상의 벗	상설	1전시실	2022-07-08	12,750	61	(1)	(2)
B3242	품격의 완성	외부	시립박물관	2022-06-02	15,480	30	(1)	(2)
P4372	공존의 도시	기획	기획전시실	2022-05-10	45,820	25	(1)	(2)
B3247	다듬잇돌	외부	역사박물관	2022-05-12	27,500	30	(1)	(2)
G2344	한국인의 일생	상설	2전시실	2022-07-05	28,000	92	(1)	(2)
G2313	한국인의 음식	상설	3전시실	2022-06-05	48,000	57	(1)	(2)
P2314	소소하게	기획	기획전시실	2022-07-01	52,400	80	(1)	(2)
P4325	하루의 시작	기획	기획전시실	2022-07-10	36,780	20	(1)	(2)
상설전시의 전시기간 평균			(3)		최소 전시기간			(5)
기획전시의 개수			(4)		전시코드	G2314	전시장소	(6)

민속박물관 전시마당 현황

확인 | 사원 | 팀장 | 이사

≪조건≫

☞ (1)~(6) 셀은 반드시 **주어진 함수를 이용**하여 값을 구하시오(결과값을 직접 입력하면 해당 셀은 0점 처리됨).

(1) 시작 요일 ⇒ 전시 시작일의 요일을 구하시오(CHOOSE, WEEKDAY 함수)(예 : 월요일).

(2) 관람인원 순위 ⇒ 관람인원(단위:명)의 내림차순 순위를 1~3까지 구하고 그 외에는 공백으로 표시하시오
    (IF, RANK.EQ 함수).

(3) 상설전시의 전시기간 평균 ⇒ 단, 조건은 입력데이터를 이용하시오(DAVERAGE 함수).

(4) 기획전시의 개수 ⇒ 결과값에 '개'를 붙이시오(COUNTIF 함수, & 연산자)(예 : 1개).

(5) 최소 전시기간 ⇒ 정의된 이름(전시기간)을 이용하여 구하시오(SMALL 함수).

(6) 전시장소 ⇒ 「H14」셀에서 선택한 전시코드에 대한 전시장소를 구하시오(VLOOKUP 함수).

(7) 조건부 서식의 수식을 이용하여 관람인원(단위:명)이 '40,000' 이상인 행 전체에 다음의 서식을 적용하시오
    (글꼴 : 파랑, 굵게).

다음은 **'엘리에나 안양점 예약 현황'**에 대한 자료이다. 자료를 입력하고 조건에 맞도록 작업하시오.

• 소스 파일 : [출제유형 04]-정복04_문제02.xlsx   • 정답 파일 : [출제유형 04]-정복04_완성02.xlsx

≪출력형태≫

예약코드	고객명	행사구분	홀명	행사일	예약인원	계약금 (단위:원)	계약일	예약인원 순위
M0525	심재영	산수연	다현	2022-09-17	185	500,000	(1)	(2)
B0611	금순영	고희연	보현	2022-09-18	140	500,000	(1)	(2)
B0408	곽소형	고희연	보현	2022-09-04	130	600,000	(1)	(2)
M0621	이지유	회갑연	문수	2022-09-11	350	1,000,000	(1)	(2)
D0513	지승아	고희연	다현	2022-09-18	95	1,000,000	(1)	(2)
D0622	한은정	산수연	다현	2022-09-24	85	600,000	(1)	(2)
M0519	김재현	회갑연	문수	2022-09-25	365	800,000	(1)	(2)
B0704	송진아	회갑연	보현	2022-09-03	300	600,000	(1)	(2)
다현홀의 행사 건수			(3)			최대 예약인원		(5)
산수연의 예약인원 합계			(4)		예약코드	M0525	행사구분	(6)

상단에 확인란(사원/팀장/부장) 있음.

≪조건≫

☞ (1)~(6) 셀은 반드시 **주어진 함수를 이용**하여 값을 구하시오(결과값을 직접 입력하면 해당 셀은 0점 처리됨).

(1) 계약일 ⇒ 예약코드의 두 번째부터 두 글자를 '월'로, 네 번째부터 두 글자를 '일'로 하는 2022년의 날짜를 구하시오(DATE, MID 함수)(예 : M0525 → 2022-05-25).

(2) 예약인원 순위 ⇒ 예약인원의 내림차순 순위를 1~3까지 구하고 그 외에는 공백으로 표시하시오 (IF, RANK.EQ 함수).

(3) 다현홀의 행사 건수 ⇒ 정의된 이름(홀명)을 이용하여 구한 결과값에 '건'을 붙이시오 (COUNTIF 함수, & 연산자)(예 : 1건).

(4) 산수연의 예약인원 합계 ⇒ (SUMIF 함수)

(5) 최대 예약인원 ⇒ (MAX 함수)

(6) 행사구분 ⇒ 「H14」 셀에서 선택한 예약코드에 대한 행사구분을 구하시오(VLOOKUP 함수).

(7) 조건부 서식의 수식을 이용하여 예약인원이 '300' 이상인 행 전체에 다음의 서식을 적용하시오 (글꼴 : 파랑, 굵게).

03 다음은 '**수목터널 조성 헌수 운동**'에 대한 자료이다. 자료를 입력하고 조건에 맞도록 작업하시오.

• 소스 파일 : [출제유형 04]-정복04_문제03.xlsx   • 정답 파일 : [출제유형 04]-정복04_완성03.xlsx

≪출력형태≫

관리코드	나무종류	회원구분	식재일	후원금액	수량 (단위:그루)	나무두께 (cm)	나무위치	식재연도
						결재 담당	팀장	센터장
L1-312	왕벛나무	단체	2010-10-20	4,000	40	15	(1)	(2)
R3-301	물푸레나무	주민	2013-04-26	140	3	12	(1)	(2)
L2-100	왕벛나무	단체	2010-03-31	3,000	30	10	(1)	(2)
C4-201	느릅나무	주민	2014-04-05	250	5	18	(1)	(2)
R2-101	물푸레나무	기업	2013-04-26	10,500	150	12	(1)	(2)
L3-202	왕벛나무	기업	2014-10-05	10,000	100	15	(1)	(2)
R1-120	물푸레나무	기업	2014-11-15	4,200	60	12	(1)	(2)
C4-202	느릅나무	단체	2013-10-26	2,500	50	12	(1)	(2)
두 번째로 큰 후원금액			(3)			단체 회원의 수량(단위:그루) 합계		(5)
물푸레나무의 수량(단위:그루) 평균			(4)			관리코드	L1-312 후원금액	(6)

≪조건≫

☞ (1)~(6) 셀은 반드시 **주어진 함수를 이용**하여 값을 구하시오(결과값을 직접 입력하면 해당 셀은 0점 처리됨).

(1) 나무위치 ⇒ 관리코드의 첫 번째 문자가 'L'이면 '좌안', 'R'이면 '우안', 그 외에는 공백으로 구하시오
　　　　(IF, LEFT 함수).

(2) 식재연도 ⇒ 식재일의 연도를 구한 결과값에 '년'을 붙이시오(YEAR 함수, & 연산자)(예 : 2010년).

(3) 두 번째로 큰 후원금액 ⇒ 정의된 이름(후원금액)을 이용하여 구하시오(LARGE 함수).

(4) 물푸레나무의 수량(단위:그루) 평균 ⇒ (SUMIF, COUNTIF 함수).

(5) 단체 회원의 수량(단위:그루) 합계 ⇒ 조건은 입력데이터를 이용하시오(DSUM 함수).

(6) 후원금액 ⇒ 「H14」 셀에서 선택한 관리코드에 대한 후원금액을 구하시오(VLOOKUP 함수).

(7) 조건부 서식의 수식을 이용하여 나무두께(cm)가 '15' 이상인 행 전체에 다음의 서식을 적용하시오
　　(글꼴 : 파랑, 굵게).

04 다음은 '**카드 이용 명세 현황**'에 대한 자료이다. 자료를 입력하고 조건에 맞도록 작업하시오.

• 소스 파일 : [출제유형 04]-정복04_문제04.xlsx   • 정답 파일 : [출제유형 04]-정복04_완성04.xlsx

≪출력형태≫

관리코드	고객명	결제은행	생년월일	결제금액 (단위:천원)	이용한도 (단위:십만원)	누적포인트	결제일	회원등급
N1-225	윤한솔	한진은행	1977-09-16	724	40	1,936	(1)	(2)
N2-010	서민석	행복은행	1987-11-16	64	40	409	(1)	(2)
P3-210	김영웅	다연은행	1985-09-05	1,060	32	290	(1)	(2)
N4-915	박진희	한진은행	1974-12-06	25	60	30	(1)	(2)
N3-125	정성재	다연은행	1982-05-09	945	90	820	(1)	(2)
P2-425	김은주	행복은행	1990-06-21	2,490	200	345	(1)	(2)
P4-815	박재량	다연은행	1972-04-09	1,364	100	1,280	(1)	(2)
P7-410	곽소형	한진은행	1992-03-08	1,538	120	564	(1)	(2)
다연은행의 이용한도(단위:십만원) 평균			(3)			한진은행의 결제금액(단위:천원) 합계		(5)
최대 결제금액(단위:천원)			(4)			고객명	윤한솔	누적포인트	(6)

상단에 결재란: 담당 / 대리 / 팀장 (결재)

제목: **카드 이용 명세 현황**

≪조건≫

☞ (1)~(6) 셀은 반드시 **주어진 함수를 이용**하여 값을 구하시오(결과값을 직접 입력하면 해당 셀은 0점 처리됨).

(1) 결제일 ⇒ 관리코드의 마지막 두 글자를 추출한 값에 '일'을 붙이시오(RIGHT 함수, & 연산자)(예 : 25일).

(2) 회원등급 ⇒ 관리코드의 다섯 번째 글자가 1이면 '브론즈', 그 외에는 공백으로 구하시오(IF, MID 함수).

(3) 다연은행의 이용한도(단위:십만원) 평균 ⇒ (SUMIF, COUNTIF 함수)

(4) 최대 결제금액(단위:천원) ⇒ 정의된 이름(결제금액)을 이용하여 구하시오(MAX 함수).

(5) 한진은행의 결제금액(단위:천원) 합계 ⇒ 조건은 입력데이터를 이용하시오(DSUM 함수).

(6) 누적포인트 ⇒ 「H14」 셀에서 선택한 고객명에 대한 누적포인트를 구하시오(VLOOKUP 함수).

(7) 조건부 서식의 수식을 이용하여 누적포인트가 '800' 이상인 행 전체에 다음의 서식을 적용하시오
(글꼴 : 파랑, 굵게).

■ 날짜와 시간 함수

| DAY | • 기능 : 특정 날짜에서 일 단위(1~31)의 숫자만 추출하는 함수
• 형식 : =DAY(날짜 or 셀 주소)

| A3 : fx =DAY(C3) |
| A B C |
| 1 결과 함수식 |
| 2 25 ◀ =DAY("2024-12-25") |
| 3 25 ◀ 2024-12-25 |

| TIME | • 기능 : 특정한 시간을 표시하기 위한 함수
• 형식 : =TIME(시, 분, 초)

| A3 : fx =TIME(20,10,15) |
| A B C |
| 1 결과 함수식 |
| 2 8:15 AM ◀ =TIME(8,15,15) |
| 3 8:10 PM ◀ =TIME(20,10,15) |

| HOUR | • 기능 : '시간(시/분/초)'에서 '시'에 해당하는 값을 구하는 함수
• 형식 : =HOUR(시간 or 셀 주소)

| A3 : fx =HOUR(C3) |
| A B C |
| 1 결과 함수식 |
| 2 8 ◀ =HOUR("8:25:30") |
| 3 20 ◀ 20:45:20 |

| MINUTE | • 기능 : '시간(시/분/초)'에서 '분'에 해당하는 값을 구하는 함수
• 형식 : =MINUTE(시간 or 셀 주소)

| A3 : fx =MINUTE(C3) |
| A B C |
| 1 결과 함수식 |
| 2 25 ◀ =MINUTE("8:25:30") |
| 3 45 ◀ 20:45:20 |

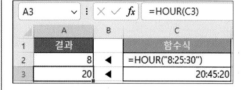

SECOND

• 기능 : '시간(시/분/초)'에서 '초'에 해당하는 값을 구하는 함수
• 형식 : =SECOND(시간 or 셀 주소)

A3	:	fx	=SECOND(C3)
	A	B	C
1	결과		함수식
2	30	◀	=SECOND("8:25:30")
3	20	◀	20:45:20

NOW	• 기능 : 현재 날짜와 시간을 표시해 주는 함수 • 형식 : =NOW() ![A2 =NOW()] A열 결과 : 2023-09-25 10:31 / C열 함수식 : =NOW()

■ 수학/삼각 함수

SUM	• 기능 : 특정 범위(인수)의 합계를 구하는 함수 • 형식 : =SUM(셀 범위) • 사용 예 : 국어, 영어, 수학 점수의 합계를 표시 E2 =SUM(B2:D2) |	A	B	C	D	E	F	G
이름	국어	영어	수학	합계		함수식
김대한	85	75	80	240	◀	=SUM(B2:D2)
이민국	70	75	60	205	◀	=SUM(B3:D3)
홍길동	80	90	100	270	◀	=SUM(B4:D4)	

PRODUCT	• 기능 : 인수를 모두 곱한 결과를 표시하는 함수 • 형식 : =PRODUCT(인수1, 인수2, …) • 사용 예 : 값1, 값2, 값3을 곱하여 결과를 표시 D2 =PRODUCT(A2:C2) |값1|값2|값3|결과| |함수식
1	2	3	6	◀	=PRODUCT(A2:C2)
4	5	6	120	◀	=PRODUCT(A3:C3)
7	8	9	504	◀	=PRODUCT(A4:C4)	

MOD	• 기능 : 나머지 값을 구하는 함수 • 형식 : =MOD(나머지를 구하려는 수, 나누는 수) • 사용 예 : 합계를 과목수(3)로 나누어 나머지를 표시 F2 =MOD(E2,3) |이름|국어|영어|수학|합계|나머지| |함수식
김대한	85	75	80	240	0	◀	=MOD(E2,3)
이민국	70	75	60	205	1	◀	=MOD(E3,3)
홍길동	80	90	100	270	0	◀	=MOD(E4,3)	

ABS	• 기능 : 주어진 인수의 절대값을 구하는 함수 • 형식 : =ABS(인수) B2 =ABS(A2) |데이터|결과| |함수식
-555	555	◀	=ABS(A2)
-777	777	◀	=ABS(A3)	

TRUNC	• 기능 : 숫자를 지정한 소수점 이하로 버리고 결과를 표시해 주는 함수 • 형식 : =TRUNC(지정한 자릿수 아래를 잘라 낼 숫자, 소수점 이하 자릿수 지정) 　– 소수점 이하 자릿수를 지정하지 않으면 0으로 처리 　– TRUNC 함수와 INT 함수의 차이점은 처리할 숫자가 양수일 때는 결과가 동일하지만 음수일 때는 다르게 결과 　　가 나타남 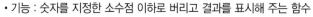 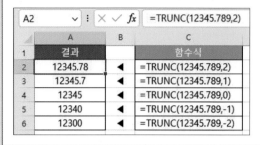

| A2 | ▼ | ⋮ | × ✓ ƒx | =TRUNC(12345.789,2) |

	A	B	C
1	결과		함수식
2	12345.78	◀	=TRUNC(12345.789,2)
3	12345.7	◀	=TRUNC(12345.789,1)
4	12345	◀	=TRUNC(12345.789,0)
5	12340	◀	=TRUNC(12345.789,-1)
6	12300	◀	=TRUNC(12345.789,-2)

COUNTBLANK	• 기능 : 공백 셀의 개수를 구하는 함수 • 형식 : =COUNTBLANK(셀 범위) • 사용 예 : [B2:D6] 범위에서 점수가 없는 비어있는 셀의 개수를 표시

| D7 | ▼ | ⋮ | × ✓ ƒx | =COUNTBLANK(B2:D6) |

	A	B	C	D	E
1	이름	국어	영어	수학	
2	김대한	85		80	
3	이민국	70	75	60	
4	홍길동		90	100	
5	유재석	100		100	
6	강호동	90	80		
7	점수가 없는 공백 셀의 개수			4	
8				▲	
9		함수식			
10		=COUNTBLANK(B2:D6)			

MODE	• 기능 : 가장 많이 나오는(빈도수가 높은) 값을 구하는 함수 • 형식 : =MODE(셀 범위) • 사용 예 : 국어, 영어, 수학, 과제물 점수 중 빈도수가 가장 높은 점수를 표시

| F2 | ▼ | ⋮ | × ✓ ƒx | =MODE(B2:E2) |

	A	B	C	D	E	F	G	H
1	이름	국어	영어	수학	과제물	최빈값		함수식
2	김대한	85	75	80	80	80	◀	=MODE(B2:E2)
3	이민국	60	75	60	80	60	◀	=MODE(B3:E3)
4	홍길동	100	90	100	100	100	◀	=MODE(B4:E4)

■ 찾기/참조 함수

HLOOKUP	• 표의 첫 번째 행(찾을 값 포함)에서 특정 값을 찾은 후 지정한 행에서 같은 열에 있는 값을 표시하는 함수
	• 형식 : =HLOOKUP(찾을 값, 셀 범위, 행 번호, 찾을 방법)
	  – 찾을 값 : 셀 범위의 첫 번째 행에서 찾을 값(참조 영역, 문자열 등)
	  – 셀 범위 : 찾을 값을 검색할 범위(범위 지정 시 찾을 값이 있는 행이 첫 번째 행으로 지정되어야 함)
	  – 행 번호 : 셀 범위 내의 행 번호로 값을 추출할 행을 지정(셀 범위 중 첫 번째 행의 값이 1로 기준이 됨)
	  – 찾을 방법 : FALSE(또는 0) : 정확하게 일치하는 값을 찾음
	                  TRUE(또는 1) : 비슷하게 일치하는 근삿값을 찾음
	• 사용 예 : 학생별 과제물 개수에 따른 추가 점수를 표시

G2				fx	=HLOOKUP(C2,$B$7:$D$8,2,0)			
	A	B	C	D	E	F	G	H	I
1	번호	이름	과제물	국어	영어	수학	추가 점수		함수식
2	1	김대한	1개	85	75	80	10	▶	=HLOOKUP(C2,$B$7:$D$8,2,0)
3	2	이민국	3개	70	75	60	30	▶	=HLOOKUP(C3,$B$7:$D$8,2,0)
4	3	홍길동	2개	80	90	100	20	▶	=HLOOKUP(C4,$B$7:$D$8,2,0)
5									
6		과제물 제출에 따른 추가 점수							
7	과제물	1개	2개	3개					
8	점수	10	20	30					

MATCH	• 기능 : 배열에서 지정된 값과 일치하는 항목의 상대 위치를 표시하는 함수
	• 형식 : =MATCH(찾을 값, 찾을 범위, 찾을 방법)
	  – 찾을 값 : 셀 범위에서 찾을 대상이 되는 값
	  – 찾을 범위 : 찾을 값을 기준으로 추출할 값이 있는 범위
	  – 찾을 방법 : FALSE(또는 0) : 정확하게 일치하는 값을 찾음
	                  TRUE(또는 1) : 비슷하게 일치하는 근삿값을 찾음
	• 사용 예 : 점수를 기준으로 상대 위치를 표시

D2				fx	=MATCH(C2,$B$9:$B$11,0)
	A	B	C	D	E	F
1	이름	봉사횟수	점수	위치		함수식
2	김대한	1	10점	3	◀	=MATCH(C2,$B$9:$B$11,0)
3	이민국	2	20점	2	◀	=MATCH(C3,$B$9:$B$11,0)
4	홍길동	3	30점	1	◀	=MATCH(C4,$B$9:$B$11,0)
5	유재석	1	10점	3	◀	=MATCH(C5,$B$9:$B$11,0)
6						
7		가산점				
8	구분	점수				
9	3회	30점				
10	2회	20점				
11	1회	10점				

INDEX	• 기능 : 셀 범위에서 행 번호와 열 번호가 교차하는 값을 구해주는 함수 • 형식 : =INDEX(셀 범위, 행 번호, 열 번호) • 사용 예 : 학년과 봉사횟수에 따른 가산점을 표시

D2				fx	=INDEX($B$10:$D$12,B2,C2)
	A	B	C	D	E	F
1	이름	학년	봉사횟수	가산점		함수식
2	김대한	1	2	2점	◀	=INDEX($B$10:$D$12,B2,C2)
3	이민국	2	3	4점	◀	=INDEX($B$10:$D$12,B3,C3)
4	홍길동	3	3	5점	◀	=INDEX($B$10:$D$12,B4,C4)
5	유재석	2	2	3점	◀	=INDEX($B$10:$D$12,B5,C5)
6	강호동	1	1	1점	◀	=INDEX($B$10:$D$12,B6,C6)
7						
8		가산점				
9	구분	1회	2회	3회		
10	1학년	1점	2점	3점		
11	2학년	2점	3점	4점		
12	3학년	3점	4점	5점		

■ 텍스트 함수

VALUE	• 기능 : 텍스트 문자열 인수를 숫자로 표시해 주는 함수 • 형식 : =VALUE(텍스트) 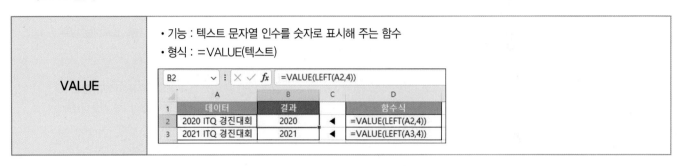
LEN	• 기능 : 공백을 포함하여 문자의 개수를 표시하는 함수 • 형식 : =LEN(문자열) 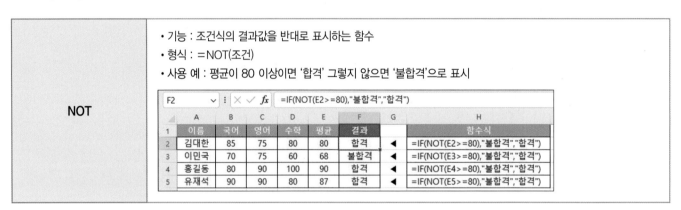

■ 논리 함수

NOT	• 기능 : 조건식의 결과값을 반대로 표시하는 함수 • 형식 : =NOT(조건) • 사용 예 : 평균이 80 이상이면 '합격' 그렇지 않으면 '불합격'으로 표시

[제2작업] 목표값 찾기 및 필터

☑ 함수를 이용하여 목표값 찾기에 필요한 값을 계산한 후 원하는 목표값을 찾음
☑ 고급 필터(논리 연산자 및 비교 연산자를 이용)를 이용하여 원하는 데이터를 추출

문제 미리보기

소스 파일 : [출제유형 05-1]-유형05-1_문제.xlsx   **정답 파일** : [출제유형 05-1]-유형05-1_완성.xlsx

➜ **"제1작업"** 시트의 「B4:H12」 영역을 복사하여 **"제2작업"** 시트의 「B2」 셀부터 모두 붙여넣기를 한 후
다음의 조건과 같이 작업하시오.

◆ ≪조건≫   〈80점〉

(1) 목표값 찾기 – 「B11:G11」 셀을 병합하여 "본인부담금 전체 평균"을 입력한 후 「H11」 셀에 본인부담금의
전체 평균을 구하시오(AVERAGE 함수, 테두리, 가운데 맞춤).

   – '본인부담금 전체 평균'이 '725,000'이 되려면 행복나라의 본인부담금이 얼마가 되어야 하는지
목표값을 구하시오.

(2) 고급 필터 – 지역이 '수원'이 아니면서 현재인원(명)이 '50' 이상인 자료의 데이터만 추출하시오.

   – 조건 범위 : 「B14」 셀부터 입력하시오.

   – 복사 위치 : 「B18」 셀부터 나타나도록 하시오.

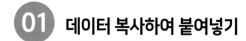

01 데이터 복사하여 붙여넣기

≪조건≫ : **"제1작업"** 시트의 「B4:H12」 영역을 복사하여 **"제2작업"** 시트의 「B2」 셀부터 모두 붙여넣기를 한 후 다음의 조건과 같이 작업하시오.

❶ 유형05-1_문제.xlsx 파일을 불러와 [제1작업] 시트를 선택합니다. 이어서, [B4:H12] 영역을 드래그한 후 [홈] 탭의 [클립보드] 그룹에서 **복사**(🗐)(**Ctrl**+**C**)를 클릭합니다.

※ 파일 불러오기 : [파일]-[열기](**Ctrl**+**O**)-[찾아보기]를 클릭한 후 [열기] 대화상자에서 파일을 선택하여 불러옵니다.

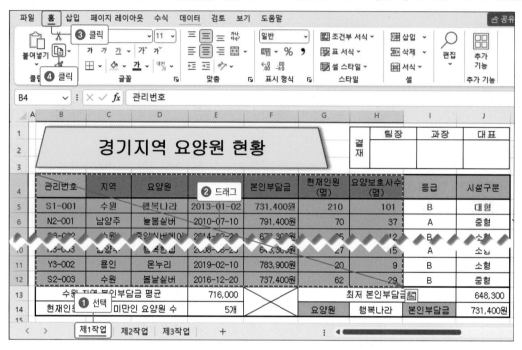

❷ [제2작업] 시트를 선택한 후 [B2] 셀을 클릭합니다. 이어서, [홈] 탭의 [클립보드] 그룹에서 **붙여넣기**(🗐)(**Ctrl**+**V**)를 클릭합니다.

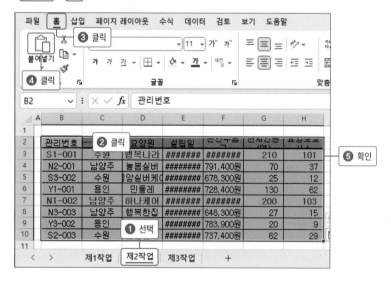

❸ 데이터가 복사되면 [홈] 탭의 [클립보드] 그룹에서 붙여넣기(🗐)의 목록 단추(🔽붙여넣기)를 눌러 **선택하여 붙여넣기**를 클릭합니다.

❹ [선택하여 붙여넣기] 대화상자가 나오면 **열 너비**를 선택한 후 〈확인〉 단추를 클릭합니다.

※ 만약, 열의 너비가 조절된 후 [2행]의 행 높이가 좁다고 판단되면 [2행]과 [3행] 머리글 사이를 마우스로 더블 클릭하여 행의 높이를 조절합니다.

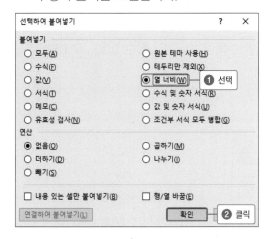

열 너비 조절

[B:H] 머리글을 드래그한 후 열 머리글 사이를 더블 클릭하여 한 번에 모든 열의 너비를 조절하는 방법도 있습니다.

	A	B	C	D	E	F	G	H
1								
2	관리번호	지역	요양원	설립일	손민수금	현재인원	표장모호
3	S1-001	수원	행복나라	########	########	210	101
4	N2-001	남양주	늘봄실버	########	791,400원	70	37
5	S3-002	수원	앙실버케	########	678,300원	25	12
6	Y1-001	용인	민들레	########	728,400원	130	62
7	N1-002	남양주	하나케어	########	########	200	103
8	N3-003	남양주	행복한집	########	648,300원	27	15
9	Y3-002	용인	온누리	########	783,900원	20	9
10	S2-003	수원	봄날실버	########	737,400원	62	29

02 목표값 찾기

■ 평균 계산 및 서식 지정하기

≪조건≫ : 「B11:G11」 셀을 병합하여 "본인부담금 전체 평균"을 입력한 후 「H11」 셀에 본인부담금의 전체 평균을 구하시오.
　　　　(AVERAGE 함수, 테두리, 가운데 맞춤).

❶ [B11:G11] 영역을 드래그한 후 [홈] 탭의 [맞춤] 그룹에서 **병합하고 가운데 맞춤**(▣)을 클릭합니다. 셀이 병합되면 '**본인부담금 전체 평균**'을 입력합니다.

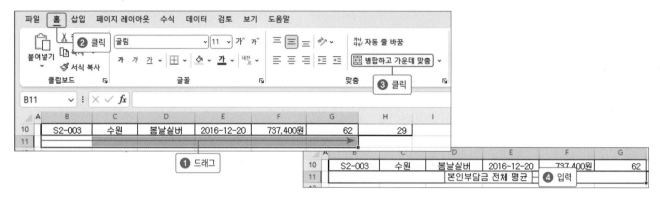

❷ 목표값 찾기에 필요한 평균을 계산하기 위해 [H11] 셀을 선택한 후 수식 입력 줄의 **함수 삽입**(*fx*)(**Shift**+**F3**)을 클릭합니다.

　※ 목표값 찾기에서는 'AVERAGE'와 'DAVERAGE' 함수가 번갈아가며 출제되고 있습니다.

❸ [함수 마법사] 대화상자가 나오면 **AVERAGE** 함수를 찾습니다. [함수 인수] 대화상자의 Number1 입력 칸을 클릭하여 [F3:F10] 영역을 드래그한 후 〈확인〉 단추를 클릭합니다.

　※ 목표값 찾기를 실행하기 위해서는 [H11] 셀이 반드시 수식으로 계산되어야 합니다.

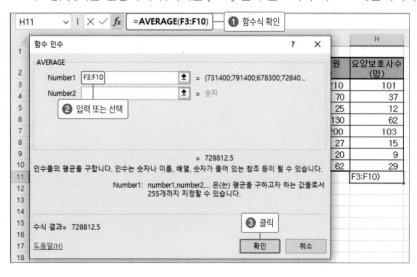

④ 평균이 계산되면 [H11] 셀이 선택된 상태에서 [홈] 탭의 [맞춤] 그룹에서 '**가운데 맞춤(≡)**'을 클릭합니다.

※ [H11] 셀은 함수 계산 결과에 회계 서식이 적용되었을때 가운데 맞춤을 지정해도 변화가 없지만 그래도 ≪조건≫에 맞추어 반드시 가운데 맞춤을 적용해야 합니다.

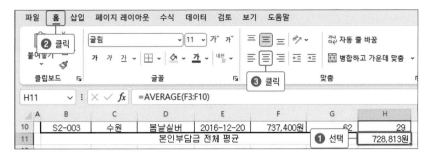

⑤ [B11:H11] 영역을 드래그한 후 [홈] 탭의 [글꼴] 그룹에서 테두리(⊞)의 목록 단추(▾)를 눌러 '**모든 테두리(田)**'를 선택합니다.

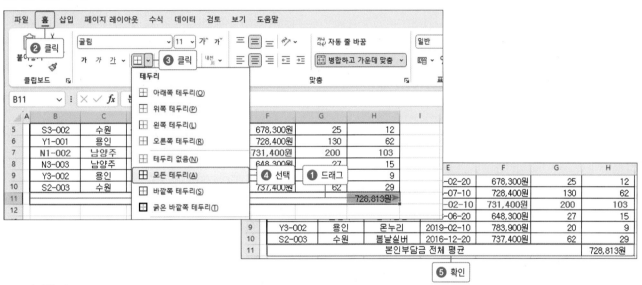

■ 목표값 찾기

≪조건≫ : '본인부담금 전체 평균'이 '725,000'이 되려면 행복나라의 본인부담금이 얼마가 되어야 하는지 목표값을 구하시오.

❶ 수식이 입력된 [H11] 셀을 클릭한 후 [데이터] 탭의 [예측] 그룹에서 [가상 분석(⊞)]–'**목표값 찾기**'를 클릭합니다.

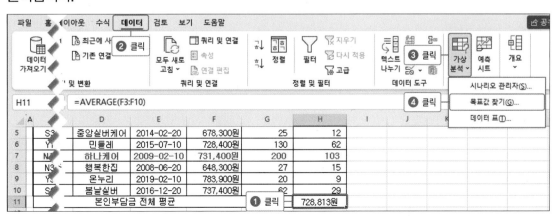

❷ [목표값 찾기] 대화상자가 나오면 **수식 셀([H11]), 찾는 값(725000), 값을 바꿀 셀([F3])**을 각각 입력 및 선택한 후 〈확인〉 단추를 클릭합니다.

※ 값을 바꿀 셀은 원하는 목표값을 찾기 위해서 '행복나라의 본인부담금'이 얼마가 되어야 하는지 알아야 하기 때문에 [F3] 셀을 클릭합니다.

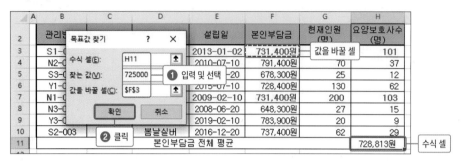

[목표값 찾기] 대화상자

❶ **수식 셀** : 목표값을 적용시켜 찾고자 하는 결과값을 반환해 주는 셀로 반드시 수식(=AVERAGE(F3:F10)) 형태로 입력되어 있어야 합니다.

❷ **찾는 값** : 원하는 목표값을 입력합니다.

❸ **값을 바꿀 셀** : 목표값을 찾기 위해 값이 변경되어야 할 셀을 선택 또는 입력합니다.

---

❸ [목표값 찾기 상태] 대화상자가 나오면 목표값 결과를 확인한 후 〈확인〉 단추를 클릭합니다.

※ 목표값(725,000)을 찾기 위해 [F3] 셀의 값이 '731,400'에서 '700,900'으로 변경된 것을 확인할 수 있습니다.

03 고급 필터

《조건》 : – 지역이 '수원'이 아니면서 현재인원(명)이 '50' 이상인 자료의 데이터만 추출하시오.
    – 조건 범위 : 「B14」 셀부터 입력하시오.
    – 복사 위치 : 「B18」 셀부터 나타나도록 하시오.

① 조건에 사용할 지역([C2])을 클릭한 후, **Ctrl** 키를 누른 채 현재인원(명)([G2])을 클릭합니다. 이어서, [홈] 탭의 [클립보드] 그룹에서 복사(🗐)(**Ctrl** + **C**)를 클릭합니다.

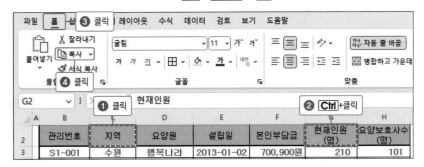

② 조건 범위인 [B14] 셀을 선택한 후 [홈] 탭의 [클립보드] 그룹에서 **붙여넣기**(🗐)(**Ctrl** + **V**)를 클릭합니다.

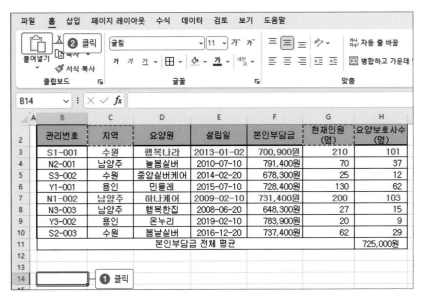

③ 필드명이 복사되면 [B15] 셀과 [C15] 셀에 다음과 같이 조건을 입력합니다.

※ 지역이 '수원'이 아니면서 현재인원(명)이 '50' 이상인 데이터를 검색하기 위한 조건(AND)

※ 고급 필터의 복사 위치는 모든 데이터를 추출하는 것이 아닌 특정 필드만 추출하는 문제도 출제되고 있으니 참고하시기 바랍니다.

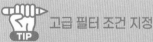 **고급 필터 조건 지정**

❶ 비교 연산자 : = (같다), < > (같지 않다), >= (~이상), <= (~이하), > (~초과), < (~미만)

❷ 별표(*) : 특정 문자의 앞 또는 뒤에 붙여 특정 문자가 포함된 문자열을 찾을 수 있습니다.
 – 가* : 가로 시작하는 문자열 / *가 : 가로 끝나는 문자열 / *가* : 가를 포함하는 문자열

❸ 물음표(?) : 특정 문자의 앞 또는 뒤에 붙여 특정 문자가 포함된 문자를 글자 수에 맞춰서 찾을 수 있습니다.
 – 가? : 가로 시작하는 두 글자 / 가?? : 가로 시작하는 세 글자 / ?가 : 가로 끝나는 두 글자 / ??가 : 가로 끝나는 세 글자

❹ 논리 연산자(AND, OR)

 ※ 아래 내용은 ITQ 엑셀 시험에서 자주 출제되고 있는 고급 필터 조건이므로 반드시 숙지하시기 바랍니다.

AND 조건(~이면서, ~이고) : 한 줄에 조건 입력	OR 조건(~이거나, ~또는) : 두 줄에 조건 입력
<table><tr><td>A</td><td>B</td><td>C</td></tr><tr><td>13</td><td></td><td></td></tr><tr><td>14</td><td>구분</td><td>가격</td></tr><tr><td>15</td><td>비즈</td><td>>=5000</td></tr></table> ▲ 구분이 '비즈'이면서 가격이 '5000' 이상인 데이터	<table><tr><td>A</td><td>B</td><td>C</td></tr><tr><td>13</td><td></td><td></td></tr><tr><td>14</td><td>제품명</td><td>출시연도</td></tr><tr><td>15</td><td><>완구</td><td></td></tr><tr><td>16</td><td></td><td>>=2020-12-25</td></tr></table> ▲ 제품명이 '완구'가 아니거나, 출시연도가 '2020-12-25' 이후 (해당일 포함)인 데이터
<table><tr><td>A</td><td>B</td><td>C</td></tr><tr><td>13</td><td></td><td></td></tr><tr><td>14</td><td>코드</td><td>가격</td></tr><tr><td>15</td><td>A*</td><td><=5000</td></tr></table> ▲ 코드가 'A'로 시작하면서 가격이 '5000' 이하인 데이터	<table><tr><td>A</td><td>B</td><td>C</td></tr><tr><td>13</td><td></td><td></td></tr><tr><td>14</td><td>제품명</td><td>출시연도</td></tr><tr><td>15</td><td>*인형*</td><td></td></tr><tr><td>16</td><td></td><td><=2020-12-25</td></tr></table> ▲ 제품명에 '인형'이 포함되거나, 출시연도가 '2020-12-25' 이전 (해당일 포함)인 데이터

AND+OR 조건 : 2개의 조건을 모두 입력

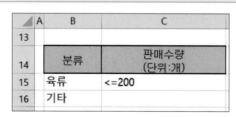

◀ 분류가 '육류'이면서 판매수량(단위:개)이 '200' 이하이거나, 분류가 '기타'인 데이터

④ [B2:H10] 영역을 드래그한 후 [데이터] 탭의 [정렬 및 필터] 그룹에서 '**고급**(🔽고급)'을 클릭합니다.

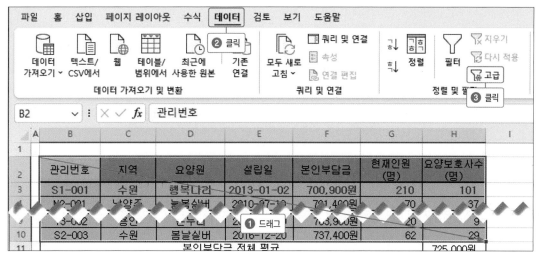

> 🤛 **고급 필터 대화상자**
>
> ❶ 현재 위치에 필터 : 원본 데이터 목록에 직접 필터 결과를 표시
> ❷ 다른 장소에 복사 : 다른 셀 범위에 필터 결과를 표시
> ❸ 목록 범위 : 필터링할 데이터의 범위를 지정
> ❹ 조건 범위 : 필터 조건(조건식)이 위치한 범위를 지정
> ❺ 복사 위치 : '다른 장소에 복사'를 선택했을 경우 필터 결과를 표시할 위치를 지정
>   – 만약, 필터 결과가 전체가 아닌 특정 자료만 추출하고자 할 때는 추출할 자료의
>   필드명을 셀에 입력한 후 해당 필드명이 입력된 영역을 복사 위치로 지정
> ❻ 동일한 레코드는 하나만 : 필터링한 결과 중 같은 레코드가 있을 경우 하나만 표시

⑤ [고급 필터] 대화상자가 나오면 다음과 같이 각각의 범위를 지정한 후 〈확인〉 단추를 클릭합니다.
   – 결과를 '**다른 장소에 복사**'로 선택
   – 자동으로 지정된 목록 범위($B$2:$H$10)를 확인
   – 조건 범위 입력 칸을 클릭한 후 [B14:C15]을 영역으로 지정
   – 복사 위치 입력 칸을 클릭한 후 [B18] 셀을 클릭

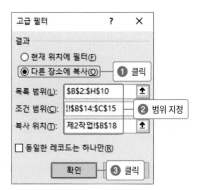

❻ AND 조건(지역, 현재인원(명))에 맞게 데이터가 추출되었는지 확인한 후 [파일]-[저장]($\boxed{Ctrl}$+$\boxed{S}$) 또는 [빠른 실행 도구 모음]에서 **저장**($\boxed{日}$)을 클릭합니다.

※ 필터링 된 결과셀이 '###'으로 표시된 경우 열 머리글 사이(예 : [D:E])를 마우스로 더블 클릭하여 열의 너비를 조절합니다.

※ 실제 시험을 볼 때 작업 도중에 수시로(10분에 한 번 정도) 저장을 하는 것이 좋습니다.

관리번호	지역	요양원	설립일	본인부담금	현재인원 (명)	요양보호사수 (명)
S1-001	수원	행복나라	2013-01-02	700,900원	210	101
N2-001	남양주	늘봄실버	2010-07-10	791,400원	70	37
S3-002	수원	중앙실버케어	2014-02-20	678,300원	25	12
Y1-001	용인	민들레	2015-07-10	728,400원	130	62
N1-002	남양주	하나케어	2009-02-10	731,400원	200	103
N3-003	남양주	행복한집	2008-06-20	648,300원	27	15
Y3-002	용인	온누리	2019-02-10	783,900원	20	9
S2-003	수원	봄날실버	2016-12-20	737,400원	62	29
본인부담금 전체 평균						725,000원

지역	현재인원 (명)
<>수원	>=50

관리번호	지역	요양원	설립일	본인부담금	현재인원 (명)	요양보호사수 (명)
N2-001	남양주	늘봄실버	2010-07-10	791,400원	70	37
Y1-001	용인	민들레	2015-07-10	728,400원	130	62
N1-002	남양주	하나케어	2009-02-10	731,400원	200	103

결과 확인

시험 분석

고급 필터

• 고급 필터를 이용하여 데이터를 추출할 때 조건에 맞는 모든 데이터를 추출하는 형태와 특정 데이터만 추출하는 형태로 구분되어 출제되고 있습니다.

  – 모든 데이터를 추출하는 문제 예시 : 분류가 '잡곡'이거나, 누적 판매량이 '500' 이상인 자료의 데이터만 추출하시오.

  – 특정 데이터만 추출하는 문제 예시 : 분류가 '잡곡'이거나, 누적 판매량이 '500' 이상인 자료의 상품명, 분류, 생산지만 추출하시오.

▶ 과년도 기출문제를 분석해 보면 조건을 입력할 때 비교 연산자는 '<>(같지 않다), >=(~이상), <=(~이하)'가, 와일드 문자로는 **별표(*)**가 자주 출제되었습니다. 아래 내용은 과년도에 출제되었던 고급 필터의 조건이니 어떤 조건으로 자주 출제되었는지 확인하시기 바랍니다.

※ 조건을 입력할 때 AND는 한 줄에 입력한 것이며, OR은 두 줄로 구분하여 입력한 것입니다.

AND 조건					
M*	>=4.5	비즈	>=5000	*호텔*	>=2015
>=2017-01-10	<>북	<=6	<>빨강		

OR 조건					
>=60000		M*		잡곡	
	<=3000		>=70		>=500
>=2016-1-1		<>2층			
	북미		<=6000		

[제2작업] 목표값 찾기 및 필터

01 **"제1작업"** 시트의 「**B4:H12**」 영역을 복사하여 **"제2작업"** 시트의 「**B2**」 셀부터 모두 붙여넣기를 한 후
다음의 조건과 같이 작업하시오.

　　　　　　　• 소스 파일 : [출제유형 05-1]-정복05-1_문제01.xlsx　　• 정답 파일 : [출제유형 05-1]-정복05-1_완성01.xlsx

≪조건≫

(1) 목표값 찾기 – 「B11:G11」 셀을 병합하여 "후원금액 전체 평균"을 입력한 후 「H11」 셀에 후원금액의 전체 평균을
　　　　　　구하시오(AVERAGE 함수, 테두리, 가운데 맞춤).

　　　– '후원금액 전체 평균'이 '4,400'이 되려면 L1-312의 후원금액이 얼마가 되어야 하는지
　　　　목표값을 구하시오.

(2) 고급 필터 – 회원구분이 '단체'가 아니면서 수량(단위:그루)이 '50' 이상인 자료의 데이터만 추출하시오.

　　　– 조건 범위 : 「B14」 셀부터 입력하시오.

　　　– 복사 위치 : 「B18」 셀부터 나타나도록 하시오.

02 **"제1작업"** 시트의 「**B4:H12**」 영역을 복사하여 **"제2작업"** 시트의 「**B2**」 셀부터 모두 붙여넣기를 한 후
다음의 조건과 같이 작업하시오.

　　　　　　　• 소스 파일 : [출제유형 05-1]-정복05-1_문제02.xlsx　　• 정답 파일 : [출제유형 05-1]-정복05-1_완성02.xlsx

≪조건≫

(1) 목표값 찾기 – 「B11:G11」 셀을 병합하여 "결제금액(단위:천원) 전체 평균"을 입력한 후 「H11」 셀에
　　　　　　결제금액(단위:천원)의 전체 평균을 구하시오(AVERAGE 함수, 테두리, 가운데 맞춤).

　　　– '결제금액(단위:천원) 전체 평균'이 '1,050'이 되려면 윤한솔의 결제금액(단위:천원)이 얼마가
　　　　되어야 하는지 목표값을 구하시오.

(2) 고급 필터 – 결제은행이 '한진은행'이 아니면서 이용한도(단위:십만원)가 '100' 이하인 자료의 데이터만
　　　　　　추출하시오.

　　　– 조건 범위 : 「B14」 셀부터 입력하시오.

　　　– 복사 위치 : 「B18」 셀부터 나타나도록 하시오.

03 **"제1작업"** 시트의 「**B4:H12**」 영역을 복사하여 **"제2작업"** 시트의 「**B2**」 셀부터 모두 붙여넣기를 한 후 다음의 조건과 같이 작업하시오.

· 소스 파일 : [출제유형 05-1]-정복05-1_문제03.xlsx　　· 정답 파일 : [출제유형 05-1]-정복05-1_완성03.xlsx

≪조건≫

(1) 목표값 찾기 – 「B11:G11」 셀을 병합하여 "환산점수의 전체 평균"을 입력한 후 「H11」 셀에
환산점수의 전체 평균을 구하시오(AVERAGE 함수, 테두리, 가운데 맞춤).
– '환산점수의 전체 평균'이 '3.6'이 되려면 인문 일반의 환산점수가 얼마가 되어야 하는지
목표값을 구하시오.

(2) 고급 필터 – 검색코드가 'L'로 시작하면서 모바일 클릭 비율이 '50%' 이상인 자료의 검색어, 분야, PC 클릭 수,
환산점수 데이터만 추출하시오.
– 조건 범위 : 「B14」 셀부터 입력하시오.
– 복사 위치 : 「B18」 셀부터 나타나도록 하시오.

04 **"제1작업"** 시트의 「**B4:H12**」 영역을 복사하여 **"제2작업"** 시트의 「**B2**」 셀부터 모두 붙여넣기를 한 후 다음의 조건과 같이 작업하시오.

· 소스 파일 : [출제유형 05-1]-정복05-1_문제04.xlsx　　· 정답 파일 : [출제유형 05-1]-정복05-1_완성04.xlsx

≪조건≫

(1) 목표값 찾기 – 「B11:G11」 셀을 병합하여 "연면적(제곱미터)의 전체 평균"을 입력한 후 「H11」 셀에
연면적(제곱미터)의 전체 평균을 구하시오(AVERAGE 함수, 테두리, 가운데 맞춤).
– '연면적(제곱미터)의 전체 평균'이 '361,000'가 되려면 CTF 빌딩의 연면적(제곱미터)이
얼마가 되어야 하는지 목표값을 구하시오.

(2) 고급 필터 – 건물코드가 'T'로 시작하거나 높이가 '800' 이상인 자료의 건물명, 높이, 층수, 연면적(제곱미터)
데이터만 추출하시오.
– 조건 범위 : 「B14」 셀부터 입력하시오.
– 복사 위치 : 「B18」 셀부터 나타나도록 하시오.

[제2작업] 필터 및 서식

☑ 고급 필터(논리 연산자 및 비교 연산자를 이용)를 이용하여 원하는 데이터를 추출
☑ 표 스타일을 이용하여 표에 서식을 지정

문제 미리보기　　소스 파일 : [출제유형 05-2]-유형05-2_문제.xlsx　　정답 파일 : [출제유형 05-2]-유형05-2_완성.xlsx

➡ **"제1작업"** 시트의 「**B4:H12**」 영역을 복사하여 **"제2작업"** 시트의 「**B2**」 셀부터 모두 붙여넣기를 한 후
다음의 조건과 같이 작업하시오.

◆ ≪조건≫　　　　　　　　　　　　　　　　　　　　　　　　　　　　　　　　　　　　 ⟨80점⟩

(1) 고급 필터 – 진료코드가 'W'로 시작하거나, 진료비(단위:원)가 '100,000' 이상인 자료의 진료코드, 환자명,
　　　　　　　 치료부위, 진료비(단위:원) 데이터만 추출하시오.

　　　　　 – 조건 범위 : 「B14」 셀부터 입력하시오.

　　　　　 – 복사 위치 : 「B18」 셀부터 나타나도록 하시오.

(2) 표 서식 – 고급 필터의 결과셀을 채우기 없음으로 설정한 후 '표 스타일 보통 6'의 서식을 적용하시오.

　　　　　 – 머리글 행, 줄무늬 행을 적용하시오.

시험
분석　　[제2작업]

• [제2작업]은 '**목표값 찾기 및 필터**'와 '**필터 및 서식**' 두 가지 유형의 문제가 번갈아가며 출제되고 있습니다.
[제2작업]의 필터(고급 필터) 부분은 둘 다 동일한 형태로 출제되지만 '목표값 찾기(출제유형 05-1)'와 '표
서식(출제유형 05-2)'은 전혀 다른 기능을 사용하기 때문에 두 가지 유형에 대한 학습이 반드시 필요합니다.

01 데이터 복사하여 붙여넣기

≪조건≫ : "제1작업" 시트의 「B4:H12」 영역을 복사하여 "제2작업" 시트의 「B2」 셀부터 모두 붙여넣기를 한 후 다음의 조건과 같이 작업하시오.

❶ 유형05-2_문제.xlsx 파일을 불러와 [제1작업] 시트를 선택합니다. 이어서, [B4:H12] 영역을 드래그한 후 [홈] 탭의 [클립보드] 그룹에서 **복사**(🗐)([Ctrl]+[C])를 클릭합니다.

※ 파일 불러오기 : [파일]-[열기]([Ctrl]+[O])-[찾아보기]를 클릭한 후 [열기] 대화상자에서 파일을 선택하여 불러옵니다.

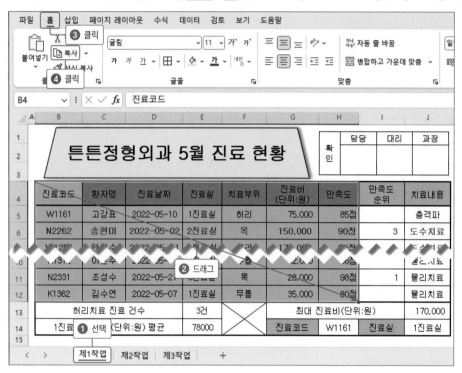

❷ [제2작업] 시트를 선택한 후 [B2] 셀을 클릭합니다. 이어서, [홈] 탭의 [클립보드] 그룹에서 **붙여넣기**(🗐)([Ctrl]+[V])를 클릭합니다.

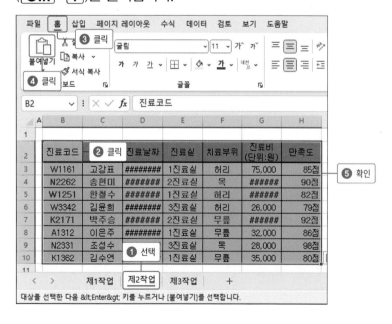

❸ 데이터가 복사되면 [홈] 탭의 [클립보드] 그룹에서 붙여넣기(📋)의 목록 단추(붙여넣기)를 눌러 **선택하여 붙여넣기**를 클릭합니다.

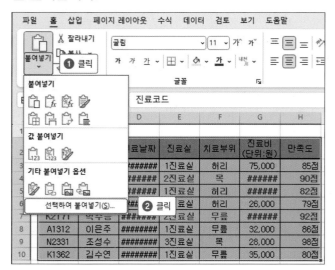

❹ [선택하여 붙여넣기] 대화상자가 나오면 '**열 너비**'를 선택한 후 〈확인〉 단추를 클릭합니다.

　※ 만약, 열의 너비가 조절된 후 [2행]의 행 높이가 좁다고 판단되면 [2행]과 [3행] 머리글 사이를 마우스로 더블 클릭하여 행의 높이를 조절합니다.

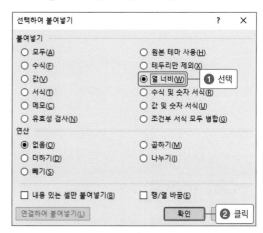

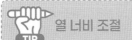 열 너비 조절

[B:H] 머리글을 드래그한 후 열 머리글 사이를 더블 클릭하여 한 번에 모든 열의 너비를 조절하는 방법도 있습니다.

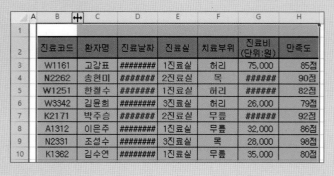

02 고급 필터

≪조건≫ : – 진료코드가 'W'로 시작하거나, 진료비(단위:원)가 '100,000' 이상인 자료의 진료코드, 환자명, 치료부위, 진료비(단위:원)
데이터만 추출하시오.
– 조건 범위 : 「B14」 셀부터 입력하시오.　　　　– 복사 위치 : 「B18」 셀부터 나타나도록 하시오.

❶ 조건에 사용할 **진료코드([B2])**와 **진료비(단위:원)([G2])** 필드 제목을 선택한 후 [홈] 탭의 [클립보드] 그룹에서 **복사**()(**Ctrl**+**C**)를 클릭합니다.

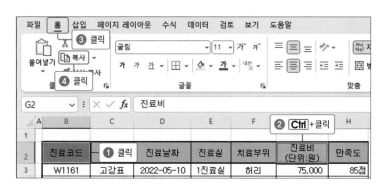

❷ 조건 범위인 **[B14]** 셀을 클릭한 후 [홈] 탭의 [클립보드] 그룹에서 **붙여넣기**()(**Ctrl**+**V**)를 클릭합니다. 필드명이 복사되면 **[15]** 행에 다음과 같이 조건을 입력합니다.

※ 진료코드가 'W'로 시작하거나, 진료비(단위:원)가 '100,000' 이상인 데이터 검색(OR 조건)

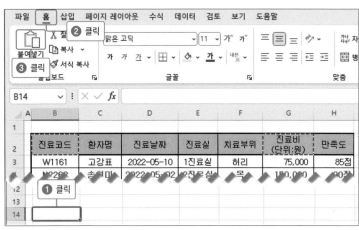

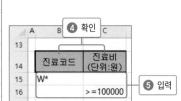

❸ 복사 위치로 추출할 데이터 진료코드([B2]), 환자명([C2]), 치료부위([F2]), 진료비(단위:원)([G2])의 필드 제목을 선택한 후 [홈] 탭의 [클립보드] 그룹에서 복사()(**Ctrl**+**C**)를 클릭합니다.

※ 떨어져 있는 셀을 선택할 때는 **Ctrl** 키를 누른 상태에서 선택합니다.

※ 고급 필터의 복사 위치는 특정 필드만 추출하는 것이 아닌 모든 데이터를 추출하는 문제도 출제되고 있으니 참고하시기 바랍니다.

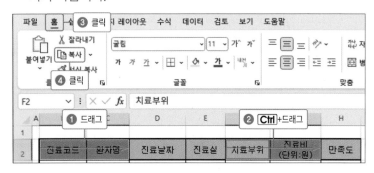

④ 복사 위치인 [B18] 셀을 선택한 후 [홈] 탭의 [클립보드] 그룹에서 붙여넣기(📋)(**Ctrl** + **V**) 클릭합니다.

⑤ [B2] 셀을 클릭한 후 [데이터] 탭의 [정렬 및 필터] 그룹에서 '**고급(고급)**'을 클릭합니다.

※ [B2:H10] 영역을 드래그해도 결과는 동일합니다.

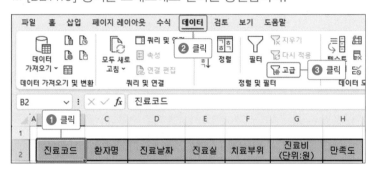

⑥ [고급 필터] 대화상자가 나오면 다음과 같이 각각의 범위를 지정한 후 〈확인〉 단추를 클릭합니다.
  – 결과를 '**다른 장소에 복사**'로 선택
  – 자동으로 지정된 목록 범위($B$2:$H$10)를 확인
  – 조건 범위 입력 칸을 클릭한 후 [B14:C16]을 영역으로 지정
  – 복사 위치 입력 칸을 클릭한 후 [B18:E18]을 영역으로 지정

❼ OR 조건(진료코드, 진료비(단위:원))에 맞게 데이터가 추출되었는지 확인합니다.

	진료코드	환자명	진료날짜	진료실	치료부위	진료비 (단위:원)	만족도
3	W1161	고강표	2022-05-10	1진료실	허리	75,000	85점
4	N2262	송현미	2022-05-02	2진료실	목	150,000	90점
5	W1251	한철수	2022-05-21	1진료실	허리	170,000	82점
6	W3342	김윤희	2022-05-09	3진료실	허리	26,000	79점
7	K2171	박주승	2022-05-12	2진료실	무릎	80,000	92점
8	A1312	이은주	2022-05-17	1진료실	무릎	32,000	86점
9	N2331	조성수	2022-05-21	3진료실	목	28,000	98점
10	K1362	김수연	2022-05-07	1진료실	무릎	35,000	80점

	진료코드	진료비 (단위:원)
14		
15	W*	
16		>=100000

	진료코드	환자명	치료부위	진료비 (단위:원)
19	W1161	고강표	허리	75,000
20	N2262	송현미	목	150,000 |— 확인
21	W1251	한철수	허리	170,000
22	W3342	김윤희	허리	26,000

모든 데이터 추출(복사 위치)

고급 필터를 이용하여 모든 데이터를 추출할 때는 별도의 필드명 복사 작업 없이 조건에 맞는 모든 데이터를 한 번에 추출할 수 있습니다. 모든 데이터 추출 시 복사 위치는 기준 셀([B18])만 지정합니다.

03 표 서식

≪조건≫ : – 고급 필터의 결과셀을 채우기 없음으로 설정한 후 '표 스타일 보통 6'의 서식을 적용하시오.
– 머리글 행, 줄무늬 행을 적용하시오.

❶ 고급 필터로 추출된 [B18:E22] 영역을 드래그한 후 [홈] 탭의 [글꼴] 그룹에서 채우기 색(🖌)의 목록 단추(▾)를 눌러 '채우기 없음'을 클릭합니다.

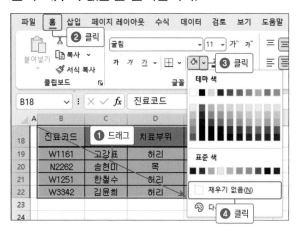

❷ 표 스타일을 적용하기 위해 [홈] 탭의 [스타일] 그룹에서 [표 서식(▨)]-중간-'**파랑, 표 스타일 보통 6**'을 클릭합니다.

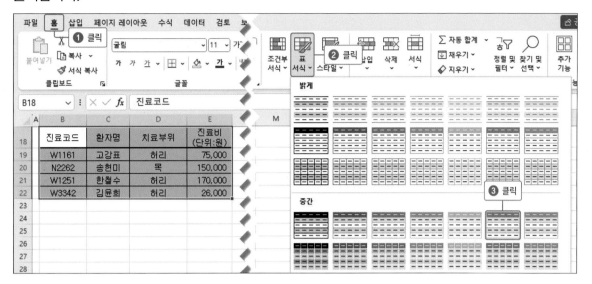

❸ [표 서식] 대화상자가 나오면 **표에 사용할 데이터 범위($B$18:$E$22)**를 확인한 후 〈확인〉 단추를 클릭합니다.

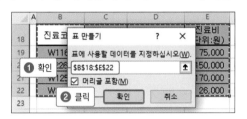

❹ [B18:E22] 영역에 '파랑, 표 스타일 보통 6' 서식이 적용된 것을 확인한 후 [테이블 디자인] 탭의 [표 스타일 옵션] 그룹에서 '**머리글 행**'과 '**줄무늬 행**'이 체크(✓)되어 있는지 확인합니다.

※ 표 서식을 적용한 후 특정 열이 '###'으로 표시되거나, 열 간격이 너무 좁다고 판단되면 열의 너비를 조절합니다.

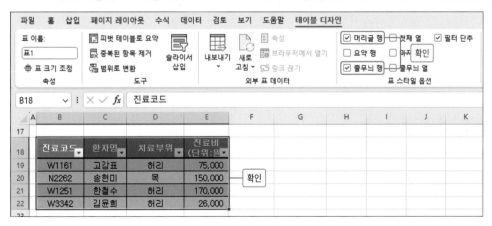

❺ 모든 작업이 끝나면 [파일]-[저장]([Ctrl]+[S]) 또는 [빠른 실행 도구 모음]에서 **저장(▤)**을 클릭합니다.

※ 실제 시험을 볼 때 작업 도중에 수시로(10분에 한 번 정도) 저장을 하는 것이 좋습니다.

[제2작업] 필터 및 서식

01 "**제1작업**" 시트의 「B4:H12」 영역을 복사하여 "**제2작업**" 시트의 「B2」 셀부터 모두 붙여넣기를 한 후 다음의 조건과 같이 작업하시오.

　　　　　　　　• 소스 파일 : [출제유형 05-2]-정복05-2_문제01.xlsx　　• 정답 파일 : [출제유형 05-2]-정복05-2_완성01.xlsx

≪조건≫

⑴ 고급 필터 – 전시코드가 'B'로 시작하거나, 관람인원(단위:명)이 '50,000' 이상인 자료의 전시코드, 전시구분, 관람인원(단위:명), 전시기간 데이터만 추출하시오.
　　　– 조건 범위 : 「B14」 셀부터 입력하시오.
　　　– 복사 위치 : 「B18」 셀부터 나타나도록 하시오.

⑵ 표 서식 – 고급 필터의 결과셀을 채우기 없음으로 설정한 후 '표 스타일 보통 6'의 서식을 적용하시오.
　　　– 머리글 행, 줄무늬 행을 적용하시오.

02 "**제1작업**" 시트의 「B4:H12」 영역을 복사하여 "**제2작업**" 시트의 「B2」 셀부터 모두 붙여넣기를 한 후 다음의 조건과 같이 작업하시오.

　　　　　　　　• 소스 파일 : [출제유형 05-2]-정복05-2_문제02.xlsx　　• 정답 파일 : [출제유형 05-2]-정복05-2_완성02.xlsx

≪조건≫

⑴ 고급 필터 – 예약코드가 'M'으로 시작하거나, 계약금(단위:원)이 '1,000,000' 이상인 자료의 고객명, 행사일, 예약인원, 계약금(단위:원) 데이터만 추출하시오.
　　　– 조건 범위 : 「B14」 셀부터 입력하시오.
　　　– 복사 위치 : 「B18」 셀부터 나타나도록 하시오.

⑵ 표 서식 – 고급 필터의 결과셀을 채우기 없음으로 설정한 후 '표 스타일 보통 6'의 서식을 적용하시오.
　　　– 머리글 행, 줄무늬 행을 적용하시오.

03 **"제1작업"** 시트의 「B4:H12」 영역을 복사하여 **"제2작업"** 시트의 「B2」 셀부터 모두 붙여넣기를 한 후
다음의 조건과 같이 작업하시오.

• 소스 파일 : [출제유형 05-2]-정복05-2_문제03.xlsx • 정답 파일 : [출제유형 05-2]-정복05-2_완성03.xlsx

≪조건≫

(1) 고급 필터 – 제품번호가 'L'로 시작하거나, 가격이 '5,000' 이상인 자료의 제품명, 가격, 재고수량(단위:EA),
      판매수량(단위:EA) 데이터만 추출하시오.

   – 조건 범위 : 「B14」 셀부터 입력하시오.

   – 복사 위치 : 「B18」 셀부터 나타나도록 하시오.

(2) 표 서식 – 고급 필터의 결과셀을 채우기 없음으로 설정한 후 '표 스타일 보통 6'의 서식을 적용하시오.

   – 머리글 행, 줄무늬 행을 적용하시오.

04 **"제1작업"** 시트의 「B4:H12」 영역을 복사하여 **"제2작업"** 시트의 「B2」 셀부터 모두 붙여넣기를 한 후
다음의 조건과 같이 작업하시오.

• 소스 파일 : [출제유형 05-2]-정복05-2_문제04.xlsx • 정답 파일 : [출제유형 05-2]-정복05-2_완성04.xlsx

≪조건≫

(1) 고급 필터 – 체험코드가 'H'로 시작하거나, 신청인원(단위:명)이 '90' 이하인 자료의 체험학습명, 체험일,
      신청인원(단위:명), 체험비용 데이터만 추출하시오.

   – 조건 범위 : 「B14」 셀부터 입력하시오.

   – 복사 위치 : 「B18」 셀부터 나타나도록 하시오.

(2) 표 서식 – 고급 필터의 결과셀을 채우기 없음으로 설정한 후 '표 스타일 보통 6'의 서식을 적용하시오.

   – 머리글 행, 줄무늬 행을 적용하시오.

출제유형

06-1 [제3작업] 정렬 및 부분합

☑ 출력형태를 참고하여 데이터 정렬
☑ 부분합 작성 및 개요 지우기

문제 미리보기　　**소스 파일** : [출제유형 06-1]-유형06-1_문제.xlsx　　**정답 파일** : [출제유형 06-1]-유형06-1_완성.xlsx

➔ **"제1작업"** 시트의 「B4:H12」 영역을 복사하여 **"제3작업"** 시트의 「B2」 셀부터 모두 붙여넣기를 한 후
다음의 조건과 같이 작업하시오.

◆ ≪조건≫　　　　　　　　　　　　　　　　　　　　　　　　　　　　　　　〈80점〉

(1) 부분합 – ≪출력형태≫처럼 정렬하고, 요양원의 개수와 본인부담금의 평균을 구하시오.

(2) 개요【윤곽】 – 지우시오.

(3) 나머지 사항은 ≪출력형태≫에 맞게 작성하시오.

◆ ≪출력형태≫

관리번호	지역	요양원	설립일	본인부담금	현재인원 (명)	요양보호사수 (명)
Y1-001	용인	민들레	2015-07-10	728,400원	130	62
Y3-002	용인	온누리	2019-02-10	783,900원	20	9
	용인 평균			756,150원		
	용인 개수	2				
S1-001	수원	행복나라	2013-01-02	731,400원	210	101
S3-002	수원	중앙실버케어	2014-02-20	678,300원	25	12
S2-003	수원	봄날실버	2016-12-20	737,400원	62	29
	수원 평균			715,700원		
	수원 개수	3				
N2-001	남양주	늘봄실버	2010-07-10	791,400원	70	37
N1-002	남양주	하나케어	2009-02-10	731,400원	200	103
N3-003	남양주	행복한집	2008-06-20	648,300원	27	15
	남양주 평균			723,700원		
	남양주 개수	3				
	전체 평균			728,813원		
	전체 개수	8				

01 데이터 복사하여 붙여넣기

≪조건≫ : "제1작업" 시트의 「B4:H12」 영역을 복사하여 "제3작업" 시트의 「B2」 셀부터 모두 붙여넣기를 한 후 다음의 조건과 같이 작업하시오.

❶ 유형06-1_문제.xlsx 파일을 불러와 [제1작업] 시트를 선택합니다. 이어서 [B4:H12] 영역을 드래그한 후 [홈] 탭의 [클립보드] 그룹에서 **복사**(🗐)(**Ctrl**+**C**)를 클릭합니다.

❷ [제3작업] 시트를 선택한 후 [B2] 셀을 클릭합니다. 이어서, [홈] 탭의 [클립보드] 그룹에서 **붙여넣기**(🗐)(**Ctrl**+**V**)를 클릭합니다.

❸ 데이터가 복사되면 [홈] 탭의 [클립보드] 그룹에서 붙여넣기(🗐)의 목록 단추(붙여넣기)를 눌러 **선택하여 붙여넣기**를 클릭합니다. [선택하여 붙여넣기] 대화상자가 나오면 **열 너비**를 선택한 후 〈확인〉 단추를 클릭합니다.

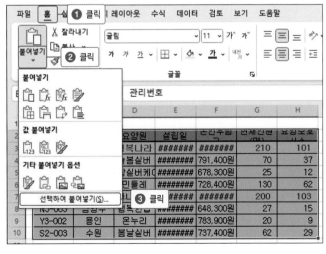

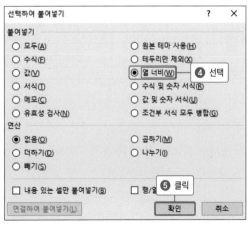

02 데이터 정렬

≪조건≫ : 부분합 – ≪출력형태≫처럼 정렬하고, 요양원의 개수와 본인부담금의 평균을 구하시오.

❶ [C2] 셀을 클릭한 후 [데이터] 탭의 [정렬 및 필터] 그룹에서 '텍스트 내림차순 정렬(힉↓)'을 클릭합니다.

  ※ 데이터 정렬은 ≪출력형태≫에서 부분합으로 그룹화된 항목(현재는 '지역') 부분을 참고하여 '내림차순'인지 아니면
  '오름차순'인지 판단합니다.

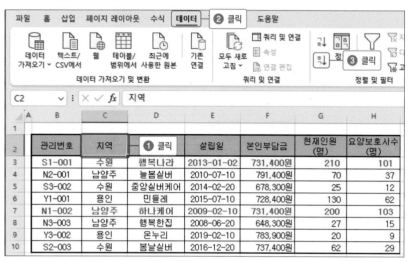

❷ 데이터가 정렬되면 ≪출력형태≫와 비교하여 결과가 같은지 반드시 확인합니다.

  ※ 중첩 정렬 확인 : ≪출력형태≫와 비교할 때 '지역' 필드를 기준으로 앞쪽 필드(관리번호) 또는 뒤쪽 필드(요양원)에
  도 정렬(중첩 정렬)이 적용되어 있는지 반드시 확인합니다.

A	B 관리번호	C 지역	D 요양원	E 설립일	F 본인부담금	G 현재인원(명)	H 요양보호사수(명)
3	Y1-001	용인	민들레	2015-07-10	728,400원	130	62
4	Y3-002	용인	온누리	2019-02-10	783,900원	20	9
5	S1-001	수원	행복나라	2013-01-02	731,400원	210	101
6	S3-002	수원	중앙실버케어	2014-02-20	678,300원	25	12
7	S2-003	수원	봄날실버	2016-12-20	737,400원	62	29
8	N2-001	남양주	늘봄실버	2010-07-10	791,400원	70	37
9	N1-002	남양주	하나케어	2009-02-10	731,400원	200	103
10	N3-003	남양주	행복한집	2008-06-20	648,300원	27	15

> **TIP 기본 데이터 정렬 방법**
>
> ❶ 오름차순 정렬 순서(내림차순은 반대) : 숫자(1,2,3, …) → 특수문자 → 영문(A→Z) → 한글(ㄱ→ㅎ) → 논리값
>   → 오류값 → 공백 셀(빈 셀)
> ❷ 정렬 기준이 하나인 경우 : 정렬 기준이 하나인 경우에는 셀 포인터를 정렬하고자 하는 셀에 위치시킨 후
>   [데이터] 탭의 [정렬 및 필터] 그룹에서 텍스트 오름차순 정렬(긱↓) 또는 텍스트 내림차순 정렬(힉↓)을 클릭합니다.

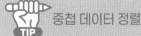
≪출력형태≫

① 정렬 기준이 하나 이상(중첩)인 경우에는 [데이터] 탭의 [정렬 및 필터] 그룹에서 정렬(▦)을 이용합니다.

② 부분합의 그룹화된 항목을 내림차순 또는 오름차순으로 정렬한 후 결과가 ≪출력형태≫와 다를 경우에는 실행 취소(↺)(Ctrl+Z)를 클릭합니다.

③ 정렬이 취소되면 [데이터] 탭의 [정렬 및 필터] 그룹에서 정렬(▦)을 클릭합니다. 이어서, ≪출력형태≫를 참고하여 정렬 기준(지역)을 지정한 후 〈기준 추가〉 단추를 클릭하여 다음 기준(요양원)을 지정합니다.

※ 정렬 기준을 부분합 그룹 항목(지역)으로 지정한 후 앞쪽과 뒤쪽 필드를 확인하여 다음 기준 정렬을 지정합니다.

관리번호	지역	요양원
Y1-001	용인	민들레
Y3-002	용인	온누리
S2-003	수원	봄날실버
S3-002	수원	중앙실버케어
S1-001	수원	행복나라
N2-001	남양주	늘봄실버
N1-002	남양주	하나케어
N3-003	남양주	행복한집

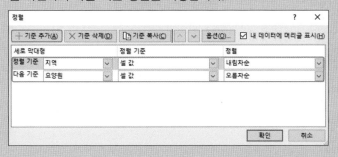

03 부분합

≪조건≫ : 부분합 – ≪출력형태≫처럼 정렬하고, 요양원의 개수와 본인부담금의 평균을 구하시오.

① [B2] 셀을 선택한 후 [데이터] 탭의 [윤곽선] 그룹에서 '**부분합(▦)**'을 클릭합니다.

※ 부분합 작성 시 데이터 범위([B2:H10])를 드래그하거나, [B2:H10] 영역 안에서 한 개의 셀만 선택한 후 작업합니다.

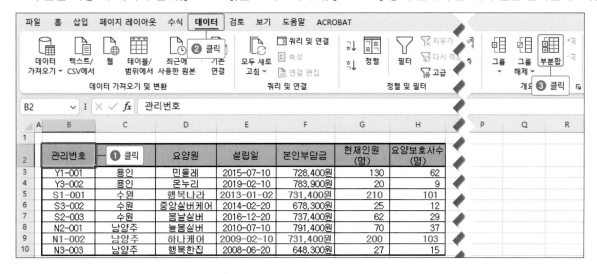

② [부분합] 대화상자가 나오면 ≪조건≫ 및 ≪출력형태≫를 참고하여 그룹화할 항목에 '**지역**', 사용할 함수에 '**개수**', 부분합 계산 항목에 '**요양원**'만 지정한 후 〈확인〉 단추를 클릭합니다.

※ 2차 부분합(중첩 부분합)을 작성할 때는 문제의 ≪조건≫ 순서(요양원의 개수 → 본인부담금의 평균)에 맞추어 작성해야 합니다.

※ '부분합 계산 항목'에서 미리 선택된 계산 항목(예 : 요양보호사수(명))이 있을 경우 부분합 작성 조건을 확인하여 불필요하다면 반드시 체크(✓) 표시를 해제합니다.

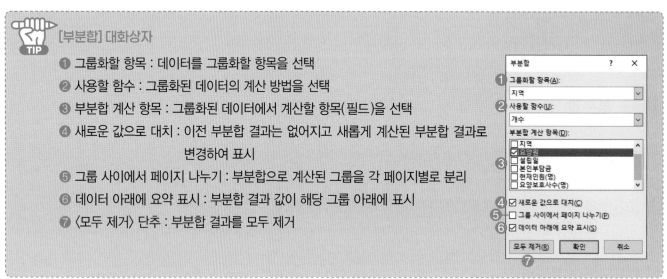

[부분합] 대화상자

❶ 그룹화할 항목 : 데이터를 그룹화할 항목을 선택

❷ 사용할 함수 : 그룹화된 데이터의 계산 방법을 선택

❸ 부분합 계산 항목 : 그룹화된 데이터에서 계산할 항목(필드)을 선택

❹ 새로운 값으로 대치 : 이전 부분합 결과는 없어지고 새롭게 계산된 부분합 결과로 변경하여 표시

❺ 그룹 사이에서 페이지 나누기 : 부분합으로 계산된 그룹을 각 페이지별로 분리

❻ 데이터 아래에 요약 표시 : 부분합 결과 값이 해당 그룹 아래에 표시

❼ 〈모두 제거〉 단추 : 부분합 결과를 모두 제거

③ 이어서, 2차 부분합을 생성하기 위해 다시 [데이터] 탭의 [윤곽선] 그룹에서 '**부분합(▦)**'을 클릭합니다.

④ [부분합] 대화상자가 나오면 그룹화할 항목에 '**지역**', 사용할 함수에 '**평균**', 부분합 계산 항목에 '**본인부담금**'만 지정합니다. 이어서, '**새로운 값으로 대치**' 항목의 체크 표시(✓)를 반드시 해제한 후 〈확인〉 단추를 클릭합니다.

2차 부분합 작업 시 주의사항

2차 부분합(중첩 부분합)을 생성하기 위해서는 1차 부분합 범위 내에서 임의의 셀 (예 : [B2])을 하나만 선택한 후 작업해야 하며, 반드시 '새로운 값으로 대치' 항목의 체크 표시(✓)를 해제해 주어야 합니다. 만일, 해제하지 않을 경우 1차 부분합 결과는 없어지고 2차 부분합 결과만 표시됩니다.

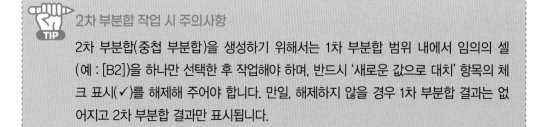

04 개요 지우기

≪조건≫ : 개요【윤곽】 – 지우시오.

1 완성된 부분합을 ≪출력형태≫와 비교하여 결과가 같은지 확인합니다. 이어서, [데이터] 탭의 [윤곽선] 그룹에서 그룹 해제(📇)의 목록 단추(📇)를 눌러 '**개요 지우기**'를 선택합니다.

※ 완성된 부분합의 특정 열이 '###'으로 표시되거나, 열 간격이 너무 좁다고 판단되면 ≪출력형태≫를 참고하여 열의 너비를 조절합니다.

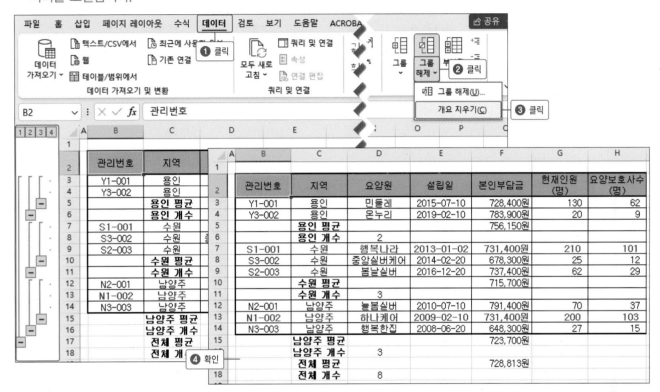

TIP 부분합 제거

부분합을 잘 못 만들었을 경우 [부분합] 대화상자의 〈모두 제거〉 단추를 클릭한 후 처음부터 다시 작업합니다. 부분합을 처음부터 다시 만들 때는 정렬 확인 → 1차 부분합 → 2차 부분합 순서로 작업합니다.

---

2 모든 작업이 끝나면 [파일]-[저장](Ctrl+S) 또는 [빠른 실행 도구 모음]에서 **저장(📇)**을 클릭합니다.

※ 실제 시험을 볼 때 작업 도중에 수시로(10분에 한 번 정도) 저장을 하는 것이 좋습니다.

시험 분석 부분합

- **정렬** : 과년도 기출문제를 분석한 결과 정렬 작업은 대부분 기본 정렬(내림차순)로 출제되었지만 가끔씩 2개 이상을 정렬(중첩 정렬)하는 문제도 출제가 되었기 때문에 2가지 모두 사용 방법을 알고 있어야 합니다.
- **부분합** : 과년도 기출문제를 분석한 결과 부분합에서 출제되는 함수는 평균과 개수가 반복적으로 출제되고 있으니 참고하시기 바랍니다.

01 **"제1작업"** 시트의 「B4:H12」 영역을 복사하여 **"제3작업"** 시트의 「B2」 셀부터 모두 붙여넣기를 한 후 다음의 조건과 같이 작업하시오.

• 소스 파일 : [출제유형 06-1]-정복06-1_문제01.xlsx   • 정답 파일 : [출제유형 06-1]-정복06-1_완성01.xlsx

≪조건≫

(1) 부분합 – ≪출력형태≫처럼 정렬하고, 관리코드의 개수와 후원금액의 평균을 구하시오.

(2) 개요【윤곽】 – 지우시오.

(3) 나머지 사항은 ≪출력형태≫에 맞게 작성하시오.

≪출력형태≫

	B	C	D	E	F	G (수량 (단위:그루))	H (나무두께 (cm))
관리코드	나무종류	회원구분	식재일	후원금액		
R3-301	물푸레나무	주민	2013-04-26	140천원	3	12
C4-201	느릅나무	주민	2014-04-05	250천원	5	18
		주민 평균		195천원		
2		주민 개수				
L1-312	왕벚나무	단체	2010-10-20	4,000천원	40	15
L2-100	왕벚나무	단체	2010-03-31	3,000천원	30	10
C4-202	느릅나무	단체	2013-10-26	2,500천원	50	12
		단체 평균		3,167천원		
3		단체 개수				
R2-101	물푸레나무	기업	2013-04-26	10,500천원	150	12
L3-202	왕벚나무	기업	2014-10-05	10,000천원	100	15
R1-120	물푸레나무	기업	2014-11-15	4,200천원	60	12
		기업 평균		8,233천원		
3		기업 개수				
		전체 평균		4,324천원		
8		전체 개수				

02 "**제1작업**" 시트의 「B4:H12」 영역을 복사하여 "**제3작업**" 시트의 「B2」 셀부터 모두 붙여넣기를 한 후 다음의 조건과 같이 작업하시오.

· 소스 파일 : [출제유형 06-1]-정복06-1_문제02.xlsx   · 정답 파일 : [출제유형 06-1]-정복06-1_완성02.xlsx

≪조건≫

(1) 부분합 – ≪출력형태≫처럼 정렬하고, 고객명의 개수와 결제금액(단위:천원)의 평균을 구하시오.

(2) 개요【윤곽】 – 지우시오.

(3) 나머지 사항은 ≪출력형태≫에 맞게 작성하시오.

≪출력형태≫

	A	B	C	D	E	F 결제금액 (단위:천원)	G 이용한도 (단위:십만원)	H 누적포인트
1								
2		관리코드	고객명	결제은행	생년월일	결제금액 (단위:천원)	이용한도 (단위:십만원)	누적포인트
3		N2-010	서민석	행복은행	1987-11-16	64	40	409점
4		P2-425	김은주	행복은행	1990-06-21	2,490	200	345점
5				행복은행 평균		1,277		
6			2	행복은행 개수				
7		N1-225	윤한솔	한진은행	1977-09-16	724	40	1,936점
8		N4-915	박진희	한진은행	1974-12-06	25	60	30점
9		P7-410	곽소형	한진은행	1992-03-08	1,538	120	564점
10				한진은행 평균		762		
11			3	한진은행 개수				
12		P3-210	김영웅	다연은행	1985-09-05	1,060	32	290점
13		N3-125	정성재	다연은행	1982-05-09	945	90	820점
14		P4-815	박재량	다연은행	1972-04-09	1,364	100	1,280점
15				다연은행 평균		1,123		
16			3	다연은행 개수				
17				전체 평균		1,026		
18			8	전체 개수				

03 "제1작업" 시트의 「B4:H12」 영역을 복사하여 "제3작업" 시트의 「B2」 셀부터 모두 붙여넣기를 한 후 다음의 조건과 같이 작업하시오.

• 소스 파일 : [출제유형 06-1]-정복06-1_문제03.xlsx   • 정답 파일 : [출제유형 06-1]-정복06-1_완성03.xlsx

≪조건≫

(1) 부분합 – ≪출력형태≫처럼 정렬하고, 검색어의 개수와 PC 클릭 수의 평균을 구하시오.

(2) 개요【윤곽】 – 지우시오.

(3) 나머지 사항은 ≪출력형태≫에 맞게 작성하시오.

≪출력형태≫

	B	C	D	E	F	G	H
1							
2	검색코드	검색어	분야	연령대	PC 클릭 수	모바일 클릭 비율	환산점수
3	LC-381	국내 숙박	여가/생활편의	30대	1,210회	48.9%	1.2
4	LC-122	꽃/케이크배달	여가/생활편의	30대	3,867회	62.8%	3.9
5			여가/생활편의 평균		2,539회		
6		2	여가/생활편의 개수				
7	LH-361	차량 실내용품	생활/건강	30대	4,067회	34.0%	4.1
8	LH-131	먼지 차단 마스크	생활/건강	50대	4,875회	78.5%	4.9
9	LH-155	안마기	생활/건강	60대	3,732회	69.3%	3.7
10			생활/건강 평균		4,225회		
11		3	생활/건강 개수				
12	BO-112	인문 일반	도서	40대	2,950회	28.5%	2.9
13	BO-223	어린이 문학	도서	40대	2,432회	52.6%	2.4
14	BO-235	장르소설	도서	20대	4,632회	37.8%	4.6
15			도서 평균		3,338회		
16		3	도서 개수				
17			전체 평균		3,471회		
18		8	전체 개수				

"제1작업" 시트의 「B4:H12」 영역을 복사하여 **"제3작업"** 시트의 「B2」 셀부터 모두 붙여넣기를 한 후 다음의 조건과 같이 작업하시오.

· 소스 파일 : [출제유형 06-1]-정복06-1_문제04.xlsx · 정답 파일 : [출제유형 06-1]-정복06-1_완성04.xlsx

≪조건≫

(1) 부분합 – ≪출력형태≫처럼 정렬하고, 건물명의 개수와 연면적(제곱미터)의 평균을 구하시오.

(2) 개요【윤곽】 – 지우시오.

(3) 나머지 사항은 ≪출력형태≫에 맞게 작성하시오.

≪출력형태≫

A	B	C	D	E	F	G	H
1							
2	건물코드	건물명	주요 용도	완공 연도	높이	층수	연면적 (제곱미터)
3	BR-341	부르즈 할리파	사무/호텔/주거	2010년	830m	130	344,000
4	AB-211	아브라즈 알 바이트	사무/호텔/주거	2012년	601m	120	310,638
5	LT-102	롯데월드타워	사무/호텔/주거	2016년	556m	123	328,351
6			사무/호텔/주거 평균				327,663
7		3	사무/호텔/주거 개수				
8	FC-452	CTF 빌딩	사무/호텔	2015년	530m	111	398,000
9	PA-212	핑안 국제금융센터	사무/호텔	2017년	599m	115	385,918
10			사무/호텔 평균				391,959
11		2	사무/호텔 개수				
12	TC-143	제1 세계무역센터	사무/관광	2013년	541m	108	325,279
13	SH-122	상하이 타워	사무/관광	2015년	632m	128	380,000
14	TC-422	타이베이 101	사무/관광	2004년	509m	101	412,500
15			사무/관광 평균				372,593
16		3	사무/관광 개수				
17			전체 평균				360,586
18		8	전체 개수				

[제3작업] 피벗 테이블

☑ 피벗 테이블 작성하기   ☑ 필드 함수 지정하기
☑ 피벗 테이블 옵션 지정하기

문제 미리보기

소스 파일 : [출제유형 06-2]-유형06-2_문제.xlsx   **정답 파일** : [출제유형 06-2]-유형06-2_완성.xlsx

➔ **"제1작업"** 시트를 이용하여 **"제3작업"** 시트에 조건에 따라 ≪출력형태≫와 같이 작업하시오.

◆ ≪조건≫   〈80점〉

(1) 진료날짜 및 치료부위별 환자명의 개수와 진료비(단위:원)의 평균을 구하시오.

(2) 진료날짜를 그룹화하고, 치료부위를 ≪출력형태≫와 같이 정렬하시오.

(3) 레이블이 있는 셀 병합 및 가운데 맞춤 적용 및 빈 셀은 '**'로 표시하시오.

(4) 행의 총합계는 지우고, 나머지 사항은 ≪출력형태≫에 맞게 작성하시오.

◆ ≪출력형태≫

	A	B	C	D	E	F	G	H
1								
2			치료부위 ↓					
3			허리		무릎		목	
4		진료날짜 ▼	개수 : 환자명	평균 : 진료비(단위:원)	개수 : 환자명	평균 : 진료비(단위:원)	개수 : 환자명	평균 : 진료비(단위:원)
5		2022-05-02 - 2022-05-08	**	**	1	35,000	1	150,000
6		2022-05-09 - 2022-05-15	2	50,500	1	80,000	**	**
7		2022-05-16 - 2022-05-22	1	170,000	1	32,000	1	28,000
8		총합계	3	90,333	3	49,000	2	89,000

시험
분석

제3작업

• [제3작업]은 '**정렬 및 부분합**'과 '**피벗 테이블**' 두 가지 유형의 문제가 번갈아가며 출제되고 있습니다. '정렬 및 부분합'과 '피벗 테이블'은 전혀 다른 기능을 사용하기 때문에 두 가지 유형에 대한 학습이 반드시 필요합니다.

01 분석할 데이터 범위 선택 및 필드 목록 지정

❶ 유형06-2_문제.xlsx 파일을 불러와 [제1작업] 시트를 선택합니다. 이어서, [B4:H12] 영역을 드래그한 후 [삽입] 탭의 [표] 그룹에서 '피벗 테이블(📊)'을 클릭합니다.

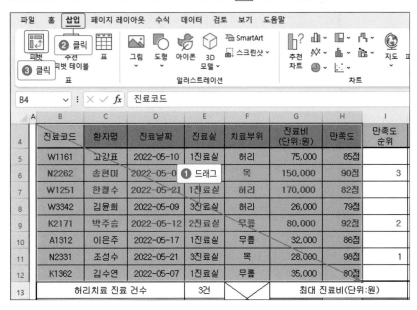

❷ [표 또는 범위의 피벗 테이블] 대화상자가 나오면 표/범위(제1작업!$B$4:$H$12)를 확인합니다. 이어서, 피벗 테이블을 배치할 위치를 '기존 워크시트'로 클릭하고, [제3작업] 시트의 [B2] 셀을 클릭한 후 〈확인〉 단추를 클릭합니다.

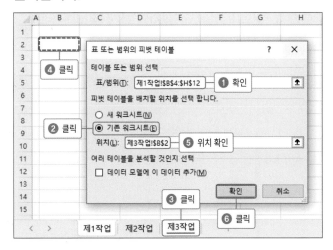

❸ [제3작업] 시트에 빈 피벗 테이블이 만들어지면 화면 오른쪽의 [피벗 테이블 필드] 작업 창에서 '보고서에 추가할 필드 선택:' 항목 중 **'진료날짜'** 필드를 **'행'** 레이블 위치로 드래그 합니다.

※ '진료날짜' 필드 위에서 마우스 오른쪽 단추를 눌러 [행 레이블에 추가]를 클릭해도 됩니다.

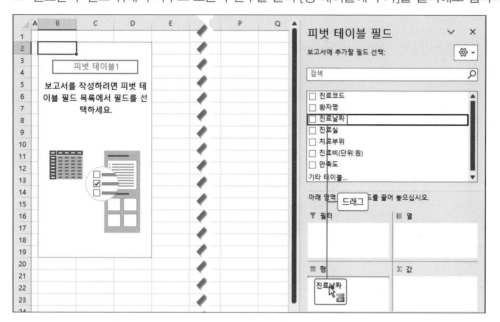

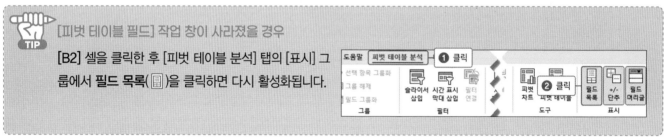

[피벗 테이블 필드] 작업 창이 사라졌을 경우

[B2] 셀을 클릭한 후 [피벗 테이블 분석] 탭의 [표시] 그룹에서 **필드 목록(▤)**을 클릭하면 다시 활성화됩니다.

❹ 동일한 방법으로 **'치료부위'** 필드를 **'열'** 레이블 위치로 드래그 합니다. 이어서, **'환자명'**과 **'진료비(단위:원)'** 필드를 **'Σ 값'** 위치로 각각 드래그 합니다.

※ '환자명'과 '진료비(단위:원)' 필드를 'Σ 값' 위치로 드래그할 때는 반드시 ≪조건≫과 동일한 순서(환자명 → 진료비(단위:원))로 드래그해야 합니다.

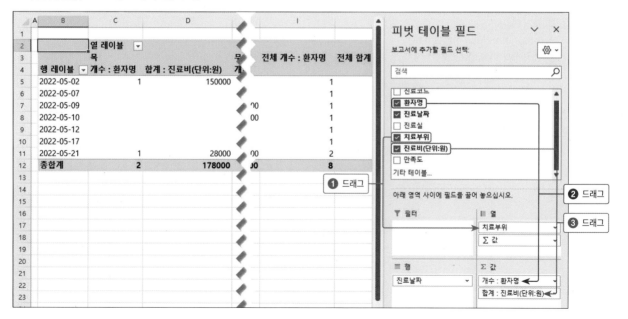

피벗 테이블

❶ ≪출력형태≫를 참고하여 '행 레이블, 열 레이블, Σ 값' 위치에 들어갈 필드를 미리 확인할 수 있습니다.

❷ 필드 삭제 : 삭제할 필드를 워크시트 쪽으로 드래그하거나, 필드를 클릭한 후 [필드 제거]를 선택합니다.

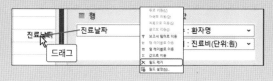

02 값 필드 설정 및 그룹 지정

≪조건≫ : (1) 진료날짜 및 치료부위별 환자명의 개수와 진료비(단위:원)의 평균을 구하시오.
   (2) 진료날짜를 그룹화하고, 치료부위를 ≪출력형태≫와 같이 정렬하시오.

❶ 'Σ 값'에서 합계 : 진료비(단위:원) ▾ 을 클릭한 후 [값 필드 설정(📳)]을 클릭합니다.

❷ [값 필드 설정] 대화상자가 나오면 [값 요약 기준] 탭에서 계산 유형을 '평균'으로 선택합니다. 이어서, 사용자 지정 이름 입력 칸의 맨 뒤쪽(진료비)을 클릭하여 (단위:원)을 입력한 후 〈확인〉 단추를 클릭합니다.

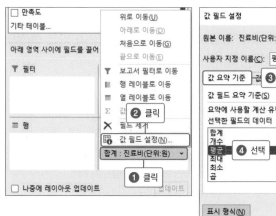

사용자 지정 이름

기본적인 피벗 테이블이 완성되면 필드명이 ≪출력형태≫와 같은지 반드시 확인합니다. 만약 필드명이 다를 경우에는 [값 필드 설정] 대화상자의 사용자 지정 이름 입력 칸에서 필드명을 수정합니다.
• 평균 : 진료비 →   • 평균 : 진료비(단위:원)

❸ [B5] 셀 위에서 마우스 오른쪽 단추를 눌러 바로 가기 메뉴가 나오면 **[그룹]**을 클릭합니다. [그룹화] 대화상자가 나오면 단위를 '**일**'과 '**날짜 수**'를 7로 선택 및 입력한 후 〈확인〉 단추를 클릭합니다.

※ 그룹화 작업은 ≪출력형태≫를 참고하여 작업합니다. 그룹화 작업 시 그룹화 작업에 불필요한 단위 항목(예 : 월)은 클릭하여 선택을 해제합니다.

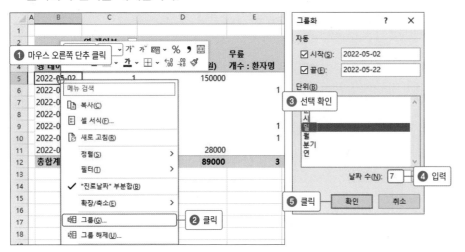

03 옵션 지정 및 ≪출력형태≫에 맞게 작성하기

≪조건≫ : (2) 진료날짜를 그룹화하고, 치료부위를 ≪출력형태≫와 같이 정렬하시오.
(3) 레이블이 있는 셀 병합 및 가운데 맞춤 적용 및 빈 셀은 '**'로 표시하시오.
(4) 행의 총합계는 지우고, 나머지 사항은 ≪출력형태≫에 맞게 작성하시오.

■ 옵션 지정

❶ 작성된 피벗 테이블 안에서 마우스 오른쪽 단추를 눌러 바로 가기 메뉴가 나오면 **[피벗 테이블 옵션]**을 클릭합니다.

❷ [피벗 테이블 옵션] 대화상자가 나오면 [레이아웃 및 서식] 탭을 선택합니다. 이어서, '**레이블이 있는 셀 병합 및 가운데 맞춤**' 항목을 클릭한 후 빈 셀 표시 입력 칸에 '**'을 입력합니다.

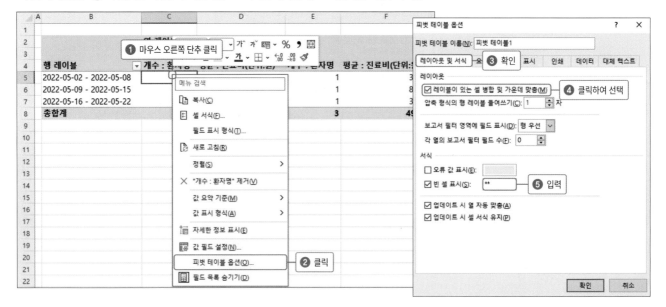

❸ 이어서, [요약 및 필터] 탭을 선택하여 '행 총합계 표시'의 선택을 해제한 후 〈확인〉 단추를 클릭합니다.

■ 정렬하기

❶ 정렬 작업을 하기 위하여 기준 열인 목을 선택한 후 [데이터] 탭의 [정렬 및 필터] 그룹에서 '텍스트 내림차순 정렬(흐↓)'을 클릭합니다.

※ 피벗 테이블의 정렬은 기본 정렬(오름차순/내림차순)과 마우스로 드래그하여 정렬하는 방법으로 문제가 출제됩니다.

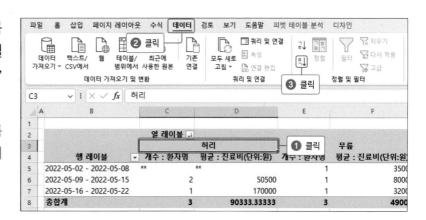

TIP 목록 단추로 정렬 구분하기(⬆️, ⬇️, 🔽)

《출력형태》에서 열 레이블의 목록 단추를 확인하면 보다 빠르고 정확하게 정렬 작업을 할 수 있습니다. 정렬 작업 후 결과가 다를 수도 있으니 반드시 《출력형태》와 비교합니다.

❶ 오름차순(⬆️) : 열 레이블 ⬆️ ❷ 내림차순(⬇️) : 열 레이블 ⬇️ ❸ 마우스 드래그(🔽) : 열 레이블 🔽

TIP 마우스로 드래그하여 필드 정렬하기

마우스로 드래그할 필드(허리)를 클릭합니다. 이어서, 테두리 위로 마우스 포인터를 이동시킨 후 원하는 방향(아래 예제는 왼쪽 방향)으로 드래그하여 정렬 시킵니다.

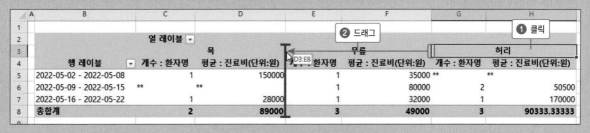

■ 쉼표 스타일 적용 및 가운데 맞춤 후 필드명 변경하기

❶ **[C5:H8]** 영역을 드래그한 후 [홈] 탭의 [맞춤] 그룹에서 '**가운데 맞춤(≡)**'을 클릭합니다. 이어서, [표시 형식] 그룹에서 '**쉼표 스타일(9)**'을 클릭합니다.

> ※ 만약 ≪출력형태≫의 피벗 테이블에서 첫 번째 열의 데이터([B5:B8])가 포함되어 가운데 정렬로 지정되어 있으면 [B5:B8] 영역을 드래그한 후 왼쪽 맞춤(≡)을 지정합니다.

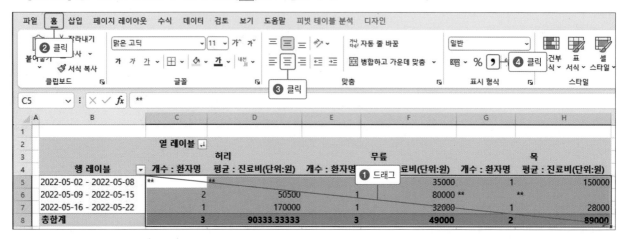

❷ **[C2]** 셀을 클릭한 후 '**치료부위**'를 입력합니다. 이어서, **[B4]** 셀을 클릭한 후 '**진료날짜**'를 입력합니다.

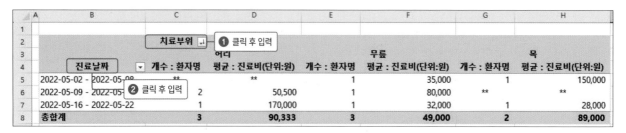

❸ 모든 작업이 끝나면 [파일]-[저장](Ctrl + S) 또는 [빠른 실행 도구 모음]에서 **저장(🖫)**을 클릭합니다.

> ※ 실제 시험을 볼 때 작업 도중에 수시로(10분에 한 번 정도) 저장을 하는 것이 좋습니다.

시험분석

피벗 테이블

• **그룹** : 그룹 지정은 다양한 형태로 출제되고 있는데 최근에 출제된 문제들의 그룹을 보면 '작품 제출일(월)', '가격(시작 : 20001, 끝 : 80000, 단위 : 20000)', '완공연도(시작 : 2004, 끝 : 2017, 단위 : 4)', '판매가(시작 : 10001, 끝 : 55000, 단위 : 15000)' '가입일(연)' 등으로 출제되고 있습니다. 그룹 지정은 주로 '시작, 끝, 단위'를 직접 입력하는 문제가 많이 출제되기 때문에 해당 기능에 대한 학습이 필요합니다.

[제3작업] 피벗 테이블

01 "제1작업" 시트를 이용하여 "제3작업" 시트에 조건에 따라 ≪출력형태≫와 같이 작업하시오.

· 소스 파일 : [출제유형 06-2]-정복06-2_문제01.xlsx · 정답 파일 : [출제유형 06-2]-정복06-2_완성01.xlsx

≪조건≫

(1) 전시 시작일 및 전시구분별 전시명의 개수와 관람인원(단위:명)의 평균을 구하시오.

(2) 전시 시작일을 그룹화하고, 전시구분을 ≪출력형태≫와 같이 정렬하시오.

(3) 레이블이 있는 셀 병합 및 가운데 맞춤 적용 및 빈 셀은 '**'로 표시하시오.

(4) 행의 총합계는 지우고, 나머지 사항은 ≪출력형태≫에 맞게 작성하시오.

≪출력형태≫

전시 시작일	전시구분						
	외부		상설		기획		
	개수 : 전시명	평균 : 관람인원(단위:명)	개수 : 전시명	평균 : 관람인원(단위:명)	개수 : 전시명	평균 : 관람인원(단위:명)	
5월	1	27,500	**	**	1	45,820
6월	1	15,480	1	48,000	**	**
7월	**	**	2	20,375	2	44,590
총합계	2	21,490	3	29,583	3	45,000

02 "제1작업" 시트를 이용하여 "제3작업" 시트에 조건에 따라 ≪출력형태≫와 같이 작업하시오.

· 소스 파일 : [출제유형 06-2]-정복06-2_문제02.xlsx · 정답 파일 : [출제유형 06-2]-정복06-2_완성02.xlsx

≪조건≫

(1) 행사일 및 행사구분별 고객명의 개수와 계약금(단위:원)의 평균을 구하시오.

(2) 행사일을 그룹화하고, 행사구분을 ≪출력형태≫와 같이 정렬하시오.

(3) 레이블이 있는 셀 병합 및 가운데 맞춤 적용 및 빈 셀은 '**'로 표시하시오.

(4) 행의 총합계는 지우고, 나머지 사항은 ≪출력형태≫에 맞게 작성하시오.

≪출력형태≫

행사일	행사구분						
	회갑연		산수연		고희연		
	개수 : 고객명	평균 : 계약금(단위:원)	개수 : 고객명	평균 : 계약금(단위:원)	개수 : 고객명	평균 : 계약금(단위:원)	
2022-09-03 - 2022-09-12	2	800,000	**	**	1	600,000
2022-09-13 - 2022-09-22	**	**	1	500,000	2	750,000
2022-09-23 - 2022-09-26	1	800,000	1	600,000	**	**
총합계	3	800,000	2	550,000	3	700,000

03 **"제1작업"** 시트를 이용하여 **"제3작업"** 시트에 조건에 따라 ≪출력형태≫와 같이 작업하시오.

· 소스 파일 : [출제유형 06-2]-정복06-2_문제03.xlsx   · 정답 파일 : [출제유형 06-2]-정복06-2_완성03.xlsx

≪조건≫

(1) 가격 및 분류별 제품명의 개수와 판매수량(단위:EA)의 평균을 구하시오.

(2) 가격은 그룹화하고, 분류를 ≪출력형태≫와 같이 정렬하시오.

(3) 레이블이 있는 셀 병합 및 가운데 맞춤 적용 및 빈 셀은 '**'로 표시하시오.

(4) 행의 총합계는 지우고, 나머지 사항은 ≪출력형태≫에 맞게 작성하시오.

≪출력형태≫

	A	B	C	D	E	F	G	H
1								
2			분류 ↵					
3				펠트		종이		LED
4		가격 ▼	개수 : 제품명	평균 : 판매수량(단위:EA)	개수 : 제품명	평균 : 판매수량(단위:EA)	개수 : 제품명	평균 : 판매수량(단위:EA)
5		1-3000	2	48	2	170	1	35
6		3001-6000	**	**	**	**	2	42
7		6001-9000	1	46	**	**	**	**
8		총합계	3	47	2	170	3	39

 04 **"제1작업"** 시트를 이용하여 **"제3작업"** 시트에 조건에 따라 ≪출력형태≫와 같이 작업하시오.

· 소스 파일 : [출제유형 06-2]-정복06-2_문제04.xlsx   · 정답 파일 : [출제유형 06-2]-정복06-2_완성04.xlsx

≪조건≫

(1) 체험비용 및 분류별 체험학습명의 개수와 신청인원(단위:명)의 평균을 구하시오.

(2) 체험비용은 그룹화하고, 분류를 ≪출력형태≫와 같이 정렬하시오.

(3) 레이블이 있는 셀 병합 및 가운데 맞춤 적용 및 빈 셀은 '**'로 표시하시오.

(4) 행의 총합계는 지우고, 나머지 사항은 ≪출력형태≫에 맞게 작성하시오.

≪출력형태≫

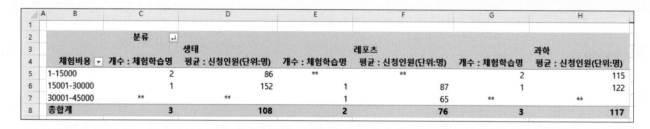

	A	B	C	D	E	F	G	H
1								
2			분류 ↵					
3				생태		레포츠		과학
4		체험비용	개수 : 체험학습명	평균 : 신청인원(단위:명)	개수 : 체험학습명	평균 : 신청인원(단위:명)	개수 : 체험학습명	평균 : 신청인원(단위:명)
5		1-15000	2	86	**	**	2	115
6		15001-30000	1	152	1	87	1	122
7		30001-45000	**	**	1	65	**	**
8		총합계	3	108	2	76	3	117

[제4작업] 그래프

☑ 차트를 작성할 데이터 범위 지정하기   ☑ 차트를 삽입한 후 레이아웃 변경하기

☑ 차트 요소에 서식 지정하기   ☑ 도형 삽입하기

문제 미리보기

소스 파일 : [출제유형 07]-유형07_문제.xlsx   정답 파일 : [출제유형 07]-유형07_완성.xlsx

➡ **"제1작업"** 시트를 이용하여 조건에 따라 《출력형태》와 같이 작업하시오.

◆ 《조건》 〈100점〉

(1) 차트 종류 ⇒ 〈묶은 세로 막대형〉으로 작업하시오.

(2) 데이터 범위 ⇒ "제1작업" 시트의 내용을 이용하여 작업하시오.

(3) 위치 ⇒ "새 시트"로 이동하고, "제4작업"으로 시트 이름을 바꾸시오.

(4) 차트 디자인 도구 ⇒ 레이아웃 3, 스타일 1을 선택하여 《출력형태》에 맞게 작업하시오.

(5) 영역 서식 ⇒ 차트 : 글꼴(굴림, 11pt), 채우기 효과(질감-파랑 박엽지)

                 그림 : 채우기(흰색, 배경1)

(6) 제목 서식 ⇒ 차트 제목 : 글꼴(굴림, 굵게, 20pt), 채우기(흰색, 배경1), 테두리

(7) 서식 ⇒ 진료비(단위:원) 계열의 차트 종류를 〈표식이 있는 꺾은선형〉으로 변경한 후 보조 축으로 지정하시오.

                계열 : 《출력형태》를 참조하여 표식(세모, 크기 10)과 레이블 값을 표시하시오.

                눈금선 : 선 스타일-파선

                축 : 《출력형태》를 참조하시오.

(8) 범례 ⇒ 범례명을 변경하고 《출력형태》를 참조하시오.

(9) 도형 ⇒ '모서리가 둥근 사각형 설명선'을 삽입한 후 《출력형태》와 같이 내용을 입력하시오.

(10) 나머지 사항은 《출력형태》에 맞게 작성하시오.

◆ 《출력형태》

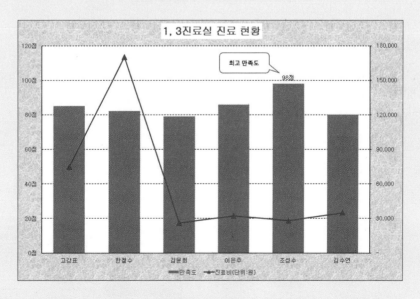

주의 ➡ **시트명 순서가 차례대로 "제1작업", "제2작업", "제3작업", "제4작업"이 되도록 할 것.**

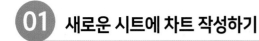

01 새로운 시트에 차트 작성하기

≪조건≫ : (1) 차트 종류 ⇒ 〈묶은 세로 막대형〉으로 작업하시오.
      (2) 데이터 범위 ⇒ "제1작업" 시트의 내용을 이용하여 작업하시오.
      (3) 위치 ⇒ "새 시트"로 이동하고, "제4작업"으로 시트 이름을 바꾸시오.

❶ 유형07_문제.xlsx 파일을 불러와 [제1작업] 시트를 선택합니다. ≪출력형태≫를 참고하여 아래 그림처럼 차트를 만들 범위를 지정한 후 [삽입] 탭의 [차트] 그룹에서 '추천 차트(📊)'를 클릭합니다.

– [C4:C5] 영역을 드래그한 후 **Ctrl** 키를 누른 채 → [C7:C8] 영역을 드래그 → [C10:C12] 영역을 드래그 → [G4:H5] 영역을 드래그 → [G7:H8] 영역을 드래그 → [G10:H12] 영역을 드래그

※ [C4:C5] 영역을 드래그한 후에는 계속 **Ctrl** 키를 누른 상태로 범위를 지정하며, 연속되는 범위는 한 번에 드래그 합니다.

※ 차트를 만들 때 가장 중요한 것은 데이터 범위를 지정하는 것으로 ≪출력형태≫의 '가로(항목)축(환자명)'과 '범례 (진료비(단위:원), 만족도)'를 참고하여 작업합니다.

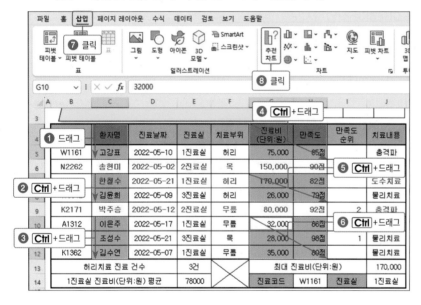

❷ [차트 삽입] 대화상자가 나오면 [모든 차트] 탭에서 [혼합(📊)]–'사용자 지정 조합(📊)'을 선택합니다. 이어서, **진료비(단위:원) 계열**과 **만족도 계열**의 차트 종류와 보조 축을 그림과 같이 지정한 후 〈확인〉 단추를 클릭합니다.

※ [혼합(📊)]–사용자 지정 조합(📊)을 이용하여 차트를 작성하면 각 계열의 차트 모양과 보조 축을 미리 지정할 수 있습니다.

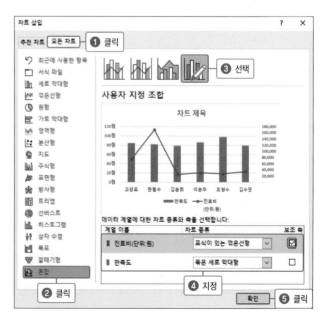

TIP 행 기준으로 차트 범위를 지정하는 방법

차트를 만들 때 데이터 범위를 지정하는 방법은 크게 '열 기준'과 '행 기준'이 있습니다. 현재 저희 교재는 '열 기준 (위에서 아래)'으로 데이터 범위를 지정하였지만 '행 기준(왼쪽에서 오른쪽)'으로 작업해도 결과는 동일합니다.

※ 엑셀 자동 채점 프로그램은 차트를 채점할 때 열 기준(위에서 아래)을 우선으로 채점하기 때문에 '행 기준(왼쪽에서 오른쪽)'으로 작업한 차트는 감점됩니다. 하지만 완성된 차트가 ≪출력형태≫와 동일하다면 실제 시험에서는 감점 되지 않습니다.

▲ 행 기준(왼쪽에서 오른쪽) 범위 지정

[C4:C5] 영역을 드래그한 후 Ctrl 키를 누른 채 → [G4:H5] 영역을 드래그 → [C7:C8] 영역을 드래그 → [G7:H8] 영역을 드래그 → [C10:C12] 영역을 드래그 → [G10:H12] 영역을 드래그

❸ 차트가 삽입되면 [차트 디자인] 탭의 [위치] 그룹에서 '차트 이동(▦)'을 클릭합니다. [차트 이동] 대화상자가 나 오면 '새 시트'를 선택하여 '제4작업'으로 시트 이름을 변경한 후 〈확인〉 단추를 클릭합니다.

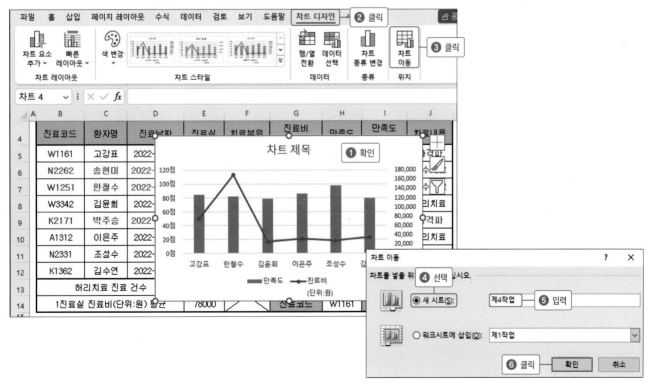

④ 차트가 삽입된 [제4작업] 시트가 만들어지면 [제3작업] 뒤쪽으로 드래그하여 시트를 이동시킵니다.

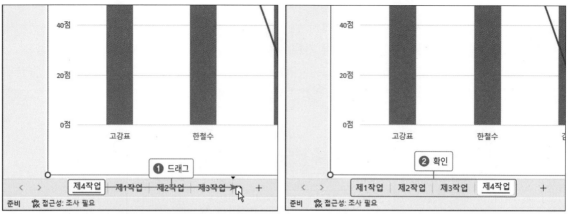

엑셀 2021의 차트의 구성 요소

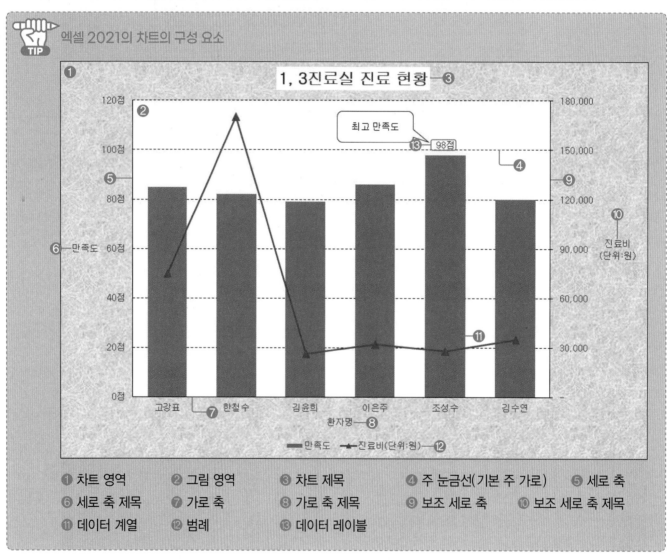

❶ 차트 영역　　❷ 그림 영역　　❸ 차트 제목　　❹ 주 눈금선(기본 주 가로)　　❺ 세로 축
❻ 세로 축 제목　　❼ 가로 축　　❽ 가로 축 제목　　❾ 보조 세로 축　　❿ 보조 세로 축 제목
⓫ 데이터 계열　　⓬ 범례　　⓭ 데이터 레이블

02 레이아웃 및 스타일 적용하기

≪조건≫ : (4) 차트 디자인 도구 ⇒ 레이아웃 3, 스타일 1을 선택하여 ≪출력형태≫에 맞게 작업하시오.

❶ [차트 디자인] 탭의 [차트 레이아웃] 그룹에서 [빠른 레이아웃(📊)]-'**레이아웃 3(📈)**'을 선택합니다.

   ※ 실제 시험지의 ≪출력형태≫와 묶은 세로 막대형의 막대 두께가 다르더라도 ≪조건≫에 맞추어 차트를 작성했다면 감점되지 않습니다.

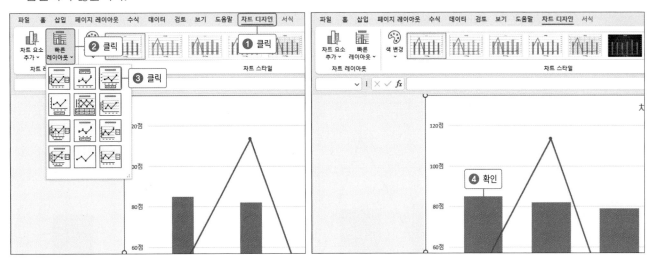

❷ 차트 레이아웃이 변경되면 [차트 디자인] 탭의 [차트 스타일] 그룹에서 '**스타일 1(📊)**'을 선택합니다.

   ※ 엑셀 2021에서는 차트를 삽입했을 때 기본적으로 '스타일 1(📊)'이 적용되어 있으며, 문제지 ≪조건≫에 맞추어 알맞은 스타일을 지정하도록 합니다.

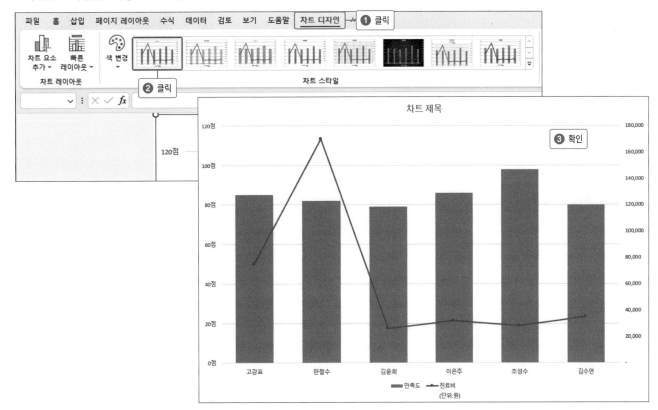

03 영역 서식 지정하기

≪조건≫ : ⑸ 영역 서식 ⇒ 차트 : 글꼴(굴림, 11pt), 채우기 효과(질감 – 파랑 박엽지), 그림 : 채우기(흰색, 배경1)

❶ 차트 영역을 클릭한 후 [홈] 탭의 [글꼴] 그룹에서 **글꼴(굴림)**과 **글꼴 크기(11)**를 지정합니다.

❷ 차트 영역 위에서 마우스 오른쪽 단추를 눌러 바로 가기 메뉴가 나오면 **[차트 영역 서식]**을 클릭합니다.

※ 차트 영역을 더블 클릭해도 결과는 동일합니다.

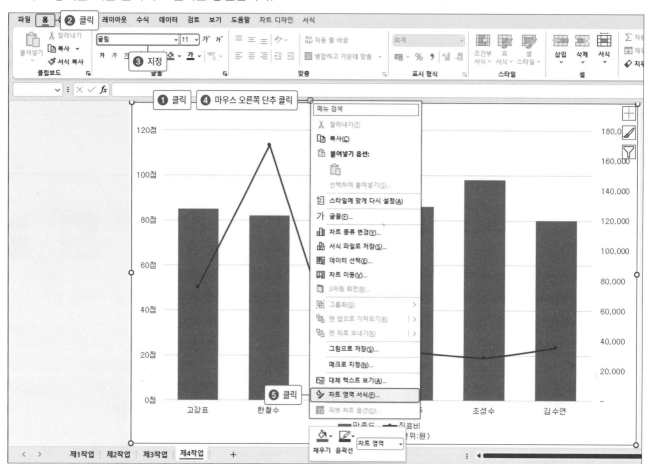

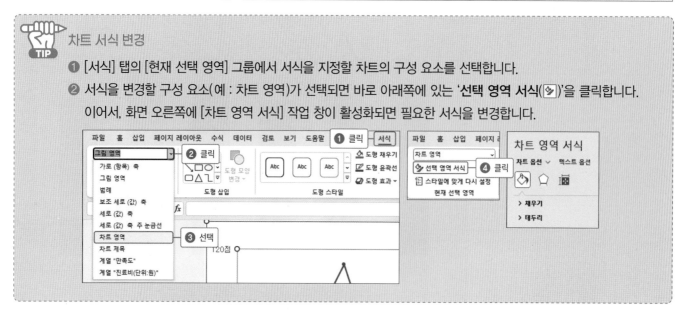

차트 서식 변경

❶ [서식] 탭의 [현재 선택 영역] 그룹에서 서식을 지정할 차트의 구성 요소를 선택합니다.

❷ 서식을 변경할 구성 요소(예 : 차트 영역)가 선택되면 바로 아래쪽에 있는 '**선택 영역 서식(🖌)**'을 클릭합니다.
이어서, 화면 오른쪽에 [차트 영역 서식] 작업 창이 활성화되면 필요한 서식을 변경합니다.

③ 화면 오른쪽에 [차트 영역 서식] 작업 창이 활성화되면 **채우기 및 선(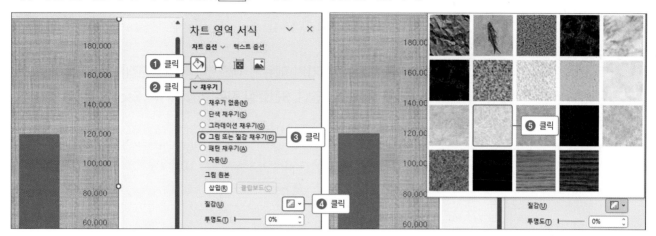)**을 클릭한 후 **채우기–'그림 또는 질감 채우기'**를 클릭합니다. 이어서, **질감( )–'파랑 박엽지'**를 클릭합니다.

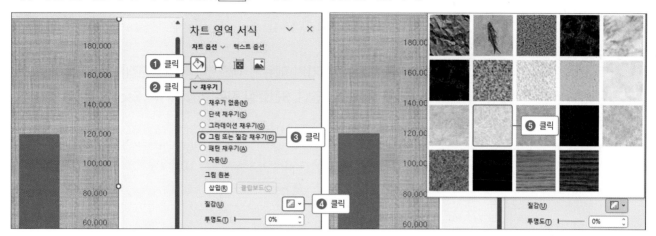

④ 그림 영역을 클릭한 후 [그림 영역 서식] 작업 창에서 **채우기–'단색 채우기'**를 클릭합니다. 이어서, 채우기 색
( )–**'흰색, 배경 1'**을 클릭한 후 작업 창을 종료( )합니다.

※ 교재에서는 이미지 캡처를 위해 오른쪽 작업 창을 종료( )했지만 작업 창을 활성화시킨 채 다음 작업을 진행해도
무관합니다.

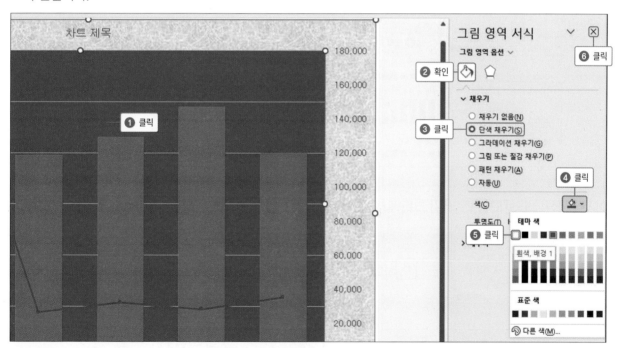

 리본 메뉴로 질감 및 채우기 서식 지정하기

리본 메뉴를 이용하여 질감과 채우기를 지정하면 좀 더 빠르게 작업할 수 있습니다.
❶ 질감 : 차트 영역 선택 → [서식] 탭의 [도형 스타일] 그룹에서 [도형 채우기(도형 채우기)]–[질감( )]–'파랑 박엽
지'를 선택합니다.
❷ 채우기 : 그림 영역 선택 → [서식] 탭의 [도형 스타일] 그룹에서 [도형 채우기(도형 채우기)]–테마 색–'흰색, 배경 1'
을 선택합니다.

04 차트 제목 입력 및 서식 지정하기

❶ 차트 제목 위에서 마우스 오른쪽 단추를 눌러 바로 가기 메뉴가 나오면 [텍스트 편집]을 클릭합니다. 이어서, 제목 안쪽에 커서가 활성화되면 차트 제목 내용을 수정(1, 3진료실 진료 현황)한 후 **Esc** 키를 누릅니다.

※ 제목 안쪽을 마우스로 드래그하여 내용을 변경할 수도 있습니다.

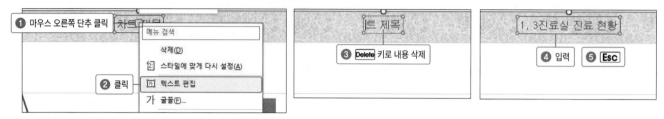

❷ 차트 제목의 테두리가 선택된 상태에서 [홈] 탭의 [글꼴] 그룹에서 **글꼴(굴림)**, **글꼴 크기(20)**, **굵게(가)**, **채우기 색(흰색, 배경 1)**을 각각 지정합니다.

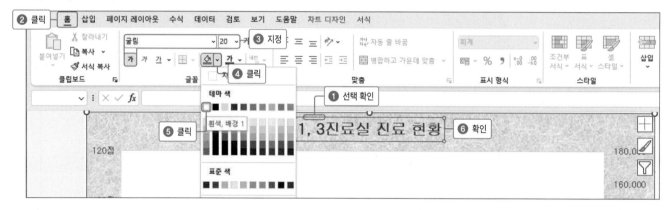

❸ 이어서, [서식] 탭의 [도형 스타일] 그룹에서 [도형 윤곽선]-'**검정, 텍스트 1**'을 선택하여 테두리를 지정합니다.

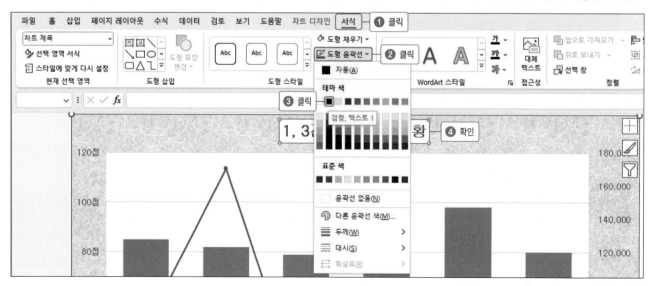

■ 표식 변경

≪조건≫ : (7) 서식 ⇒ 진료비(단위:원) 계열의 차트 종류를 〈표식이 있는 꺾은선형〉으로 변경한 후 보조 축으로 지정하시오.
　　　　계열 : ≪출력형태≫를 참조하여 표식(세모, 크기 10)과 레이블 값을 표시하시오.

❶ **진료비(단위:원)** 계열 위에서 마우스 오른쪽 단추를 눌러 바로 가기 메뉴가 나오면 [**데이터 계열 서식**]을 클릭합니다.

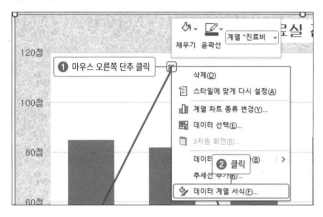

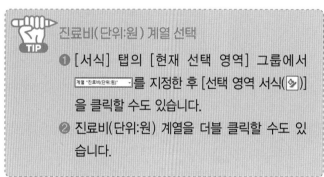

TIP 진료비(단위:원) 계열 선택
❶ [서식] 탭의 [현재 선택 영역] 그룹에서 계열 "진료비(단위:원)" 를 지정한 후 [선택 영역 서식(🖉)]을 클릭할 수도 있습니다.
❷ 진료비(단위:원) 계열을 더블 클릭할 수도 있습니다.

❷ 화면 오른쪽에 [데이터 계열 서식] 작업 창이 활성화되면 **채우기 및 선(🖌)**을 클릭한 후 **표식(〜)**을 선택합니다. 이어서, **표식 옵션-기본 제공**을 클릭하여 **형식(▲(세모))**과 **크기(10)**를 지정한 후 작업 창을 종료(☒)합니다.

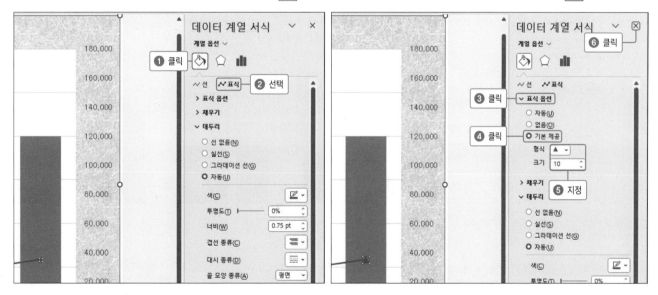

❸ **Esc** 키를 눌러 모든 선택을 해제한 후 진료비(단위:원) 계열의 표식이 변경된 것을 확인합니다.

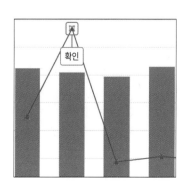

■ 데이터 레이블 표시

❶ 묶은 세로 막대형(만족도) 계열을 클릭한 후 다시 **조성수 요소만** 클릭합니다.

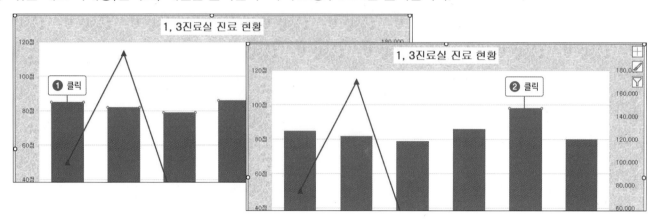

❷ [차트 디자인] 탭의 [차트 레이아웃] 그룹에서 [차트 요소 추가(📊)]−데이터 레이블(📊)−'**바깥쪽 끝에(📊)**'를 클릭합니다.

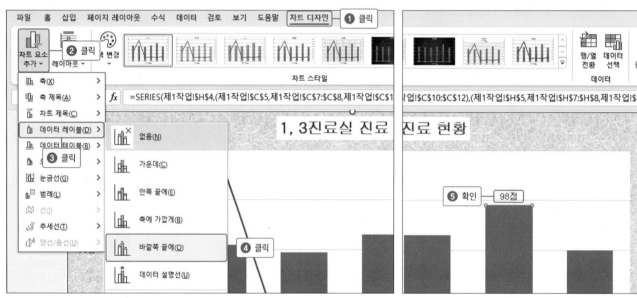

데이터 레이블의 위치

데이터 레이블의 위치는 ≪출력형태≫를 참고하여 지정합니다. 단, 마우스를 이용하여 데이터 레이블의 위치를 이동시키는 문제도 출제될 수 있으니 참고하시기 바랍니다.

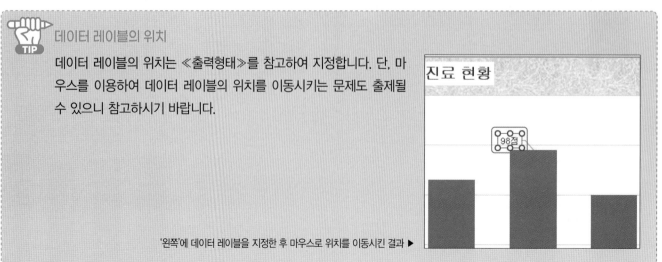

'왼쪽'에 데이터 레이블을 지정한 후 마우스로 위치를 이동시킨 결과 ▶

■ 눈금선 변경

≪조건≫ ⇒ 눈금선 : 선 스타일–파선

❶ [서식] 탭의 [현재 선택 영역] 그룹에서 '세로 (값) 축 주 눈금선'을 지정한 후 '선택 영역 서식(✒️)'을 클릭합니다.

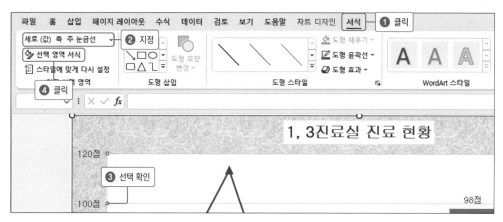

❷ [주 눈금선 서식] 작업 창이 활성화되면 채우기 및 선(✒️)을 확인한 후 실선–채우기 색(✒️ -)–'검정, 텍스트 1'을 선택합니다. 이어서, 대시 종류(▦ -)–'파선(━ ━ ━ ━ ━)'을 선택합니다.

※ 다음 작업 과정을 위해 오른쪽 작업 창을 종료하지 않도록 합니다.

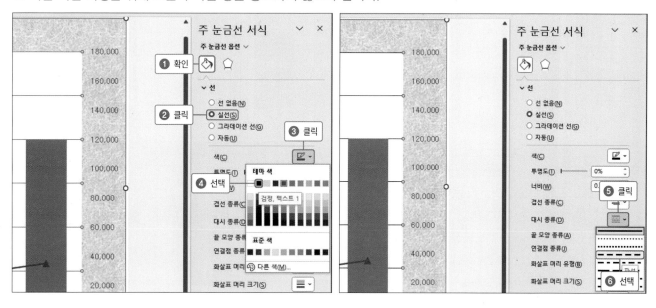

❸ 차트 눈금선의 색상과 대시 종류가 변경된 것을 확인합니다.

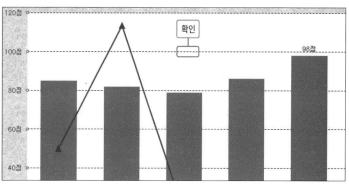

>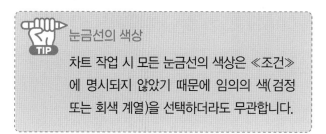
>
> 눈금선의 색상
>
> 차트 작업 시 모든 눈금선의 색상은 ≪조건≫에 명시되지 않았기 때문에 임의의 색(검정 또는 회색 계열)을 선택하더라도 무관합니다.

■ 축 서식 변경

❶ **보조 세로 (값) 축**을 클릭한 후 [축 서식] 작업 창에서 **축 옵션(📊)**을 클릭합니다.

❷ **축 옵션**에서 단위−**기본(30000)** 값을 입력한 후 **눈금**에서 **주 눈금(바깥쪽)**을 지정합니다.

   ※ 주 눈금 '바깥쪽'이 한 번에 지정되지 않을 경우에는 다른 항목(예 : 안쪽)을 한 번 선택한 후 '바깥쪽'을 다시 클릭합니다.

   ※ 축의 눈금선을 확인하여 '최소' 및 '최대' 값도 변경할 줄 알아야 합니다.

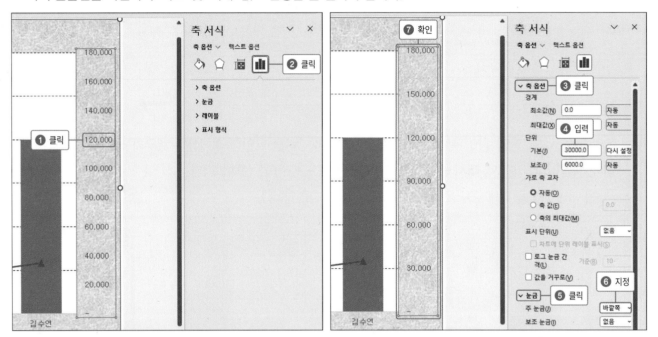

TIP 축 서식

축 서식의 값을 변경하는 부분은 별도의 지시사항이 없기 때문에 《출력형태》를 참고하여 작업합니다. 축 서식 변경은 대부분 오른쪽의 '보조 세로 축'을 변경하지만, 왼쪽의 '세로 축'을 변경하는 문제도 출제되오니 참고하시기 바랍니다.

TIP 축 서식의 표시 형식

❶ 축의 최소값이 《출력형태》와 다를 경우 [축 서식] 작업 창의 축 옵션(📊)에서 **표시 형식**을 클릭한 후 범주를 **'숫자'** 또는 **'회계'**로 변경합니다.

❷ 축의 최소값이 **'0'**이면 범주를 **'숫자'**로 선택하고, **'－'**이면 범주를 **'회계'**로 선택합니다. 단, 회계를 선택할 때 **기호(없음, ￦)**의 유무를 반드시 확인합니다.

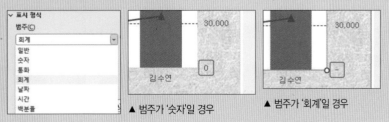

❸ **세로 (값) 축**을 선택한 후 [축 서식] 작업 창에서 **채우기 및 선(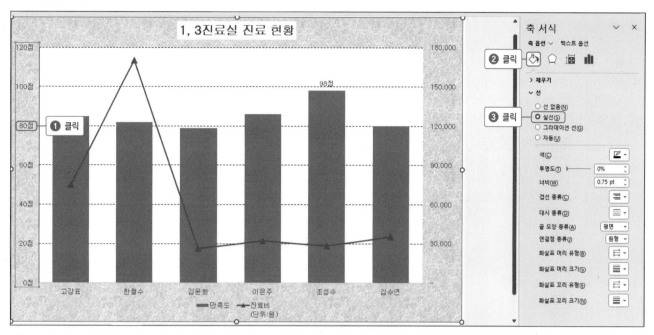)**을 클릭합니다. 이어서, 선–**'실선'**을 클릭합니다.

> ※ 이전 작업에서 주 눈금선의 색상을 '검정–텍스트 1'로 변경하였기 때문에 '선' 또는 '눈금'을 선택하면 색이 검정으로 지정됩니다.

❹ **가로 (항목) 축**을 선택한 후 [축 서식] 작업 창에서 **선–'실선'**을 클릭합니다.

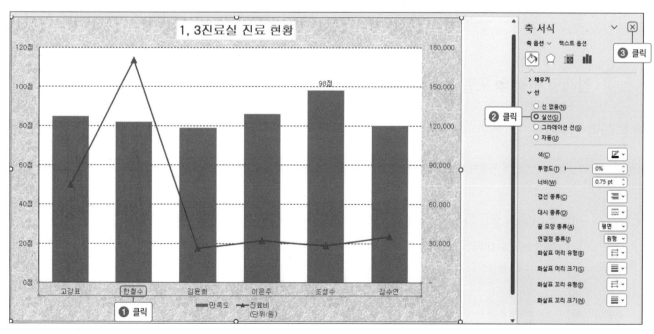

❺ 같은 방식으로 **보조 세로(값) 축**을 선택한 후 [축 서식] 작업 창에서 선–'실선'을 클릭합니다. 이어서, 작업 창을 종료(☒)합니다.

⑥ Esc 키를 눌러 모든 선택을 해제한 후 **보조 세로 (값) 축, 세로 (값) 축, 가로 (항목) 축에 적용된 실선을 확인**합니다.

> ※ 차트의 모든 눈금선의 색상은 ≪조건≫에 명시되지 않았기 때문에 임의의 색(검정 또는 회색 계열)을 선택하더라도 무관합니다.

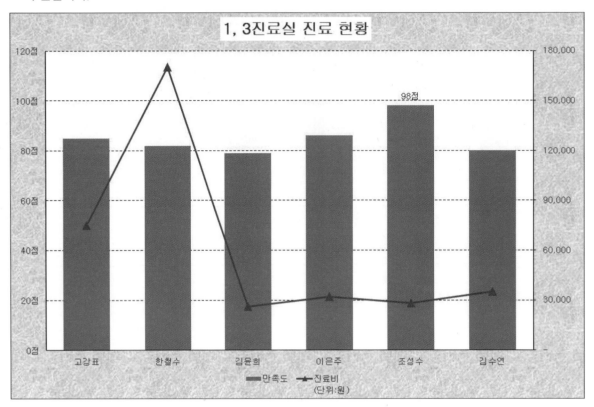

06 범례명 변경 및 도형 삽입하기

■ 범례명 변경

> ≪조건≫ : ⑻ 범례 ⇒ 범례명을 변경하고 ≪출력형태≫를 참조하시오.

① 범례 위에서 마우스 오른쪽 단추를 눌러 바로 가기 메뉴가 나오면 **[데이터 선택]**을 클릭합니다.

> ※ [차트 디자인] 탭의 [데이터] 그룹에서 '데이터 선택(📊)'을 클릭해도 결과는 동일합니다.

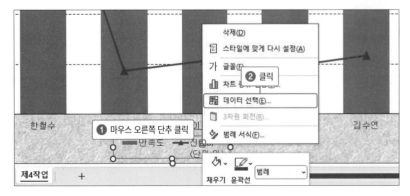

❷ [데이터 원본 선택] 대화상자가 나오면 범례 항목(계열)에서 '**진료비(단위:원)**'을 클릭한 후 〈편집〉 단추를 클릭합니다.

❸ [계열 편집] 대화상자가 나오면 계열 이름 입력 칸에 '**진료비(단위:원)**'을 입력한 후 〈확인〉 단추를 클릭합니다. 이어서, [데이터 원본 선택] 대화상자에서 〈확인〉 단추를 클릭합니다.

※ ≪출력형태≫를 참고하여 동일하지 않은 범례명을 변경하도록 합니다.

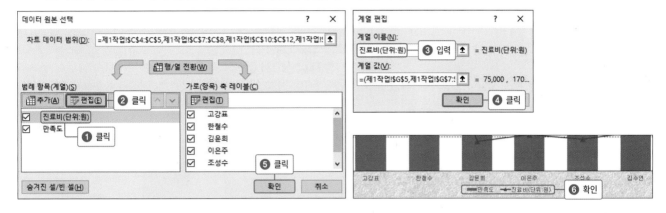

■ 도형 삽입하기

≪**조건**≫ : (9) 도형 ⇒ '모서리가 둥근 사각형 설명선'을 삽입한 후 ≪출력형태≫와 같이 내용을 입력하시오.

❶ 차트가 선택된 상태에서 [삽입] 탭의 [일러스트레이션] 그룹에서 [도형(⬚)]-설명선-'**모서리가 둥근 사각형 설명선(⬚)**'을 클릭합니다.

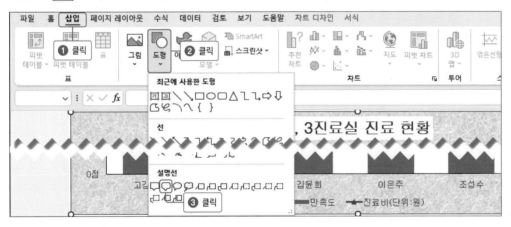

❷ 적당한 위치에 드래그하여 도형을 삽입한 후 '**최고 만족도**'를 입력합니다.

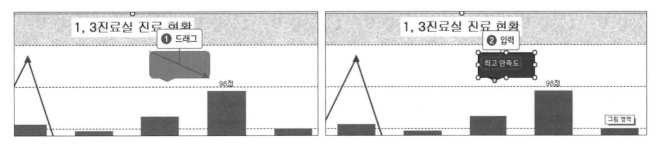

❸ 삽입된 도형의 테두리를 클릭한 후 [홈] 탭의 [글꼴] 그룹에서 **글꼴 색(검정, 텍스트 1), 채우기 색(흰색, 배경 1)** 을 지정합니다. 이어서, [맞춤] 그룹에서 '세로 **가운데 맞춤**(☰)'과 '가로 **가운데 맞춤**(☰)'을 클릭합니다.

※ 글꼴 색과 채우기 색은 목록 단추(⌄)를 클릭하여 선택하며, 글꼴(맑은 고딕)과 글꼴 크기(11)는 변경하지 않습니다.

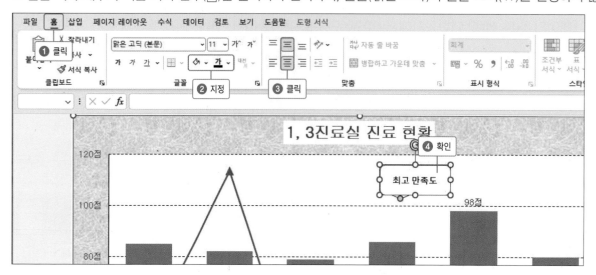

❹ 도형이 완성되면 ≪출력형태≫를 참고하여 **조절점**(◯)으로 크기를 조절한 후 위치를 변경합니다.

❺ 이어서, **노란색 조절점**(◉)을 드래그하여 ≪출력형태≫처럼 모양을 변경합니다.

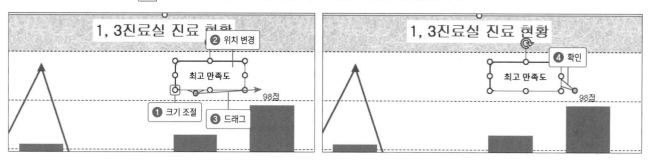

❻ 모든 작업이 끝나면 [파일]-[저장](**Ctrl**+**S**) 또는 [빠른 실행 도구 모음]에서 **저장**(💾)을 클릭합니다.

※ 실제 시험을 볼 때 작업 도중에 수시로(10분에 한 번 정도) 저장을 하는 것이 좋습니다.

시험 분석   차트

- **차트 종류** : 과년도 기출문제를 분석한 결과 차트 종류는 '묶은 세로 막대형'으로 출제되었으며, 특정 계열을 '표식이 있는 꺾은선형'으로 변경하여 보조 축으로 지정하는 문제가 고정적으로 출제되기 때문에 혼합을 이용하여 차트를 작성하는 것이 편리합니다.
- **눈금선 및 축 변경** : 눈금선의 선 스타일은 '**파선**'으로 고정되어 출제되었으며, 축 변경은 보조 세로 축의 '주 단위' 값을 변경하는 것이 대부분이었습니다.
- **범례** : 범례는 아래쪽에 고정되어 출제되었으며, **범례명(계열 이름)**을 변경하는 문제가 자주 출제되었습니다.
- **도형** : 차트에 삽입하는 도형은 대부분 '**모서리가 둥근 사각형 설명선**'으로 출제되고 있으며, 도형 안에 글자를 입력한 후 글꼴(맑은 고딕)과 글꼴 크기(11)는 별도로 변경하지 않도록 합니다.

01 **"제1작업"** 시트를 이용하여 조건에 따라 ≪출력형태≫와 같이 작업하시오.

· 소스 파일 : [출제유형 07]-정복07_문제01.xlsx   · 정답 파일 : [출제유형 07]-정복07_완성01.xlsx

≪조건≫

⑴ 차트 종류 ⇒ 〈묶은 세로 막대형〉으로 작업하시오.

⑵ 데이터 범위 ⇒ "제1작업" 시트의 내용을 이용하여 작업하시오.

⑶ 위치 ⇒ "새 시트"로 이동하고, "제4작업"으로 시트 이름을 바꾸시오.

⑷ 차트 디자인 도구 ⇒ 레이아웃 3, 스타일 1을 선택하여 ≪출력형태≫에 맞게 작업하시오.

⑸ 영역 서식 ⇒ 차트 : 글꼴(굴림, 11pt), 채우기 효과(질감-파랑 박엽지)

　　　　　　　　 그림 : 채우기(흰색, 배경1)

⑹ 제목 서식 ⇒ 차트 제목 : 글꼴(굴림, 굵게, 20pt), 채우기(흰색, 배경1), 테두리

⑺ 서식 ⇒ 관람인원(단위:명) 계열의 차트 종류를 〈표식이 있는 꺾은선형〉으로 변경한 후 보조 축으로 지정하시오.

　　　　 계열 : ≪출력형태≫를 참조하여 표식(세모, 크기 10)과 레이블 값을 표시하시오.

　　　　 눈금선 : 선 스타일-파선

　　　　 축 : ≪출력형태≫를 참조하시오.

⑻ 범례 ⇒ 범례명을 변경하고 ≪출력형태≫를 참조하시오.

⑼ 도형 ⇒ '모서리가 둥근 사각형 설명선'을 삽입한 후 ≪출력형태≫와 같이 내용을 입력하시오.

⑽ 나머지 사항은 ≪출력형태≫에 맞게 작성하시오.

≪출력형태≫

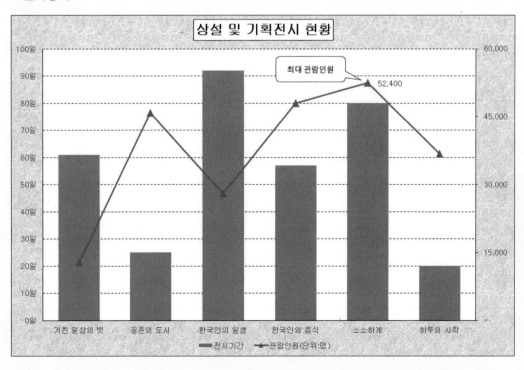

주의 ➡ 시트명 순서가 차례대로 "제1작업", "제2작업", "제3작업", "제4작업"이 되도록 할 것.

02 **"제1작업"** 시트를 이용하여 조건에 따라 ≪출력형태≫와 같이 작업하시오.

· 소스 파일 : [출제유형 07]-정복07_문제02.xlsx · 정답 파일 : [출제유형 07]-정복07_완성02.xlsx

≪조건≫

(1) 차트 종류 ⇒ 〈묶은 세로 막대형〉으로 작업하시오.

(2) 데이터 범위 ⇒ "제1작업" 시트의 내용을 이용하여 작업하시오.

(3) 위치 ⇒ "새 시트"로 이동하고, "제4작업"으로 시트 이름을 바꾸시오.

(4) 차트 디자인 도구 ⇒ 레이아웃 3, 스타일 1을 선택하여 ≪출력형태≫에 맞게 작업하시오.

(5) 영역 서식 ⇒ 차트 : 글꼴(굴림, 11pt), 채우기 효과(질감-파랑 박엽지)

　　　　　　　그림 : 채우기(흰색, 배경1)

(6) 제목 서식 ⇒ 차트 제목 : 글꼴(굴림, 굵게, 20pt), 채우기(흰색, 배경1), 테두리

(7) 서식 ⇒ 예약인원 계열의 차트 종류를 〈표식이 있는 꺾은선형〉으로 변경한 후 보조 축으로 지정하시오.

　　　　계열 : ≪출력형태≫를 참조하여 표식(세모, 크기 10)과 레이블 값을 표시하시오.

　　　　눈금선 : 선 스타일-파선

　　　　축 : ≪출력형태≫를 참조하시오.

(8) 범례 ⇒ 범례명을 변경하고 ≪출력형태≫를 참조하시오.

(9) 도형 ⇒ '모서리가 둥근 사각형 설명선'을 삽입한 후 ≪출력형태≫와 같이 내용을 입력하시오.

(10) 나머지 사항은 ≪출력형태≫에 맞게 작성하시오.

≪출력형태≫

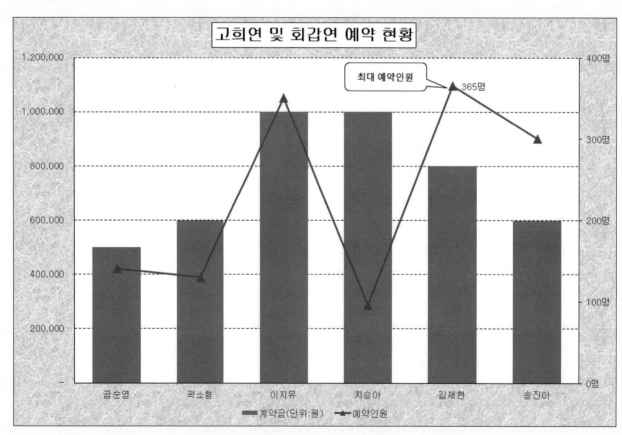

주의 ➡ 시트명 순서가 차례대로 "제1작업", "제2작업", "제3작업", "제4작업"이 되도록 할 것.

03 **"제1작업"** 시트를 이용하여 조건에 따라 ≪출력형태≫와 같이 작업하시오.

　　　　　　　　　　　　• 소스 파일 : [출제유형 07]-정복07_문제03.xlsx　　• 정답 파일 : [출제유형 07]-정복07_완성03.xlsx

≪조건≫

⑴ 차트 종류 ⇒ 〈묶은 세로 막대형〉으로 작업하시오.

⑵ 데이터 범위 ⇒ "제1작업" 시트의 내용을 이용하여 작업하시오.

⑶ 위치 ⇒ "새 시트"로 이동하고, "제4작업"으로 시트 이름을 바꾸시오.

⑷ 차트 디자인 도구 ⇒ 레이아웃 3, 스타일 1을 선택하여 ≪출력형태≫에 맞게 작업하시오.

⑸ 영역 서식 ⇒ 차트 : 글꼴(굴림, 11pt), 채우기 효과(질감-파랑 박엽지)

　　　　　　　　그림 : 채우기(흰색, 배경1)

⑹ 제목 서식 ⇒ 차트 제목 : 글꼴(굴림, 굵게, 20pt), 채우기(흰색, 배경1), 테두리

⑺ 서식 ⇒ 가격 계열의 차트 종류를 〈표식이 있는 꺾은선형〉으로 변경한 후 보조 축으로 지정하시오.

　　　　계열 : ≪출력형태≫를 참조하여 표식(세모, 크기 10)과 레이블 값을 표시하시오.

　　　　눈금선 : 선 스타일-파선

　　　　축 : ≪출력형태≫를 참조하시오.

⑻ 범례 ⇒ 범례명을 변경하고 ≪출력형태≫를 참조하시오.

⑼ 도형 ⇒ '모서리가 둥근 사각형 설명선'을 삽입한 후 ≪출력형태≫와 같이 내용을 입력하시오.

⑽ 나머지 사항은 ≪출력형태≫에 맞게 작성하시오.

≪출력형태≫

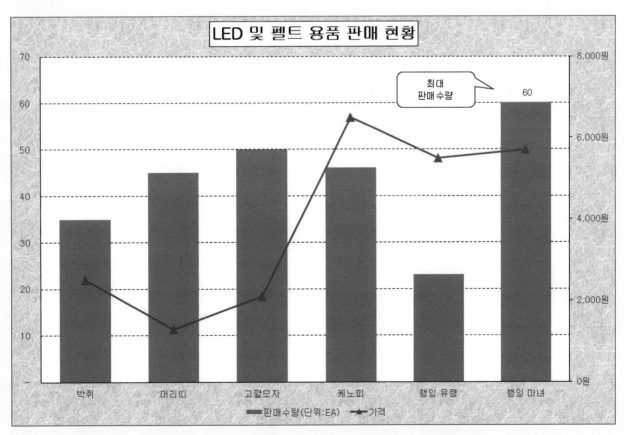

주의 ➡ 시트명 순서가 차례대로 "제1작업", "제2작업", "제3작업", "제4작업"이 되도록 할 것.

04 **"제1작업"** 시트를 이용하여 조건에 따라 ≪출력형태≫와 같이 작업하시오.

• 소스 파일 : [출제유형 07]-정복07_문제04.xlsx   • 정답 파일 : [출제유형 07]-정복07_완성04.xlsx

≪조건≫

(1) 차트 종류 ⇒ 〈묶은 세로 막대형〉으로 작업하시오.

(2) 데이터 범위 ⇒ "제1작업" 시트의 내용을 이용하여 작업하시오.

(3) 위치 ⇒ "새 시트"로 이동하고, "제4작업"으로 시트 이름을 바꾸시오.

(4) 차트 디자인 도구 ⇒ 레이아웃 3, 스타일 1을 선택하여 ≪출력형태≫에 맞게 작업하시오.

(5) 영역 서식 ⇒ 차트 : 글꼴(굴림, 11pt), 채우기 효과(질감-파랑 박엽지)

　　　　　　　　그림 : 채우기(흰색, 배경1)

(6) 제목 서식 ⇒ 차트 제목 : 글꼴(굴림, 굵게, 20pt), 채우기(흰색, 배경1), 테두리

(7) 서식 ⇒ 신청인원(단위:명) 계열의 차트 종류를 〈표식이 있는 꺾은선형〉으로 변경한 후 보조 축으로 지정하시오.

　　　　계열 : ≪출력형태≫를 참조하여 표식(세모, 크기 10)과 레이블 값을 표시하시오.

　　　　눈금선 : 선 스타일-파선

　　　　축 : ≪출력형태≫를 참조하시오.

(8) 범례 ⇒ 범례명을 변경하고 ≪출력형태≫를 참조하시오.

(9) 도형 ⇒ '모서리가 둥근 사각형 설명선'을 삽입한 후 ≪출력형태≫와 같이 내용을 입력하시오.

(10) 나머지 사항은 ≪출력형태≫에 맞게 작성하시오.

≪출력형태≫

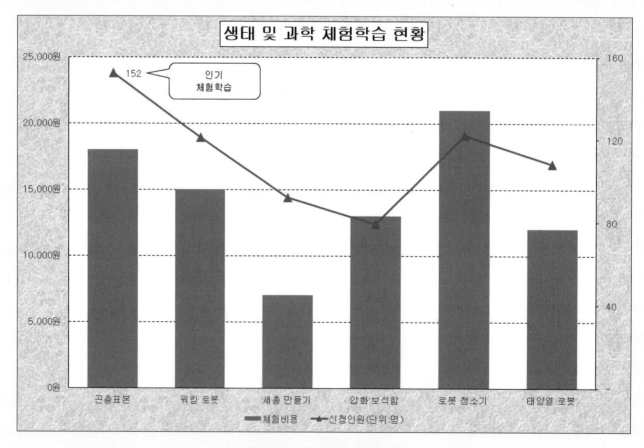

주의 ➡ 시트명 순서가 차례대로 "제1작업", "제2작업", "제3작업", "제4작업"이 되도록 할 것.

PART 03

출제예상
모의고사

과목	코드	문제유형	시험시간	수험번호	성명
한글엑셀	1122	A	60분		

MS오피스

·수험자 유의사항·

- 수험자는 문제지를 받는 즉시 문제지와 **수험표상의 시험과목(프로그램)이 동일한지 반드시 확인**하여야 합니다.

- 파일명은 본인의 "수험번호-성명"으로 입력하여 답안폴더(내 PC₩문서₩ITQ)에 하나의 파일로 저장해야 하며, 답안 문서 파일이 "수험번호-성명"과 일치하지 않거나, 답안파일을 전송하지 않아 미제출로 처리될 경우 실격 처리합니다 (예 : 12345678-홍길동.xlsx).

- 답안 작성을 마치면 파일을 저장하고, '답안 전송' 버튼을 선택하여 감독위원 PC로 답안을 전송하십시오. 수험생 정보와 저장한 파일명이 다를 경우 전송되지 않으므로 주의하시기 바랍니다.

- 답안 작성 중에도 **주기적으로 저장하고, '답안 전송'**하여야 문제 발생을 줄일 수 있습니다. 작업한 내용을 저장하지 않고 전송할 경우 이전에 저장된 내용이 전송되오니 이점 유의하시기 바랍니다.

- 답안문서는 지정된 경로 외의 다른 보조기억장치에 저장하는 경우, 지정된 시험 시간 외에 작성된 파일을 활용할 경우, 기타 통신수단(이메일, 메신저, 네트워크 등)을 이용하여 타인에게 전달 또는 외부 반출하는 경우는 부정 처리합니다.

- 시험 중 부주의 또는 고의로 시스템을 파손한 경우는 수험자가 변상해야 하며, 〈수험자 유의사항〉에 기재된 방법대로 이행하지 않아 생기는 불이익은 수험생 당사자의 책임임을 알려 드립니다.

- 문제의 조건은 MS오피스 2021 버전으로 설정되어 있으며 MS오피스 2016은 【 】에 표기되어 있습니다.
  이와 관련하여 작성한 답안의 출력형태가 문제지와 다를 수 있습니다.

- 시험을 완료한 수험자는 답안파일이 전송되었는지 확인한 후 감독위원의 지시에 따라 문제지를 제출하고 퇴실합니다.

·답안 작성요령·

- 온라인 답안 작성 절차
  수험자 등록 ⇒ 시험 시작 ⇒ 답안파일 저장 ⇒ 답안 전송 ⇒ 시험 종료

- 문제는 총 4단계, 즉 제1작업부터 제4작업까지 구성되어 있으며 반드시 제1작업부터 순서대로 작성하고 조건대로 작업하시오.

- 모든 작업시트의 A열은 열 너비 '1'로, 나머지 열은 적당하게 조절하시오.

- 모든 작업시트의 테두리는 ≪출력형태≫와 같이 작업하시오.

- 해당 작업란에서는 각각 제시된 조건에 따라 ≪출력형태≫와 같이 작업하시오.

- 답안 시트 이름은 "제1작업", "제2작업", "제3작업", "제4작업"이어야 하며 답안 시트 이외의 것은 감점 처리됩니다.

- 각 시트를 파일로 나누어 작업해서 저장할 경우 실격 처리됩니다.

kpc 한국생산성본부

➡ 다음은 '**음식물 쓰레기통 비교**'에 대한 자료이다. 자료를 입력하고 조건에 맞도록 작업하시오.

≪출력형태≫

								확인	담당	팀장	본부장
제품코드	**제품명**	**등록일**	**유통사**	**최저가 (단위:원)**	**소비전력**	**무게 감소량**	**음식물 처리 방식**	**비고**			
PC1002	모던그레이	2020-06-01	스마트홈	625,150	500	90%	(1)	(2)			
CA2020	클린바이오	2022-03-10	웰빙케어	704,970	92	95%	(1)	(2)			
PR2014	린클	2021-10-03	현대케어	663,100	130	98%	(1)	(2)			
EJ3003	락앤락	2021-09-15	웰빙케어	94,050	48	0%	(1)	(2)			
HD1002	휴렉히어로	2021-06-25	스마트홈	790,000	700	90%	(1)	(2)			
GL2020	지엘플러스	2022-01-02	웰빙케어	521,940	92	95%	(1)	(2)			
HE3005	쿨키퍼	2022-04-07	스마트홈	129,000	48	0%	(1)	(2)			
H71003	사하라홈	2022-03-22	현대케어	1,102,900	600	92%	(1)	(2)			
스마트홈 제품 개수			(3)		최대 소비전력						(5)
웰빙케어 최저가(단위:원) 평균			(4)		제품코드	PC1002	무게 감소량				(6)

≪조건≫

○ 모든 데이터의 서식에는 글꼴(굴림, 11pt), 정렬은 숫자 및 회계 서식은 오른쪽 정렬, 나머지 서식은 가운데 정렬로 작성하며 예외적인 것은 ≪출력형태≫를 참조하시오.

○ 제 목 ⇒ 도형(평행 사변형)과 그림자(오프셋 오른쪽)를 이용하여 작성하고 "음식물 쓰레기통 비교"를 입력한 후 다음 서식을 적용하시오 (글꼴-굴림, 24pt, 검정, 굵게, 채우기-노랑).

○ 임의의 셀에 결재란을 작성하여 그림으로 복사 기능을 이용하여 붙이기 하시오(단, 원본 삭제).

○ 「B4:J4, G14, I14」 영역은 '주황'으로 채우기 하시오.

○ 유효성 검사를 이용하여 「H14」 셀에 제품코드(「B5:B12」 영역)가 선택 표시되도록 하시오.

○ 셀 서식 ⇒ 「G5:G12」 영역에 셀 서식을 이용하여 숫자 뒤에 'W/h'를 표시하시오(예 : 500W/h).

○ 「E5:E12」 영역에 대해 '유통사'로 이름정의를 하시오.

➡ (1)~(6) 셀은 반드시 **주어진 함수를 이용**하여 값을 구하시오(결과값을 직접 입력하면 해당 셀은 0점 처리됨).

(1) 음식물 처리 방식 ⇒ 제품코드의 세 번째 값이 1이면 '건조분쇄', 2이면 '미생물발효', 3이면 '냉장형'으로 구하시오 (CHOOSE, MID 함수).

(2) 비고 ⇒ 무게 감소량의 내림차순 순위를 구하시오(RANK.EQ 함수).

(3) 스마트홈 제품 개수 ⇒ 결과값에 '개'를 붙이시오. 단, 조건은 입력데이터를 이용하시오 (DCOUNTA 함수, & 연산자)(예 : 1개).

(4) 웰빙케어 최저가(단위:원) 평균 ⇒ 정의된 이름(유통사)을 이용하여 구하시오(SUMIF, COUNTIF 함수).

(5) 최대 소비전력 ⇒ (MAX 함수)

(6) 무게 감소량 ⇒ 「H14」 셀에서 선택한 제품코드에 대한 무게 감소량을 구하시오(VLOOKUP 함수).

(7) 조건부 서식의 수식을 이용하여 무게 감소량이 '95%' 이상인 행 전체에 다음의 서식을 적용하시오 (글꼴 : 파랑, 굵게).

➡ **"제1작업"** 시트의 「B4:H12」 영역을 복사하여 **"제2작업"** 시트의 「B2」 셀부터 모두 붙여넣기를 한 후 다음의 조건과 같이 작업하시오.

≪조건≫

   (1) 고급 필터 – 제품코드가 'H'로 시작하거나, 소비전력이 '50' 이하인 자료의 제품코드, 제품명, 최저가(단위:원), 무게 감소량 데이터만 추출하시오.
       – 조건 범위 : 「B14」 셀부터 입력하시오.
       – 복사 위치 : 「B18」 셀부터 나타나도록 하시오.

   (2) 표 서식 – 고급 필터의 결과셀을 채우기 없음으로 설정한 후 '표 스타일 보통 6'의 서식을 적용하시오.
       – 머리글 행, 줄무늬 행을 적용하시오.

➡ **"제1작업"** 시트를 이용하여 **"제3작업"** 시트에 조건에 따라 ≪출력형태≫와 같이 작업하시오.

≪조건≫

   (1) 소비전력 및 유통사별 제품명의 개수와 최저가(단위:원)의 평균을 구하시오.
   (2) 소비전력은 그룹화하고, 유통사를 ≪출력형태≫와 같이 정렬하시오.
   (3) 레이블이 있는 셀 병합 및 가운데 맞춤 적용 및 빈 셀은 '**'로 표시하시오.
   (4) 행의 총합계는 지우고, 나머지 사항은 ≪출력형태≫에 맞게 작성하시오.

≪출력형태≫

소비전력	유통사 현대케어 개수 : 제품명	평균 : 최저가(단위:원)	웰빙케어 개수 : 제품명	평균 : 최저가(단위:원)	스마트홈 개수 : 제품명	평균 : 최저가(단위:원)
1-300	1	663,100	3	440,320	1	129,000
301-600	1	1,102,900	**	**	1	625,150
601-900	**	**	**	**	1	790,000
총합계	2	883,000	3	440,320	3	514,717

➡ **"제1작업"** 시트를 이용하여 조건에 따라 ≪출력형태≫와 같이 작업하시오.

≪조건≫

   (1) 차트 종류 ⇒ 〈묶은 세로 막대형〉으로 작업하시오.

   (2) 데이터 범위 ⇒ "제1작업" 시트의 내용을 이용하여 작업하시오.

   (3) 위치 ⇒ "새 시트"로 이동하고, "제4작업"으로 시트 이름을 바꾸시오.

   (4) 차트 디자인 도구 ⇒ 레이아웃 3, 스타일 1을 선택하여 ≪출력형태≫에 맞게 작업하시오.

   (5) 영역 서식 ⇒ 차트 : 글꼴(굴림, 11pt), 채우기 효과(질감-파랑 박엽지)

                   그림 : 채우기(흰색, 배경1)

   (6) 제목 서식 ⇒ 차트 제목 : 글꼴(굴림, 굵게, 20pt), 채우기(흰색, 배경1), 테두리

   (7) 서식 ⇒ 최저가(단위:원) 계열의 차트 종류를 〈표식이 있는 꺾은선형〉으로 변경한 후 보조 축으로 지정하시오.

         계열 : ≪출력형태≫를 참조하여 표식(세모, 크기 10)과 레이블 값을 표시하시오.

         눈금선 : 선 스타일-파선

         축 : ≪출력형태≫를 참조하시오.

   (8) 범례 ⇒ 범례명을 변경하고 ≪출력형태≫를 참조하시오.

   (9) 도형 ⇒ '모서리가 둥근 사각형 설명선'을 삽입한 후 ≪출력형태≫와 같이 내용을 입력하시오.

   (10) 나머지 사항은 ≪출력형태≫에 맞게 작성하시오.

≪출력형태≫

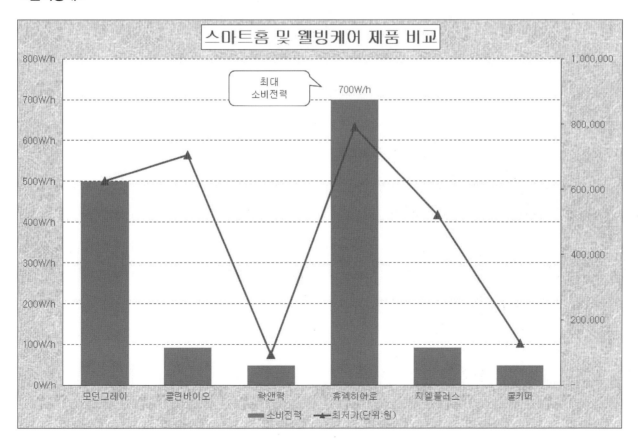

주의 ➡ 시트명 순서가 차례대로 "제1작업", "제2작업", "제3작업", "제4작업"이 되도록 할 것.

제 02 회 정보기술자격(ITQ) 출제예상 모의고사

과목	코드	문제유형	시험시간	수험번호	성명
한글엑셀	1122	A	60분		

MS오피스

·수험자 유의사항·

● 수험자는 문제지를 받는 즉시 문제지와 **수험표상의 시험과목(프로그램)이 동일한지 반드시 확인**하여야 합니다.

● 파일명은 본인의 "수험번호–성명"으로 입력하여 답안폴더(내 PC₩문서₩ITQ)에 하나의 파일로 저장해야 하며, 답안 문서 파일명이 "수험번호–성명"과 일치하지 않거나, 답안파일을 전송하지 않아 미제출로 처리될 경우 실격 처리합니다 (예 : 12345678–홍길동.xlsx).

● 답안 작성을 마치면 파일을 저장하고, '답안 전송' 버튼을 선택하여 감독위원 PC로 답안을 전송하십시오. 수험생 정보와 저장 한 파일명이 다를 경우 전송되지 않으므로 주의하시기 바랍니다.

● 답안 작성 중에도 **주기적으로 저장하고, '답안 전송'**하여야 문제 발생을 줄일 수 있습니다. 작업한 내용을 저장하지 않고 전송할 경우 이전에 저장된 내용이 전송되오니 이점 유의하시기 바랍니다.

● 답안문서는 지정된 경로 외의 다른 보조기억장치에 저장하는 경우, 지정된 시험 시간 외에 작성된 파일을 활용할 경우, 기타 통신수단(이메일, 메신저, 네트워크 등)을 이용하여 타인에게 전달 또는 외부 반출하는 경우는 부정 처리합니다.

● 시험 중 부주의 또는 고의로 시스템을 파손한 경우는 수험자가 변상해야 하며, 〈수험자 유의사항〉에 기재된 방법대로 이행하 지 않아 생기는 불이익은 수험생 당사자의 책임임을 알려 드립니다.

● 문제의 조건은 MS오피스 2021 버전으로 설정되어 있으며 MS오피스 2016은 【 】에 표기되어 있습니다. 이와 관련하여 작성한 답안의 출력형태가 문제지와 다를 수 있습니다.

● 시험을 완료한 수험자는 답안파일이 전송되었는지 확인한 후 감독위원의 지시에 따라 문제지를 제출하고 퇴실합니다.

·답안 작성요령·

● 온라인 답안 작성 절차
   수험자 등록 ⇒ 시험 시작 ⇒ 답안파일 저장 ⇒ 답안 전송 ⇒ 시험 종료

● 문제는 총 4단계, 즉 제1작업부터 제4작업까지 구성되어 있으며 반드시 제1작업부터 순서대로 작성하고 조건대로 작업하시오.

● 모든 작업시트의 A열은 열 너비 '1'로, 나머지 열은 적당하게 조절하시오.

● 모든 작업시트의 테두리는 《출력형태》와 같이 작업하시오.

● 해당 작업란에서는 각각 제시된 조건에 따라 《출력형태》와 같이 작업하시오.

● 답안 시트 이름은 "제1작업", "제2작업", "제3작업", "제4작업"이어야 하며 답안 시트 이외의 것은 감점 처리됩니다.

● 각 시트를 파일로 나누어 작업해서 저장할 경우 실격 처리됩니다.

kpc 한국생산성본부

➡ 다음은 **'11월 공연 예매 현황'**에 대한 자료이다. 자료를 입력하고 조건에 맞도록 작업하시오.

≪출력형태≫

확인	담당	과장	부장

11월 공연 예매 현황

관리번호	공연명	공연장	관람등급	공연시간(분)	관람료(단위:원)	예매수량	관람가능 좌석수	예매순위
GM-252	여도	백암아트홀	12세 이상	130	40,000	1,719	(1)	(2)
LM-143	드래곤 플라워	백암아트홀	전체관람가	150	35,000	2,752	(1)	(2)
CM-121	공주전	영등포아트홀	3세 이상	60	20,000	598	(1)	(2)
SM-313	82년생 김지영	백암아트홀	11세 이상	105	55,000	1,954	(1)	(2)
SG-132	신바람 삼대	우리소극장	13세 이상	90	35,000	800	(1)	(2)
PM-112	오만과 편견	우리소극장	11세 이상	150	55,000	667	(1)	(2)
HM-562	네 이름은 무엇이냐	영등포아트홀	8세 이상	100	30,000	705	(1)	(2)
AM-843	사춘기메들리	우리소극장	7세 이상	90	35,000	521	(1)	(2)
드래곤 플라워의 예매수량			(3)		최고 관람료(단위:원)			(5)
영등포아트홀의 공연 개수			(4)		공연명	여도	관람료(단위:원)	(6)

≪조건≫

- 모든 데이터의 서식에는 글꼴(굴림, 11pt), 정렬은 숫자 및 회계 서식은 오른쪽 정렬, 나머지 서식은 가운데 정렬로 작성하며 예외적인 것은 ≪출력형태≫를 참조하시오.
- 제 목 ⇒ 도형(사다리꼴)과 그림자(오프셋 오른쪽)를 이용하여 작성하고 "11월 공연 예매 현황"을 입력한 후 다음 서식을 적용하시오
  (글꼴-굴림, 24pt, 검정, 굵게, 채우기- 노랑).
- 임의의 셀에 결재란을 작성하여 그림으로 복사 기능을 이용하여 붙이기 하시오(단, 원본 삭제).
- 「B4:J4, G14, I14」 영역은 '주황'으로 채우기 하시오.
- 유효성 검사를 이용하여 「H14」 셀에 공연명(「C5:C12」 영역)이 선택 표시되도록 하시오.
- 셀 서식 ⇒ 「H5:H12」 영역에 셀 서식을 이용하여 숫자 뒤에 '매'를 표시하시오(예 : 1,719매).
- 「D5:D12」 영역에 대해 '공연장'으로 이름정의를 하시오.

➡ (1)~(6) 셀은 반드시 **주어진 함수를 이용**하여 값을 구하시오(결과값을 직접 입력하면 해당 셀은 0점 처리됨).

(1) 관람가능 좌석수 ⇒ 「관리번호의 마지막 글자×1,000」으로 구하시오(RIGHT 함수).

(2) 예매순위 ⇒ 예매수량의 내림차순 순위를 1~3까지 구한 결과값에 '위'를 붙이고, 그 외에는 공백으로 구하시오
  (IF, RANK.EQ 함수, & 연산자)(예 : 1위).

(3) 드래곤 플라워의 예매수량 ⇒ (INDEX, MATCH 함수)

(4) 영등포아트홀의 공연 개수 ⇒ 정의된 이름(공연장)을 이용하여 구하시오(COUNTIF 함수).

(5) 최고 관람료(단위:원) ⇒ (MAX 함수)

(6) 관람료(단위:원) ⇒ 「H14」 셀에서 선택한 공연명에 대한 관람료(단위:원)를 구하시오(VLOOKUP 함수).

(7) 조건부 서식의 수식을 이용하여 예매수량이 '1,000' 이상인 행 전체에 다음의 서식을 적용하시오
  (글꼴 : 파랑, 굵게).

➡ **"제1작업"** 시트의 「B4:H12」 영역을 복사하여 **"제2작업"** 시트의 「B2」 셀부터 모두 붙여넣기를 한 후 다음의 조건과 같이 작업하시오.

≪조건≫

(1) 목표값 찾기 – 「B11:G11」 셀을 병합하여 "예매수량의 전체 평균"을 입력한 후 「H11」 셀에 예매수량의 전체 평균을 구하시오(AVERAGE 함수, 테두리, 가운데 맞춤).
　　　　　　　– '예매수량의 전체 평균'이 '1,220'이 되려면 여도의 예매수량이 얼마가 되어야 하는지 목표값을 구하시오.

(2) 고급 필터 – 관리번호가 'S'로 시작하거나 관람료(단위:원)가 '50,000' 이상인 자료의 공연명, 공연시간(분), 관람료(단위:원), 예매수량 데이터만 추출하시오.
　　　　　　– 조건 범위 : 「B14」 셀부터 입력하시오.
　　　　　　– 복사 위치 : 「B18」 셀부터 나타나도록 하시오.

➡ **"제1작업"** 시트의 「B4:H12」 영역을 복사하여 **"제3작업"** 시트의 「B2」 셀부터 모두 붙여넣기를 한 후 다음의 조건과 같이 작업하시오.

≪조건≫

(1) 부분합 – ≪출력형태≫처럼 정렬하고, 공연명의 개수와 예매수량의 평균을 구하시오.
(2) 개요【윤곽】 – 지우시오.
(3) 나머지 사항은 ≪출력형태≫에 맞게 작성하시오.

≪출력형태≫

관리번호	공연명	공연장	관람등급	공연시간(분)	관람료 (단위:원)	예매수량
SG-132	신바람 삼대	우리소극장	13세 이상	90	35,000	800매
PM-112	오만과 편견	우리소극장	11세 이상	150	55,000	667매
AM-843	사춘기메들리	우리소극장	7세 이상	90	35,000	521매
		우리소극장 평균				663매
	3	우리소극장 개수				
CM-121	공주전	영등포아트홀	3세 이상	60	20,000	598매
HM-562	네 이름은 무엇이냐	영등포아트홀	8세 이상	100	30,000	705매
		영등포아트홀 평균				652매
	2	영등포아트홀 개수				
GM-252	여도	백암아트홀	12세 이상	130	40,000	1,719매
LM-143	드래곤 플라워	백암아트홀	전체관람가	150	35,000	2,752매
SM-313	82년생 김지영	백암아트홀	11세 이상	105	55,000	1,954매
		백암아트홀 평균				2,142매
	3	백암아트홀 개수				
		전체 평균				1,215매
	8	전체 개수				

→ **"제1작업"** 시트를 이용하여 조건에 따라 ≪출력형태≫와 같이 작업하시오.

≪조건≫

(1) 차트 종류 ⇒ 〈묶은 세로 막대형〉으로 작업하시오.

(2) 데이터 범위 ⇒ "제1작업" 시트의 내용을 이용하여 작업하시오.

(3) 위치 ⇒ "새 시트"로 이동하고, "제4작업"으로 시트 이름을 바꾸시오.

(4) 차트 디자인 도구 ⇒ 레이아웃 3, 스타일 1을 선택하여 ≪출력형태≫에 맞게 작업하시오.

(5) 영역 서식 ⇒ 차트 : 글꼴(굴림, 11pt), 채우기 효과(질감–파랑 박엽지)

　　　　　　　　 그림 : 채우기(흰색, 배경1)

(6) 제목 서식 ⇒ 차트 제목 : 글꼴(굴림, 굵게, 20pt), 채우기(흰색, 배경1), 테두리

(7) 서식 ⇒ 관람료(단위:원) 계열의 차트 종류를 〈표식이 있는 꺾은선형〉으로 변경한 후 보조 축으로 지정하시오.

　　　　　 계열 : ≪출력형태≫를 참조하여 표식(세모, 크기 10)과 레이블 값을 표시하시오.

　　　　　 눈금선 : 선 스타일–파선

　　　　　 축 : ≪출력형태≫를 참조하시오.

(8) 범례 ⇒ 범례명을 변경하고 ≪출력형태≫를 참조하시오.

(9) 도형 ⇒ '모서리가 둥근 사각형 설명선'을 삽입한 후 ≪출력형태≫와 같이 내용을 입력하시오.

(10) 나머지 사항은 ≪출력형태≫에 맞게 작성하시오.

≪출력형태≫

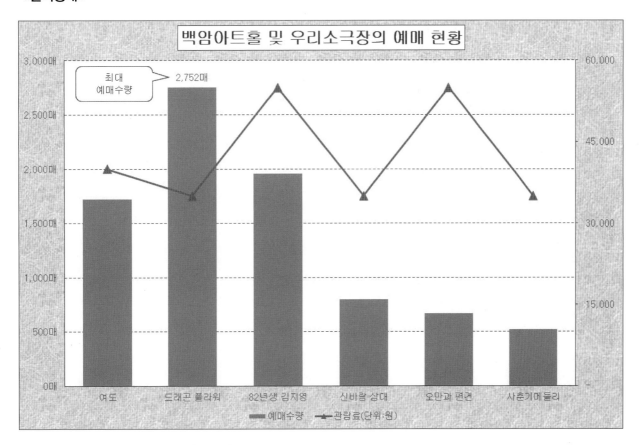

주의 → **시트명 순서가 차례대로 "제1작업", "제2작업", "제3작업", "제4작업"이 되도록 할 것.**

제 03 회 정보기술자격(ITQ) 출제예상 모의고사

과목	코드	문제유형	시험시간	수험번호	성명
한글엑셀	1122	A	60분		

MS오피스

·수험자 유의사항·

● 수험자는 문제지를 받는 즉시 문제지와 **수험표상의 시험과목(프로그램)이 동일한지 반드시 확인**하여야 합니다.

● 파일명은 본인의 "수험번호-성명"으로 입력하여 답안폴더(내 PC₩문서₩ITQ)에 하나의 파일로 저장해야 하며, 답안 문서 파일명이 "수험번호-성명"과 일치하지 않거나, 답안파일을 전송하지 않아 미제출로 처리될 경우 실격 처리합니다 (예 : 12345678-홍길동.xlsx).

● 답안 작성을 마치면 파일을 저장하고, '답안 전송' 버튼을 선택하여 감독위원 PC로 답안을 전송하십시오. 수험생 정보와 저장한 파일명이 다를 경우 전송되지 않으므로 주의하시기 바랍니다.

● 답안 작성 중에도 **주기적으로 저장하고, '답안 전송'**하여야 문제 발생을 줄일 수 있습니다. 작업한 내용을 저장하지 않고 전송할 경우 이전에 저장된 내용이 전송되오니 이점 유의하시기 바랍니다.

● 답안문서는 지정된 경로 외의 다른 보조기억장치에 저장하는 경우, 지정된 시험 시간 외에 작성된 파일을 활용할 경우, 기타 통신수단(이메일, 메신저, 네트워크 등)을 이용하여 타인에게 전달 또는 외부 반출하는 경우는 부정 처리합니다.

● 시험 중 부주의 또는 고의로 시스템을 파손한 경우는 수험자가 변상해야 하며, 〈수험자 유의사항〉에 기재된 방법대로 이행하지 않아 생기는 불이익은 수험생 당사자의 책임임을 알려 드립니다.

● 문제의 조건은 MS오피스 2021 버전으로 설정되어 있으며 MS오피스 2016은【 】에 표기되어 있습니다. 이와 관련하여 작성한 답안의 출력형태가 문제지와 다를 수 있습니다.

● 시험을 완료한 수험자는 답안파일이 전송되었는지 확인한 후 감독위원의 지시에 따라 문제지를 제출하고 퇴실합니다.

·답안 작성요령·

● 온라인 답안 작성 절차

수험자 등록 ⇒ 시험 시작 ⇒ 답안파일 저장 ⇒ 답안 전송 ⇒ 시험 종료

● 문제는 총 4단계, 즉 제1작업부터 제4작업까지 구성되어 있으며 반드시 제1작업부터 순서대로 작성하고 조건대로 작업하시오.

● 모든 작업시트의 A열은 열 너비 '1'로, 나머지 열은 적당하게 조절하시오.

● 모든 작업시트의 테두리는 ≪출력형태≫와 같이 작업하시오.

● 해당 작업란에서는 각각 제시된 조건에 따라 ≪출력형태≫와 같이 작업하시오.

● 답안 시트 이름은 "제1작업", "제2작업", "제3작업", "제4작업"이어야 하며 답안 시트 이외의 것은 감점 처리됩니다.

● 각 시트를 파일로 나누어 작업해서 저장할 경우 실격 처리됩니다.

➡ 다음은 '**핼러윈 용품 판매 현황**'에 대한 자료이다. 자료를 입력하고 조건에 맞도록 작업하시오.

≪출력형태≫

제품번호	제품명	분류	입고일	가격	재고수량 (단위:EA)	판매수량 (단위:EA)	할인율	순위
HA1025	박쥐	LED	2022-09-14	2,500	602	35	(1)	(2)
LE3045	머리띠	펠트	2022-10-07	1,300	100	45	(1)	(2)
HA1014	고깔모자	펠트	2022-08-27	2,100	200	50	(1)	(2)
FA2053	가랜드	종이	2022-08-05	2,000	350	110	(1)	(2)
LE3034	토퍼	종이	2022-09-16	500	300	230	(1)	(2)
FA2083	케노피	펠트	2022-08-11	6,500	561	46	(1)	(2)
FR2063	행잉 유령	LED	2022-09-16	5,500	500	23	(1)	(2)
FE2074	행잉 마녀	LED	2022-10-05	5,700	250	60	(1)	(2)
LED 용품 가격의 평균				(3)		최대 가격		(5)
펠트 용품의 개수				(4)		제품명	박쥐	가격	(6)

(확인: 담당 / 대리 / 과장)

≪조건≫

○ 모든 데이터의 서식에는 글꼴(굴림, 11pt), 정렬은 숫자 및 회계 서식은 오른쪽 정렬, 나머지 서식은 가운데 정렬로 작성하며 예외적인 것은 ≪출력형태≫를 참조하시오.

○ 제 목 ⇒ 도형(평행 사변형)과 그림자(오프셋 오른쪽)를 이용하여 작성하고 "핼러윈 용품 판매 현황"을 입력한 후 다음 서식을 적용하시오
　　　　(글꼴-굴림, 24pt, 검정, 굵게, 채우기-노랑).

○ 임의의 셀에 결재란을 작성하여 그림으로 복사 기능을 이용하여 붙이기 하시오(단, 원본 삭제).

○「B4:J4, G14, I14」영역은 '주황'으로 채우기 하시오.

○ 유효성 검사를 이용하여「H14」셀에 제품명(「C5:C12」영역)이 선택 표시되도록 하시오.

○ 셀 서식 ⇒「F5:F12」영역에 셀 서식을 이용하여 숫자 뒤에 '원'을 표시하시오(예 : 2,500원).

○「F5:F12」영역에 대해 '가격'으로 이름정의를 하시오.

➡ (1)~(6) 셀은 반드시 **주어진 함수를 이용**하여 값을 구하시오(결과값을 직접 입력하면 해당 셀은 0점 처리됨).

(1) 할인율 ⇒ 제품번호의 세 번째 글자가 1이면 '5%', 2이면 '10%', 3이면 '15%'로 구하시오
　　　　　(CHOOSE, MID 함수).

(2) 순위 ⇒ 판매수량(단위:EA)의 내림차순 순위를 구한 결과값에 '위'를 붙이시오
　　　　　(RANK.EQ 함수, & 연산자)(예 : 1위).

(3) LED 용품 가격의 평균 ⇒ 반올림하여 백 원 단위로 구하시오. 단, 조건은 입력 데이터를 이용하시오
　　　　　　　(ROUND, DAVERAGE 함수)(예 : 2,570 → 2,600).

(4) 펠트 용품의 개수 ⇒ (COUNTIF 함수)

(5) 최대 가격 ⇒ 정의된 이름(가격)을 이용하여 구하시오(MAX 함수).

(6) 가격 ⇒「H14」셀에서 선택한 제품명의 가격을 구하시오(VLOOKUP 함수).

(7) 조건부 서식의 수식을 이용하여 재고수량(단위:EA)이 '500' 이상인 행 전체에 다음의 서식을 적용하시오
　　　(글꼴 : 파랑, 굵게).

[제2작업]　필터 및 서식　　　　　80점

➔ **"제1작업"** 시트의 「B4:H12」 영역을 복사하여 **"제2작업"** 시트의 「B2」 셀부터 모두 붙여넣기를 한 후
　다음의 조건과 같이 작업하시오.

≪조건≫

　(1) 고급 필터 – 제품번호가 'L'로 시작하거나, 가격이 '5,000' 이상인 자료의 제품명, 가격, 재고수량(단위:EA),
　　　　　　　　판매수량(단위:EA) 데이터만 추출하시오.
　　　　　　– 조건 범위 : 「B14」 셀부터 입력하시오.
　　　　　　– 복사 위치 : 「B18」 셀부터 나타나도록 하시오.

　(2) 표 서식 – 고급 필터의 결과셀을 채우기 없음으로 설정한 후 '표 스타일 보통 6'의 서식을 적용하시오.
　　　　　　– 머리글 행, 줄무늬 행을 적용하시오.

[제3작업]　피벗 테이블　　　　　80점

➔ **"제1작업"** 시트를 이용하여 **"제3작업"** 시트에 조건에 따라 ≪출력형태≫와 같이 작업하시오.

≪조건≫

　(1) 가격 및 분류별 제품명의 개수와 판매수량(단위:EA)의 평균을 구하시오.
　(2) 가격은 그룹화하고, 분류를 ≪출력형태≫와 같이 정렬하시오.
　(3) 레이블이 있는 셀 병합 및 가운데 맞춤 적용 및 빈 셀은 '**'로 표시하시오.
　(4) 행의 총합계는 지우고, 나머지 사항은 ≪출력형태≫에 맞게 작성하시오.

≪출력형태≫

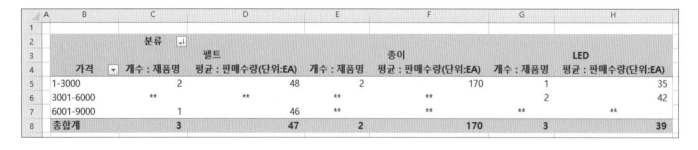

가격	분류 펠트 개수 : 제품명	펠트 평균 : 판매수량(단위:EA)	종이 개수 : 제품명	종이 평균 : 판매수량(단위:EA)	LED 개수 : 제품명	LED 평균 : 판매수량(단위:EA)
1-3000	2	48	2	170	1	35
3001-6000	**	**	**	**	2	42
6001-9000	1	46	**	**	**	**
총합계	3	47	2	170	3	39

➡ **"제1작업"** 시트를 이용하여 조건에 따라 ≪출력형태≫와 같이 작업하시오.

≪조건≫

(1) 차트 종류 ⇒ 〈묶은 세로 막대형〉으로 작업하시오.

(2) 데이터 범위 ⇒ "제1작업" 시트의 내용을 이용하여 작업하시오.

(3) 위치 ⇒ "새 시트"로 이동하고, "제4작업"으로 시트 이름을 바꾸시오.

(4) 차트 디자인 도구 ⇒ 레이아웃 3, 스타일 1을 선택하여 ≪출력형태≫에 맞게 작업하시오.

(5) 영역 서식 ⇒ 차트 : 글꼴(굴림, 11pt), 채우기 효과(질감-파랑 박엽지)
　　　　　　　　그림 : 채우기(흰색, 배경1)

(6) 제목 서식 ⇒ 차트 제목 : 글꼴(굴림, 굵게, 20pt), 채우기(흰색, 배경1), 테두리

(7) 서식 ⇒ 가격 계열의 차트 종류를 〈표식이 있는 꺾은선형〉으로 변경한 후 보조 축으로 지정하시오.
　　　　　계열 : ≪출력형태≫를 참조하여 표식(세모, 크기 10)과 레이블 값을 표시하시오.
　　　　　눈금선 : 선 스타일-파선
　　　　　축 : ≪출력형태≫를 참조하시오.

(8) 범례 ⇒ 범례명을 변경하고 ≪출력형태≫를 참조하시오.

(9) 도형 ⇒ '모서리가 둥근 사각형 설명선'을 삽입한 후 ≪출력형태≫와 같이 내용을 입력하시오.

(10) 나머지 사항은 ≪출력형태≫에 맞게 작성하시오.

≪출력형태≫

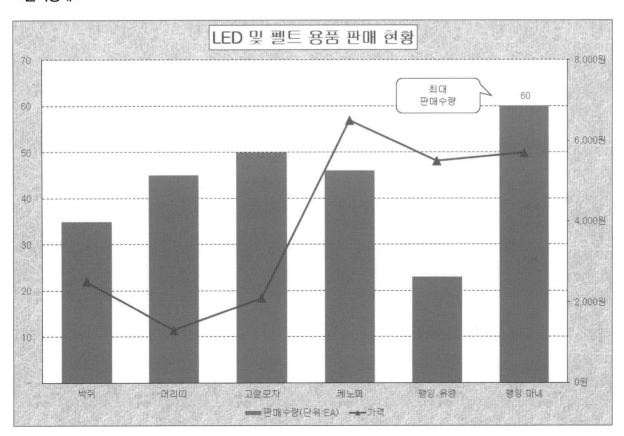

주의 ➡ **시트명 순서가 차례대로 "제1작업", "제2작업", "제3작업", "제4작업"이 되도록 할 것.**

과목	코드	문제유형	시험시간	수험번호	성명
한글엑셀	1122	A	60분		

`MS오피스`

·수험자 유의사항·

- 수험자는 문제지를 받는 즉시 문제지와 **수험표상의 시험과목(프로그램)이 동일한지 반드시 확인**하여야 합니다.

- 파일명은 본인의 "수험번호−성명"으로 입력하여 답안폴더(내 PC₩문서₩ITQ)에 하나의 파일로 저장해야 하며, 답안 문서 파일명이 "수험번호−성명"과 일치하지 않거나, 답안파일을 전송하지 않아 미제출로 처리될 경우 실격 처리합니다 (예 : 12345678−홍길동.xlsx).

- 답안 작성을 마치면 파일을 저장하고, '답안 전송' 버튼을 선택하여 감독위원 PC로 답안을 전송하십시오. 수험생 정보와 저장한 파일명이 다를 경우 전송되지 않으므로 주의하시기 바랍니다.

- 답안 작성 중에도 **주기적으로 저장하고, '답안 전송'**하여야 문제 발생을 줄일 수 있습니다. 작업한 내용을 저장하지 않고 전송할 경우 이전에 저장된 내용이 전송되오니 이점 유의하시기 바랍니다.

- 답안문서는 지정된 경로 외의 다른 보조기억장치에 저장하는 경우, 지정된 시험 시간 외에 작성된 파일을 활용할 경우, 기타 통신수단(이메일, 메신저, 네트워크 등)을 이용하여 타인에게 전달 또는 외부 반출하는 경우는 부정 처리합니다.

- 시험 중 부주의 또는 고의로 시스템을 파손한 경우는 수험자가 변상해야 하며, 〈수험자 유의사항〉에 기재된 방법대로 이행하지 않아 생기는 불이익은 수험생 당사자의 책임임을 알려 드립니다.

- 문제의 조건은 MS오피스 2021 버전으로 설정되어 있으며 MS오피스 2016은【 】에 표기되어 있습니다. 이와 관련하여 작성한 답안의 출력형태가 문제지와 다를 수 있습니다.

- 시험을 완료한 수험자는 답안파일이 전송되었는지 확인한 후 감독위원의 지시에 따라 문제지를 제출하고 퇴실합니다.

·답안 작성요령·

- 온라인 답안 작성 절차

  수험자 등록 ⇒ 시험 시작 ⇒ 답안파일 저장 ⇒ 답안 전송 ⇒ 시험 종료

- 문제는 총 4단계, 즉 제1작업부터 제4작업까지 구성되어 있으며 반드시 제1작업부터 순서대로 작성하고 조건대로 작업하시오.

- 모든 작업시트의 A열은 열 너비 '1'로, 나머지 열은 적당하게 조절하시오.

- 모든 작업시트의 테두리는 ≪출력형태≫와 같이 작업하시오.

- 해당 작업란에서는 각각 제시된 조건에 따라 ≪출력형태≫와 같이 작업하시오.

- 답안 시트 이름은 "제1작업", "제2작업", "제3작업", "제4작업"이어야 하며 답안 시트 이외의 것은 감점 처리됩니다.

- 각 시트를 파일로 나누어 작업해서 저장할 경우 실격 처리됩니다.

➡️ 다음은 '우리 인테리어 공사현황보고'에 대한 자료이다. 자료를 입력하고 조건에 맞도록 작업하시오.

≪출력형태≫

관리번호	주택명	지역	공사기간(일)	총공사비	공사시작일	공사내용	구분	선수금(단위:원)
						결재	점장	부장	대표

우리 인테리어 공사현황보고

관리번호	주택명	지역	공사기간(일)	총공사비	공사시작일	공사내용	구분	선수금(단위:원)
B2-001	화이트빌	경기	5	8,558,000	2023-02-06	욕실	(1)	(2)
K1-001	푸르지오	서울	4	10,250,000	2023-03-20	주방	(1)	(2)
K3-002	시그마	경기	3	7,870,000	2023-01-30	주방	(1)	(2)
A1-001	아이파크	인천	13	28,850,000	2023-02-20	전체	(1)	(2)
B1-002	파크타운	서울	5	5,778,000	2023-03-06	욕실	(1)	(2)
B3-003	트레스빌	경기	6	9,560,000	2023-02-13	욕실	(1)	(2)
A2-002	그린빌	서울	17	32,170,000	2023-02-27	전체	(1)	(2)
K2-003	한솔마을	인천	4	6,768,000	2023-03-08	주방	(1)	(2)
서울지역 총 공사건수			(3)			가장 긴 공사기간(일)		(5)
욕실 총공사비 합계			(4)			관리번호	B2-001	총공사비	(6)

≪조건≫

○ 모든 데이터의 서식에는 글꼴(굴림, 11pt), 정렬은 숫자 및 회계 서식은 오른쪽 정렬, 나머지 서식은 가운데 정렬로 작성하며 예외적인 것은 ≪출력형태≫를 참조하시오.

○ 제 목 ⇒ 도형(배지)과 그림자(오프셋 오른쪽)를 이용하여 작성하고 "우리 인테리어 공사현황보고"를 입력한 후 다음 서식을 적용하시오 (글꼴-굴림, 24pt, 검정, 굵게, 채우기-노랑).

○ 임의의 셀에 결재란을 작성하여 그림으로 복사 기능을 이용하여 붙이기 하시오(단, 원본 삭제).

○ 「B4:J4, G14, I14」 영역은 '주황'으로 채우기 하시오.

○ 유효성 검사를 이용하여 「H14」 셀에 관리번호(「B5:B12」 영역)가 선택 표시되도록 하시오.

○ 셀 서식 ⇒ 「F5:F12」 영역에 셀 서식을 이용하여 숫자 뒤에 '원'을 표시하시오(예 : 8,558,000원).

○ 「E5:E12」 영역에 대해 '공사기간'으로 이름정의를 하시오.

➡️ (1)~(6) 셀은 반드시 **주어진 함수를 이용**하여 값을 구하시오(결과값을 직접 입력하면 해당 셀은 0점 처리됨).

(1) 구분 ⇒ 관리번호 2번째 글자가 1이면 '아파트', 2이면 '빌라', 3이면 '오피스텔'로 구하시오 (CHOOSE, MID 함수).

(2) 선수금(단위:원) ⇒ 공사내용이 전체면 「총공사비×30%」, 그 외에는 「총공사비×20%」로 반올림하여 십만 단위까지 구하시오(ROUND, IF 함수)(예 : 1,456,273 → 1,500,000).

(3) 서울지역 총 공사건수 ⇒ 결과값에 '건'을 붙이시오(COUNTIF 함수, & 연산자)(예 : 1건).

(4) 욕실 총공사비 합계 ⇒ 공사내용이 욕실인 공사의 총공사비 합계를 구하시오. 단, 조건은 입력 데이터를 이용하시오 (DSUM 함수).

(5) 가장 긴 공사기간(일) ⇒ 정의된 이름(공사기간)을 이용하여 구하시오(MAX 함수).

(6) 총공사비 ⇒ 「H14」 셀에서 선택한 관리번호에 대한 총공사비를 구하시오(VLOOKUP 함수).

(7) 조건부 서식의 수식을 이용하여 총공사비가 '8,000,000' 이하인 행 전체에 다음의 서식을 적용하시오 (글꼴 : 파랑, 굵게).

➡ **"제1작업"** 시트의 「B4:H12」 영역을 복사하여 **"제2작업"** 시트의 「B2」 셀부터 모두 붙여넣기를 한 후
다음의 조건과 같이 작업하시오.

≪조건≫
(1) 목표값 찾기 – 「B11:G11」 셀을 병합하여 "욕실의 총공사비 평균"을 입력한 후 「H11」 셀에 욕실의 총공사비
평균을 구하시오. 단, 조건은 입력데이터를 이용하시오
(DAVERAGE 함수, 테두리, 가운데 맞춤).
– '욕실의 총공사비 평균'이 '8,000,000'이 되려면 화이트빌의 총공사비가 얼마가 되어야
하는지 목표값을 구하시오.

(2) 고급 필터 – 지역이 '서울'이 아니면서 공사기간(일)이 '5' 이상인 자료의 관리번호, 주택명, 공사시작일, 공사내용
데이터만 추출하시오.
– 조건 범위 : 「B14」 셀부터 입력하시오.
– 복사 위치 : 「B18」 셀부터 나타나도록 하시오.

➡ **"제1작업"** 시트의 「B4:H12」 영역을 복사하여 **"제3작업"** 시트의 「B2」 셀부터 모두 붙여넣기를 한 후
다음의 조건과 같이 작업하시오.

≪조건≫
(1) 부분합 – ≪출력형태≫처럼 정렬하고, 주택명의 개수와 총공사비의 평균을 구하시오.
(2) 개요【윤곽】 – 지우시오.
(3) 나머지 사항은 ≪출력형태≫에 맞게 작성하시오.

≪출력형태≫

관리번호	주택명	지역	공사기간(일)	총공사비	공사시작일	공사내용
A1-001	아이파크	인천	13	28,850,000원	2023-02-20	전체
K2-003	한솔마을	인천	4	6,768,000원	2023-03-08	주방
		인천 평균		17,809,000원		
	2	인천 개수				
K1-001	푸르지오	서울	4	10,250,000원	2023-03-20	주방
B1-002	파크타운	서울	5	5,778,000원	2023-03-06	욕실
A2-002	그린빌	서울	17	32,170,000원	2023-02-27	전체
		서울 평균		16,066,000원		
	3	서울 개수				
B2-001	화이트빌	경기	5	8,558,000원	2023-02-06	욕실
K3-002	시그마	경기	3	7,870,000원	2023-01-30	주방
B3-003	트레스빌	경기	6	9,560,000원	2023-02-13	욕실
		경기 평균		8,662,667원		
	3	경기 개수				
		전체 평균		13,725,500원		
	8	전체 개수				

➡ **"제1작업"** 시트를 이용하여 조건에 따라 ≪출력형태≫와 같이 작업하시오.

≪조건≫

(1) 차트 종류 ⇒ 〈묶은 세로 막대형〉으로 작업하시오.

(2) 데이터 범위 ⇒ "제1작업" 시트의 내용을 이용하여 작업하시오.

(3) 위치 ⇒ "새 시트"로 이동하고, "제4작업"으로 시트 이름을 바꾸시오.

(4) 차트 디자인 도구 ⇒ 레이아웃 3, 스타일 1을 선택하여 ≪출력형태≫에 맞게 작업하시오.

(5) 영역 서식 ⇒ 차트 : 글꼴(굴림, 11pt), 채우기 효과(질감–파랑 박엽지)
      그림 : 채우기(흰색, 배경1)

(6) 제목 서식 ⇒ 차트 제목 : 글꼴(굴림, 굵게, 20pt), 채우기(흰색, 배경1), 테두리

(7) 서식 ⇒ 공사기간(일) 계열의 차트 종류를 〈표식이 있는 꺾은선형〉으로 변경한 후 보조 축으로 지정하시오.
      계열 : ≪출력형태≫를 참조하여 표식(세모, 크기 10)과 레이블 값을 표시하시오.
      눈금선 : 선 스타일–파선
      축 : ≪출력형태≫를 참조하시오.

(8) 범례 ⇒ 범례명을 변경하고 ≪출력형태≫를 참조하시오.

(9) 도형 ⇒ '모서리가 둥근 사각형 설명선'을 삽입한 후 ≪출력형태≫와 같이 내용을 입력하시오.

(10) 나머지 사항은 ≪출력형태≫에 맞게 작성하시오.

≪출력형태≫

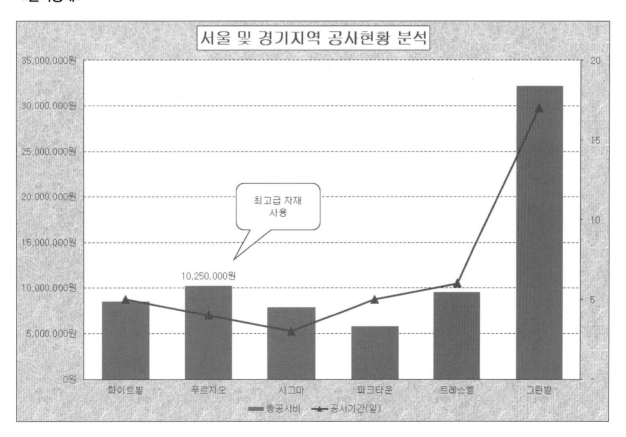

주의 ➡ **시트명 순서가 차례대로 "제1작업", "제2작업", "제3작업", "제4작업"이 되도록 할 것.**

과목	코드	문제유형	시험시간	수험번호	성명
한글엑셀	1122	A	60분		

MS오피스

·수험자 유의사항·

- 수험자는 문제지를 받는 즉시 문제지와 **수험표상의 시험과목(프로그램)이 동일한지 반드시 확인**하여야 합니다.

- 파일명은 본인의 "수험번호-성명"으로 입력하여 답안폴더(내 PC\문서\ITQ)에 하나의 파일로 저장해야 하며, 답안 문서 파일명이 "수험번호-성명"과 일치하지 않거나, 답안파일을 전송하지 않아 미제출로 처리될 경우 실격 처리합니다 (예 : 12345678-홍길동.xlsx).

- 답안 작성을 마치면 파일을 저장하고, '답안 전송' 버튼을 선택하여 감독위원 PC로 답안을 전송하십시오. 수험생 정보와 저장한 파일명이 다를 경우 전송되지 않으므로 주의하시기 바랍니다.

- 답안 작성 중에도 **주기적으로 저장하고, '답안 전송'**하여야 문제 발생을 줄일 수 있습니다. 작업한 내용을 저장하지 않고 전송할 경우 이전에 저장된 내용이 전송되오니 이점 유의하시기 바랍니다.

- 답안문서는 지정된 경로 외의 다른 보조기억장치에 저장하는 경우, 지정된 시험 시간 외에 작성된 파일을 활용할 경우, 기타 통신수단(이메일, 메신저, 네트워크 등)을 이용하여 타인에게 전달 또는 외부 반출하는 경우는 부정 처리합니다.

- 시험 중 부주의 또는 고의로 시스템을 파손한 경우는 수험자가 변상해야 하며, 〈수험자 유의사항〉에 기재된 방법대로 이행하지 않아 생기는 불이익은 수험생 당사자의 책임임을 알려 드립니다.

- 문제의 조건은 MS오피스 2021 버전으로 설정되어 있으며 MS오피스 2016은 【 】에 표기되어 있습니다. 이와 관련하여 작성한 답안의 출력형태가 문제지와 다를 수 있습니다.

- 시험을 완료한 수험자는 답안파일이 전송되었는지 확인한 후 감독위원의 지시에 따라 문제지를 제출하고 퇴실합니다.

·답안 작성요령·

- 온라인 답안 작성 절차
  수험자 등록 ⇒ 시험 시작 ⇒ 답안파일 저장 ⇒ 답안 전송 ⇒ 시험 종료

- 문제는 총 4단계, 즉 제1작업부터 제4작업까지 구성되어 있으며 반드시 제1작업부터 순서대로 작성하고 조건대로 작업하시오.

- 모든 작업시트의 A열은 열 너비 '1'로, 나머지 열은 적당하게 조절하시오.

- 모든 작업시트의 테두리는 ≪출력형태≫와 같이 작업하시오.

- 해당 작업란에서는 각각 제시된 조건에 따라 ≪출력형태≫와 같이 작업하시오.

- 답안 시트 이름은 "제1작업", "제2작업", "제3작업", "제4작업"이어야 하며 답안 시트 이외의 것은 감점 처리됩니다.

- 각 시트를 파일로 나누어 작업해서 저장할 경우 실격 처리됩니다.

kpc 한국생산성본부

➡ 다음은 '체험학습 신청 현황'에 대한 자료이다. 자료를 입력하고 조건에 맞도록 작업하시오.

≪출력형태≫

체험코드	체험학습명	분류	체험일	신청인원 (단위:명)	체험비용	체험시간 (분)	순위	체험요일
						확인 담당 / 팀장 / 이사		
HL2010	4륜 바이크	레포츠	2022-11-05	87	25,000	40	(1)	(2)
PZ2140	곤충표본	생태	2022-11-16	152	18,000	30	(1)	(2)
DS3250	워킹 로봇	과학	2022-11-18	121	15,000	50	(1)	(2)
ML1110	새총 만들기	생태	2022-10-22	92	7,000	20	(1)	(2)
CK2130	압화 보석함	생태	2018-11-24	79	13,000	30	(1)	(2)
SP1245	로봇 청소기	과학	2022-10-25	122	21,000	45	(1)	(2)
GP2030	윈드서핑	레포츠	2022-11-28	65	35,000	40	(1)	(2)
HC3225	태양열 로봇	과학	2022-11-30	108	12,000	35	(1)	(2)
과학 체험 신청인원(단위:명)의 평균			(3)			최다 신청인원(단위:명)		(5)
레포츠 체험비용의 합계			(4)			체험학습명	4륜 바이크	체험비용 (6)

≪조건≫

○ 모든 데이터의 서식에는 글꼴(굴림, 11pt), 정렬은 숫자 및 회계 서식은 오른쪽 정렬, 나머지 서식은 가운데 정렬로 작성하며 예외적인 것은 ≪출력형태≫를 참조하시오.

○ 제 목 ⇒ 도형(평행 사변형)과 그림자(오프셋 오른쪽)를 이용하여 작성하고 "체험학습 신청 현황"을 입력한 후 다음 서식을 적용하시오
   (글꼴–굴림, 24pt, 검정, 굵게, 채우기–노랑).

○ 임의의 셀에 결재란을 작성하여 그림으로 복사 기능을 이용하여 붙이기 하시오(단, 원본 삭제).

○ 「B4:J4, G14, I14」 영역은 '주황'으로 채우기 하시오.

○ 유효성 검사를 이용하여 「H14」 셀에 체험학습명(「C5:C12」 영역)이 선택 표시되도록 하시오.

○ 셀 서식 ⇒ 「G5:G12」 영역에 셀 서식을 이용하여 숫자 뒤에 '원'을 표시하시오(예 : 25,000원).

○ 「D5:D12」 영역에 대해 '분류'로 이름정의를 하시오.

➡ (1)～(6) 셀은 반드시 **주어진 함수를 이용**하여 값을 구하시오(결과값을 직접 입력하면 해당 셀은 0점 처리됨).

(1) 순위 ⇒ 신청인원(단위:명)의 내림차순 순위를 구한 결과값에 '위'를 붙이시오
   (RANK.EQ 함수, & 연산자)(예 : 1위).

(2) 체험요일 ⇒ 체험일에 대한 체험요일을 구하시오(CHOOSE, WEEKDAY 함수)(예 : 월요일).

(3) 과학 체험 신청인원(단위:명)의 평균 ⇒ 정의된 이름(분류)을 이용하여 구하시오(SUMIF, COUNTIF 함수).

(4) 레포츠 체험비용의 합계 ⇒ 조건은 입력데이터를 이용하시오(DSUM 함수).

(5) 최다 신청인원(단위:명) ⇒ (MAX 함수).

(6) 체험비용 ⇒ 「H14」 셀에서 선택한 체험학습명에 대한 체험비용을 구하시오(VLOOKUP 함수).

(7) 조건부 서식의 수식을 이용하여 체험비용이 '20,000' 이상인 행 전체에 다음의 서식을 적용하시오
   (글꼴 : 파랑, 굵게).

[제2작업] 필터 및 서식   80점

➜ **"제1작업"** 시트의 「B4:H12」 영역을 복사하여 **"제2작업"** 시트의 「B2」 셀부터 모두 붙여넣기를 한 후
다음의 조건과 같이 작업하시오.

≪조건≫

   (1) 고급 필터 – 체험코드가 'H'로 시작하거나, 신청인원(단위:명)이 '90' 이하인 자료의 체험학습명, 체험일,
               신청인원(단위:명), 체험비용 데이터만 추출하시오.
         – 조건 범위 : 「B14」 셀부터 입력하시오.
         – 복사 위치 : 「B18」 셀부터 나타나도록 하시오.

   (2) 표 서식 – 고급 필터의 결과셀을 채우기 없음으로 설정한 후 '표 스타일 보통 6'의 서식을 적용하시오.
         – 머리글 행, 줄무늬 행을 적용하시오.

[제3작업] 피벗 테이블   80점

➜ **"제1작업"** 시트를 이용하여 **"제3작업"** 시트에 조건에 따라 ≪출력형태≫와 같이 작업하시오.

≪조건≫

   (1) 체험비용 및 분류별 체험학습명의 개수와 신청인원(단위:명)의 평균을 구하시오.
   (2) 체험비용은 그룹화하고, 분류를 ≪출력형태≫와 같이 정렬하시오.
   (3) 레이블이 있는 셀 병합 및 가운데 맞춤 적용 및 빈 셀은 '**'로 표시하시오.
   (4) 행의 총합계는 지우고, 나머지 사항은 ≪출력형태≫에 맞게 작성하시오.

≪출력형태≫

체험비용 ▼	분류 ↓ 생태 개수 : 체험학습명	평균 : 신청인원(단위:명)	레포츠 개수 : 체험학습명	평균 : 신청인원(단위:명)	과학 개수 : 체험학습명	평균 : 신청인원(단위:명)
1-15000	2	86	**	**	2	115
15001-30000	1	152	1	87	1	122
30001-45000	**	**	1	65	**	**
총합계	3	108	2	76	3	117

➡ **"제1작업"** 시트를 이용하여 조건에 따라 ≪출력형태≫와 같이 작업하시오.

≪조건≫

(1) 차트 종류 ⇒ 〈묶은 세로 막대형〉으로 작업하시오.

(2) 데이터 범위 ⇒ "제1작업" 시트의 내용을 이용하여 작업하시오.

(3) 위치 ⇒ "새 시트"로 이동하고, "제4작업"으로 시트 이름을 바꾸시오.

(4) 차트 디자인 도구 ⇒ 레이아웃 3, 스타일 1을 선택하여 ≪출력형태≫에 맞게 작업하시오.

(5) 영역 서식 ⇒ 차트 : 글꼴(굴림, 11pt), 채우기 효과(질감–파랑 박엽지)

                그림 : 채우기(흰색, 배경1)

(6) 제목 서식 ⇒ 차트 제목 : 글꼴(굴림, 굵게, 20pt), 채우기(흰색, 배경1), 테두리

(7) 서식 ⇒ 신청인원(단위:명) 계열의 차트 종류를 〈표식이 있는 꺾은선형〉으로 변경한 후 보조 축으로 지정하시오.

        계열 : ≪출력형태≫를 참조하여 표식(세모, 크기 10)과 레이블 값을 표시하시오.

        눈금선 : 선 스타일–파선

        축 : ≪출력형태≫를 참조하시오.

(8) 범례 ⇒ 범례명을 변경하고 ≪출력형태≫를 참조하시오.

(9) 도형 ⇒ '모서리가 둥근 사각형 설명선'을 삽입한 후 ≪출력형태≫와 같이 내용을 입력하시오.

(10) 나머지 사항은 ≪출력형태≫에 맞게 작성하시오.

≪출력형태≫

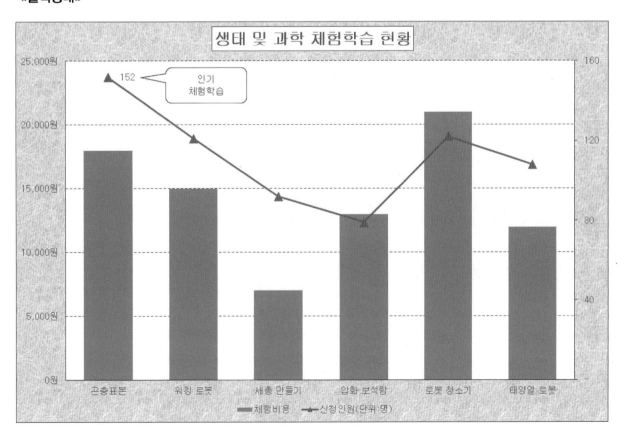

주의 ➡ 시트명 순서가 차례대로 "제1작업", "제2작업", "제3작업", "제4작업"이 되도록 할 것.

제 06 회 정보기술자격(ITQ) 출제예상 모의고사

과목	코드	문제유형	시험시간	수험번호	성명
한글엑셀	1122	A	60분		

MS오피스

·수험자 유의사항·

● 수험자는 문제지를 받는 즉시 문제지와 **수험표상의 시험과목(프로그램)이 동일한지 반드시 확인**하여야 합니다.

● 파일명은 본인의 "수험번호-성명"으로 입력하여 답안폴더(내 PC₩문서₩ITQ)에 하나의 파일로 저장해야 하며, 답안 문서 파일명이 "수험번호-성명"과 일치하지 않거나, 답안파일을 전송하지 않아 미제출로 처리될 경우 실격 처리합니다 (예 : 12345678-홍길동.xlsx).

● 답안 작성을 마치면 파일을 저장하고, '답안 전송' 버튼을 선택하여 감독위원 PC로 답안을 전송하십시오. 수험생 정보와 저장한 파일명이 다를 경우 전송되지 않으므로 주의하시기 바랍니다.

● 답안 작성 중에도 **주기적으로 저장하고, '답안 전송'**하여야 문제 발생을 줄일 수 있습니다. 작업한 내용을 저장하지 않고 전송할 경우 이전에 저장된 내용이 전송되오니 이점 유의하시기 바랍니다.

● 답안문서는 지정된 경로 외의 다른 보조기억장치에 저장하는 경우, 지정된 시험 시간 외에 작성된 파일을 활용할 경우, 기타 통신수단(이메일, 메신저, 네트워크 등)을 이용하여 타인에게 전달 또는 외부 반출하는 경우는 부정 처리합니다.

● 시험 중 부주의 또는 고의로 시스템을 파손한 경우는 수험자가 변상해야 하며, 〈수험자 유의사항〉에 기재된 방법대로 이행하지 않아 생기는 불이익은 수험생 당사자의 책임임을 알려 드립니다.

● 문제의 조건은 MS오피스 2021 버전으로 설정되어 있으며 MS오피스 2016은【 】에 표기되어 있습니다. 이와 관련하여 작성한 답안의 출력형태가 문제지와 다를 수 있습니다.

● 시험을 완료한 수험자는 답안파일이 전송되었는지 확인한 후 감독위원의 지시에 따라 문제지를 제출하고 퇴실합니다.

·답안 작성요령·

● 온라인 답안 작성 절차
  수험자 등록 ⇒ 시험 시작 ⇒ 답안파일 저장 ⇒ 답안 전송 ⇒ 시험 종료

● 문제는 총 4단계, 즉 제1작업부터 제4작업까지 구성되어 있으며 반드시 제1작업부터 순서대로 작성하고 조건대로 작업하시오.

● 모든 작업시트의 A열은 열 너비 '1'로, 나머지 열은 적당하게 조절하시오.

● 모든 작업시트의 테두리는 ≪출력형태≫와 같이 작업하시오.

● 해당 작업란에서는 각각 제시된 조건에 따라 ≪출력형태≫와 같이 작업하시오.

● 답안 시트 이름은 "제1작업", "제2작업", "제3작업", "제4작업"이어야 하며 답안 시트 이외의 것은 감점 처리됩니다.

● 각 시트를 파일로 나누어 작업해서 저장할 경우 실격 처리됩니다.

kpc 한국생산성본부

➡ 다음은 '1월 사원 출장 현황'에 대한 자료이다. 자료를 입력하고 조건에 맞도록 작업하시오.

≪출력형태≫

결재	담당	팀장	부장

1월 사원 출장 현황

사원번호	사원명	직급	부서명	출장비 (단위:원)	출장일수	출발일자	출발요일	비고
C11-23	민시후	사원	영업부	520,000	6	2023-01-07	(1)	(2)
C10-25	한창훈	사원	인사부	128,000	2	2023-01-21	(1)	(2)
A07-01	윤정은	대리	영업부	225,000	2	2023-01-07	(1)	(2)
A07-45	조재은	사원	기획부	415,000	3	2023-01-03	(1)	(2)
E10-25	박금희	대리	인사부	280,000	2	2023-01-15	(1)	(2)
A08-23	한효빈	과장	기획부	546,000	5	2023-01-17	(1)	(2)
E09-53	김지은	과장	영업부	197,000	3	2023-01-06	(1)	(2)
E09-12	김지효	대리	기획부	150,000	2	2023-01-12	(1)	(2)
인사부의 출장일수 평균			(3)			최대 출장비(단위:원)		(5)
사원의 출장일수 합계			(4)		사원번호	C11-23	출장일수	(6)

≪조건≫

ㅇ 모든 데이터의 서식에는 글꼴(굴림, 11pt), 정렬은 숫자 및 회계 서식은 오른쪽 정렬, 나머지 서식은 가운데 정렬로 작성하며 예외적인 것은 ≪출력형태≫를 참조하시오.

ㅇ 제 목 ⇒ 도형(평행 사변형)과 그림자(오프셋 오른쪽)를 이용하여 작성하고 "1월 사원 출장 현황"을 입력한 후 다음 서식을 적용하시오 (글꼴-굴림, 24pt, 검정, 굵게, 채우기-노랑).

ㅇ 임의의 셀에 결재란을 작성하여 그림으로 복사 기능을 이용하여 붙이기 하시오(단, 원본 삭제).

ㅇ 「B4:J4, G14, I14」 영역은 '주황'으로 채우기 하시오.

ㅇ 유효성 검사를 이용하여 「H14」 셀에 사원번호(「B5:B12」 영역)가 선택 표시되도록 하시오.

ㅇ 셀 서식 ⇒ 「G5:G12」 영역에 셀 서식을 이용하여 숫자 뒤에 '일'을 표시하시오(예 : 6일).

ㅇ 「F5:F12」 영역에 대해 '출장비'로 이름정의를 하시오.

➡ (1)~(6) 셀은 반드시 **주어진 함수를 이용**하여 값을 구하시오(결과값을 직접 입력하면 해당 셀은 0점 처리됨).

⑴ 출발요일 ⇒ 출발일자의 요일을 예와 같이 구하시오(CHOOSE, WEEKDAY 함수)(예 : 월요일).

⑵ 비고 ⇒ 출장일수가 5 이상이면 '출장일수 많음', 그 외에는 공백으로 표시하시오(IF 함수).

⑶ 인사부의 출장일수 평균 ⇒ (SUMIF, COUNTIF 함수)

⑷ 사원의 출장일수 합계 ⇒ 결과값에 '일'을 붙이시오. 단, 조건은 입력데이터를 이용하시오 (DSUM 함수, & 연산자)(예 : 1일).

⑸ 최대 출장비(단위:원) ⇒ 정의된 이름(출장비)을 이용하여 구하시오(MAX 함수).

⑹ 출장일수 ⇒ 「H14」 셀에서 선택한 사원번호에 대한 출장일수를 표시하시오(VLOOKUP 함수).

⑺ 조건부 서식의 수식을 이용하여 출장비(단위:원)가 '200,000' 이하인 행 전체에 다음의 서식을 적용하시오 (글꼴 : 파랑, 굵게).

➜ **"제1작업"** 시트의 「B4:H12」 영역을 복사하여 **"제2작업"** 시트의 「B2」 셀부터 모두 붙여넣기를 한 후 다음의 조건과 같이 작업하시오.

≪조건≫

　(1) 목표값 찾기 – 「B11:G11」 셀을 병합하여 "영업부의 출장비(단위:원) 평균"을 입력한 후 「H11」 셀에 영업부의 출장비(단위:원) 평균을 구하시오. 단, 조건은 입력데이터를 이용하시오 (DAVERAGE 함수, 테두리, 가운데 맞춤).
　　　　　　　　 – '영업부의 출장비(단위:원) 평균'이 '300,000'이 되려면 민시후의 출장비(단위:원)가 얼마가 되어야 하는지 목표값을 구하시오.

　(2) 고급 필터 – 부서명이 '영업부'가 아니면서 출장일수가 '4' 이하인 자료의 사원명, 직급, 출장일수, 출발일자 데이터만 추출하시오.
　　　　　　　 – 조건 범위 : 「B14」 셀부터 입력하시오.
　　　　　　　 – 복사 위치 : 「B18」 셀부터 나타나도록 하시오.

➜ **"제1작업"** 시트의 「B4:H12」 영역을 복사하여 **"제3작업"** 시트의 「B2」 셀부터 모두 붙여넣기를 한 후 다음의 조건과 같이 작업하시오.

≪조건≫

　(1) 부분합 – ≪출력형태≫처럼 정렬하고, 사원명의 개수와 출장비(단위:원)의 평균을 구하시오.
　(2) 개요【윤곽】 – 지우시오.
　(3) 나머지 사항은 ≪출력형태≫에 맞게 작성하시오.

≪출력형태≫

	A	B	C	D	E	F	G	H
1								
2		사원번호	사원명	직급	부서명	출장비 (단위:원)	출장일수	출발일자
3		C10-25	한창훈	사원	인사부	128,000	2일	2023-01-21
4		E10-25	박금희	대리	인사부	280,000	2일	2023-01-15
5					인사부 평균	204,000		
6			2		인사부 개수			
7		C11-23	민시후	사원	영업부	520,000	6일	2023-01-07
8		A07-01	윤정은	대리	영업부	225,000	2일	2023-01-07
9		E09-53	김지은	과장	영업부	197,000	3일	2023-01-06
10					영업부 평균	314,000		
11			3		영업부 개수			
12		A07-45	조재은	사원	기획부	415,000	3일	2023-01-03
13		A08-23	한효빈	과장	기획부	546,000	5일	2023-01-17
14		E09-12	김지효	대리	기획부	150,000	2일	2023-01-12
15					기획부 평균	370,333		
16			3		기획부 개수			
17					전체 평균	307,625		
18			8		전체 개수			

→ **"제1작업"** 시트를 이용하여 조건에 따라 ≪출력형태≫와 같이 작업하시오.

≪조건≫

(1) 차트 종류 ⇒ 〈묶은 세로 막대형〉으로 작업하시오.

(2) 데이터 범위 ⇒ "제1작업" 시트의 내용을 이용하여 작업하시오.

(3) 위치 ⇒ "새 시트"로 이동하고, "제4작업"으로 시트 이름을 바꾸시오.

(4) 차트 디자인 도구 ⇒ 레이아웃 3, 스타일 1을 선택하여 ≪출력형태≫에 맞게 작업하시오.

(5) 영역 서식 ⇒ 차트 : 글꼴(굴림, 11pt), 채우기 효과(질감-파랑 박엽지)
      그림 : 채우기(흰색, 배경1)

(6) 제목 서식 ⇒ 차트 제목 : 글꼴(굴림, 굵게, 20pt), 채우기(흰색, 배경1), 테두리

(7) 서식 ⇒ 출장일수 계열의 차트 종류를 〈표식이 있는 꺾은선형〉으로 변경한 후 보조 축으로 지정하시오.
      계열 : ≪출력형태≫를 참조하여 표식(세모, 크기 10)과 레이블 값을 표시하시오.
      눈금선 : 선 스타일-파선
      축 : ≪출력형태≫를 참조하시오.

(8) 범례 ⇒ 범례명을 변경하고 ≪출력형태≫를 참조하시오.

(9) 도형 ⇒ '모서리가 둥근 사각형 설명선'을 삽입한 후 ≪출력형태≫와 같이 내용을 입력하시오.

(10) 나머지 사항은 ≪출력형태≫에 맞게 작성하시오.

≪출력형태≫

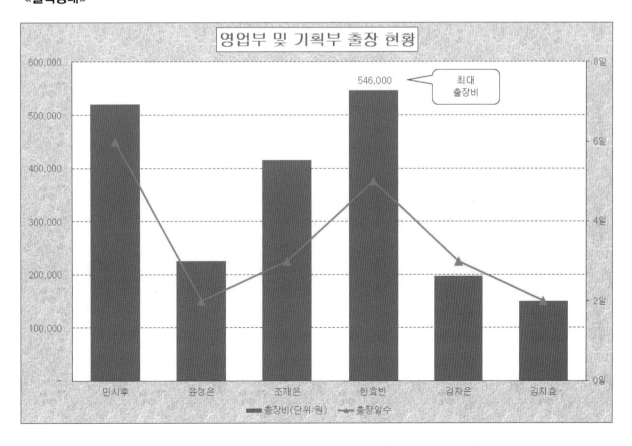

주의 → 시트명 순서가 차례대로 **"제1작업", "제2작업", "제3작업", "제4작업"**이 되도록 할 것.

제 07 회 정보기술자격(ITQ) 출제예상 모의고사

과목	코드	문제유형	시험시간	수험번호	성명
한글엑셀	1122	A	60분		

MS오피스

·수험자 유의사항·

- 수험자는 문제지를 받는 즉시 문제지와 **수험표상의 시험과목(프로그램)이 동일한지 반드시 확인**하여야 합니다.

- 파일명은 본인의 "**수험번호-성명**"으로 입력하여 답안폴더(내 PC\문서\ITQ)에 하나의 파일로 저장해야 하며, 답안 문서 파일명이 "수험번호-성명"과 일치하지 않거나, 답안파일을 전송하지 않아 미제출로 처리될 경우 실격 처리합니다 (예 : 12345678-홍길동.xlsx).

- 답안 작성을 마치면 파일을 저장하고, '답안 전송' 버튼을 선택하여 감독위원 PC로 답안을 전송하십시오. 수험생 정보와 저장한 파일명이 다를 경우 전송되지 않으므로 주의하시기 바랍니다.

- 답안 작성 중에도 **주기적으로 저장하고, '답안 전송'**하여야 문제 발생을 줄일 수 있습니다. 작업한 내용을 저장하지 않고 전송할 경우 이전에 저장된 내용이 전송되오니 이점 유의하시기 바랍니다.

- 답안문서는 지정된 경로 외의 다른 보조기억장치에 저장하는 경우, 지정된 시험 시간 외에 작성된 파일을 활용할 경우, 기타 통신수단(이메일, 메신저, 네트워크 등)을 이용하여 타인에게 전달 또는 외부 반출하는 경우는 부정 처리합니다.

- 시험 중 부주의 또는 고의로 시스템을 파손한 경우는 수험자가 변상해야 하며, 〈수험자 유의사항〉에 기재된 방법대로 이행하지 않아 생기는 불이익은 수험생 당사자의 책임임을 알려 드립니다.

- 문제의 조건은 MS오피스 2021 버전으로 설정되어 있으며 MS오피스 2016은 【 】에 표기되어 있습니다. 이와 관련하여 작성한 답안의 출력형태가 문제지와 다를 수 있습니다.

- 시험을 완료한 수험자는 답안파일이 전송되었는지 확인한 후 감독위원의 지시에 따라 문제지를 제출하고 퇴실합니다.

·답안 작성요령·

- 온라인 답안 작성 절차

  수험자 등록 ⇒ 시험 시작 ⇒ 답안파일 저장 ⇒ 답안 전송 ⇒ 시험 종료

- 문제는 총 4단계, 즉 제1작업부터 제4작업까지 구성되어 있으며 반드시 제1작업부터 순서대로 작성하고 조건대로 작업하시오.

- 모든 작업시트의 A열은 열 너비 '1'로, 나머지 열은 적당하게 조절하시오.

- 모든 작업시트의 테두리는 ≪출력형태≫와 같이 작업하시오.

- 해당 작업란에서는 각각 제시된 조건에 따라 ≪출력형태≫와 같이 작업하시오.

- 답안 시트 이름은 "제1작업", "제2작업", "제3작업", "제4작업"이어야 하며 답안 시트 이외의 것은 감점 처리됩니다.

- 각 시트를 파일로 나누어 작업해서 저장할 경우 실격 처리됩니다.

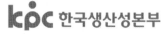

KPC 한국생산성본부

➡️ 다음은 '**앱개발 경진대회 신청 현황**'에 대한 자료이다. 자료를 입력하고 조건에 맞도록 작업하시오.

≪출력형태≫

코드	팀명	지도교수	지원분야	신청일	활동비 (단위:원)	활동시간	서류심사 담당자	문자 발송일
						확인	담당 / 팀장 / 부장	
E1451	지혜의 샘	이지은	교육	2022-09-01	55,000	152	(1)	(2)
H2512	사물헬스케어	박순호	건강	2022-08-15	180,000	205	(1)	(2)
C3613	자연힐링	김경호	문화	2022-09-03	65,500	115	(1)	(2)
E1452	메타미래	정유미	교육	2022-09-15	195,500	235	(1)	(2)
H2513	건강자가진단	손기현	건강	2022-08-27	178,000	170	(1)	(2)
E1458	늘탐구	김철수	교육	2022-09-05	134,000	155	(1)	(2)
H2518	코로나19	서영희	건강	2022-09-10	85,000	88	(1)	(2)
C3615	시공담문화	장민호	문화	2022-08-25	195,000	190	(1)	(2)
교육분야 평균 활동시간			(3)		최대 활동비(단위:원)			(5)
문화분야 신청 건수			(4)		팀명	지혜의 샘	활동시간	(6)

≪조건≫

○ 모든 데이터의 서식에는 글꼴(굴림, 11pt), 정렬은 숫자 및 회계 서식은 오른쪽 정렬, 나머지 서식은 가운데 정렬로 작성하며 예외적인 것은 ≪출력형태≫를 참조하시오.

○ 제 목 ⇒ 도형(육각형)과 그림자(오프셋 아래쪽)를 이용하여 작성하고 "앱개발 경진대회 신청 현황"을 입력한 후 다음 서식을 적용하시오
　　　　　(글꼴-굴림, 24pt, 검정, 굵게, 채우기-노랑).

○ 임의의 셀에 결재란을 작성하여 그림으로 복사 기능을 이용하여 붙이기 하시오(단, 원본 삭제).

○ 「B4:J4, G14, I14」 영역은 '주황'으로 채우기 하시오.

○ 유효성 검사를 이용하여 「H14」 셀에 팀명(「C5:C12」 영역)이 선택 표시되도록 하시오.

○ 셀 서식 ⇒ 「H5:H12」 영역에 셀 서식을 이용하여 숫자 뒤에 '시간'을 표시하시오(예 : 100시간).

○ 「G5:G12」 영역에 대해 '활동비'로 이름정의를 하시오.

➡️ (1)~(6) 셀은 반드시 **주어진 함수를 이용**하여 값을 구하시오(결과값을 직접 입력하면 해당 셀은 0점 처리됨).

(1) 서류심사 담당자 ⇒ 지원분야가 교육이면 '민수진', 건강이면 '변정훈', 문화이면 '신동진'으로 표시하시오(IF 함수).

(2) 문자 발송일 ⇒ 신청일의 요일이 평일이면 「신청일+3」, 주말이면 「신청일+5」로 구하시오
　　　　　　　(CHOOSE, WEEKDAY 함수).

(3) 교육분야 평균 활동시간 ⇒ 평균을 올림하여 정수로 표시하시오. 단, 조건은 입력데이터를 이용하시오
　　　　　　　　　　　　　(ROUNDUP, DAVERAGE 함수).

(4) 문화분야 신청 건수 ⇒ 결과값에 '건'을 붙이시오(COUNTIF 함수, & 연산자)(예 : 1건).

(5) 최대 활동비(단위:원) ⇒ 정의된 이름(활동비)을 이용하여 구하시오(LARGE 함수).

(6) 활동시간 ⇒ 「H14」 셀에서 선택한 팀명에 대한 활동시간을 구하시오(VLOOKUP 함수).

(7) 조건부 서식의 수식을 이용하여 활동시간이 '200' 이상인 행 전체에 다음의 서식을 적용하시오
　　(글꼴 : 파랑, 굵게).

[제2작업]　필터 및 서식　　　80점

➡ **"제1작업"** 시트의 「B4:H12」 영역을 복사하여 **"제2작업"** 시트의 「B2」 셀부터 모두 붙여넣기를 한 후
　다음의 조건과 같이 작업하시오.

≪조건≫

(1) 고급 필터 – 지원분야가 '교육'이거나, 활동비(단위:원)이 '190,000' 이상인 자료의 팀명, 지도교수,
　　　　　　　　활동비(단위:원), 활동시간 데이터만 추출하시오.
　　　　　　　– 조건 범위 : 「B14」 셀부터 입력하시오.
　　　　　　　– 복사 위치 : 「B18」 셀부터 나타나도록 하시오.

(2) 표 서식 – 고급 필터의 결과셀을 채우기 없음으로 설정한 후 '표 스타일 보통 5'의 서식을 적용하시오.
　　　　　　– 머리글 행, 줄무늬 행을 적용하시오.

[제3작업]　피벗 테이블　　　80점

➡ **"제1작업"** 시트를 이용하여 **"제3작업"** 시트에 조건에 따라 ≪출력형태≫와 같이 작업하시오.

≪조건≫

(1) 활동시간 및 지원분야별 팀명의 개수와 활동비(단위:원)의 평균을 구하시오.
(2) 활동시간을 그룹화하고, 지원분야를 ≪출력형태≫와 같이 정렬하시오.
(3) 레이블이 있는 셀 병합 및 가운데 맞춤 적용 및 빈 셀은 '**'로 표시하시오.
(4) 행의 총합계는 지우고, 나머지 사항은 ≪출력형태≫에 맞게 작성하시오.

≪출력형태≫

활동시간	지원분야 문화 개수 : 팀명	평균 : 활동비(단위:원)	교육 개수 : 팀명	평균 : 활동비(단위:원)	건강 개수 : 팀명	평균 : 활동비(단위:원)
1-100	**	**	**	**	1	85,000
101-200	2	130,250	2	94,500	1	178,000
201-300	**	**	1	195,500	1	180,000
총합계	2	130,250	3	128,167	3	147,667

➡️ **"제1작업"** 시트를 이용하여 조건에 따라 ≪출력형태≫와 같이 작업하시오.

≪조건≫

(1) 차트 종류 ⇒ 〈묶은 세로 막대형〉으로 작업하시오.

(2) 데이터 범위 ⇒ "제1작업" 시트의 내용을 이용하여 작업하시오.

(3) 위치 ⇒ "새 시트"로 이동하고, "제4작업"으로 시트 이름을 바꾸시오.

(4) 차트 디자인 도구 ⇒ 레이아웃 3, 스타일 1을 선택하여 ≪출력형태≫에 맞게 작업하시오.

(5) 영역 서식 ⇒ 차트 : 글꼴(굴림, 11pt), 채우기 효과(질감-파랑 박엽지)

                그림 : 채우기(흰색, 배경1)

(6) 제목 서식 ⇒ 차트 제목 : 글꼴(굴림, 굵게, 20pt), 채우기(흰색, 배경1), 테두리

(7) 서식 ⇒ 활동비(단위:원) 계열의 차트 종류를 〈표식이 있는 꺾은선형〉으로 변경한 후 보조 축으로 지정하시오.

            계열 : ≪출력형태≫를 참조하여 표식(세모, 크기 10)과 레이블 값을 표시하시오.

            눈금선 : 선 스타일-파선

            축 : ≪출력형태≫를 참조하시오.

(8) 범례 ⇒ 범례명을 변경하고 ≪출력형태≫를 참조하시오.

(9) 도형 ⇒ '모서리가 둥근 사각형 설명선'을 삽입한 후 ≪출력형태≫와 같이 내용을 입력하시오.

(10) 나머지 사항은 ≪출력형태≫에 맞게 작성하시오.

≪출력형태≫

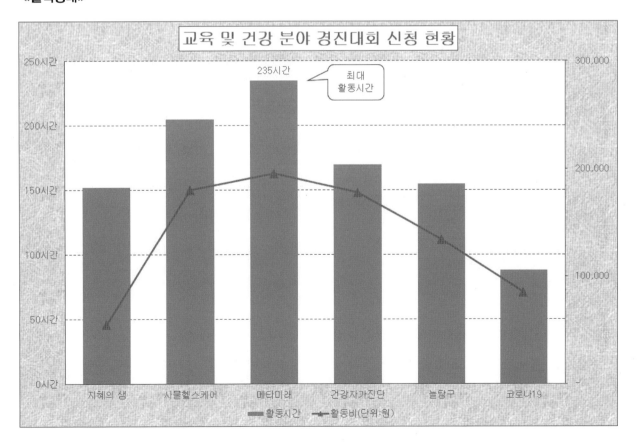

주의 ➡️ **시트명 순서가 차례대로 "제1작업", "제2작업", "제3작업", "제4작업"이 되도록 할 것.**

제 08 회 정보기술자격(ITQ) 출제예상 모의고사

과목	코드	문제유형	시험시간	수험번호	성명
한글엑셀	1122	A	60분		

MS오피스

·수험자 유의사항·

● 수험자는 문제지를 받는 즉시 문제지와 **수험표상의 시험과목(프로그램)이 동일한지 반드시 확인**하여야 합니다.

● 파일명은 본인의 "수험번호−성명"으로 입력하여 답안폴더(내 PC₩문서₩ITQ)에 하나의 파일로 저장해야 하며, 답안 문서 파일명이 "수험번호−성명"과 일치하지 않거나, 답안파일을 전송하지 않아 미제출로 처리될 경우 실격 처리합니다 (예 : 12345678−홍길동.xlsx).

● 답안 작성을 마치면 파일을 저장하고, '답안 전송' 버튼을 선택하여 감독위원 PC로 답안을 전송하십시오. 수험생 정보와 저장한 파일명이 다를 경우 전송되지 않으므로 주의하시기 바랍니다.

● 답안 작성 중에도 **주기적으로 저장하고, '답안 전송'**하여야 문제 발생을 줄일 수 있습니다. 작업한 내용을 저장하지 않고 전송할 경우 이전에 저장된 내용이 전송되오니 이점 유의하시기 바랍니다.

● 답안문서는 지정된 경로 외의 다른 보조기억장치에 저장하는 경우, 지정된 시험 시간 외에 작성된 파일을 활용할 경우, 기타 통신수단(이메일, 메신저, 네트워크 등)을 이용하여 타인에게 전달 또는 외부 반출하는 경우는 부정 처리합니다.

● 시험 중 부주의 또는 고의로 시스템을 파손한 경우는 수험자가 변상해야 하며, 〈수험자 유의사항〉에 기재된 방법대로 이행하지 않아 생기는 불이익은 수험생 당사자의 책임임을 알려 드립니다.

● 문제의 조건은 MS오피스 2021 버전으로 설정되어 있으며 MS오피스 2016은 【 】에 표기되어 있습니다. 이와 관련하여 작성한 답안의 출력형태가 문제지와 다를 수 있습니다.

● 시험을 완료한 수험자는 답안파일이 전송되었는지 확인한 후 감독위원의 지시에 따라 문제지를 제출하고 퇴실합니다.

·답안 작성요령·

● 온라인 답안 작성 절차
  수험자 등록 ⇒ 시험 시작 ⇒ 답안파일 저장 ⇒ 답안 전송 ⇒ 시험 종료

● 문제는 총 4단계, 즉 제1작업부터 제4작업까지 구성되어 있으며 반드시 제1작업부터 순서대로 작성하고 조건대로 작업하시오.

● 모든 작업시트의 A열은 열 너비 '1'로, 나머지 열은 적당하게 조절하시오.

● 모든 작업시트의 테두리는 ≪출력형태≫와 같이 작업하시오.

● 해당 작업란에서는 각각 제시된 조건에 따라 ≪출력형태≫와 같이 작업하시오.

● 답안 시트 이름은 "제1작업", "제2작업", "제3작업", "제4작업"이어야 하며 답안 시트 이외의 것은 감점 처리됩니다.

● 각 시트를 파일로 나누어 작업해서 저장할 경우 실격 처리됩니다.

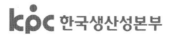

kpc 한국생산성본부

➡ 다음은 '**JS렌터카 렌트 현황**'에 대한 자료이다. 자료를 입력하고 조건에 맞도록 작업하시오.

≪출력형태≫

차량코드	렌트차종	출고일	제조사	렌트기간	렌트비용 (단위:원)	연료	연식	차량 구분
M-0571	SM3	2015-06-10	르노코리아	5	342,000	전기	(1)	(2)
R-0253	스타렉스	2013-05-10	현대자동차	3	325,000	LPG	(1)	(2)
L-9372	그랜저 TG	2011-02-20	현대자동차	2	175,000	가솔린	(1)	(2)
R-8133	뉴카니발	2012-12-20	기아자동차	4	215,000	디젤	(1)	(2)
L-4502	다이너스티	2010-09-30	현대자동차	1	85,000	가솔린	(1)	(2)
C-6362	에쿠스	2012-05-20	현대자동차	2	165,000	가솔린	(1)	(2)
M-7201	K5	2010-04-15	기아자동차	4	270,000	LPG	(1)	(2)
R-9353	QM3	2014-03-15	르노코리아	1	95,000	디젤	(1)	(2)
기아자동차 렌트기간의 평균			(3)			최대 렌트비용(단위:원)		(5)
르노코리아 렌트비용(단위:원)의 합계			(4)			차량코드 / M-0571 / 렌트기간		(6)

상단 우측 결재란: 결재 | 담당 | 과장 | 본부장

제목: JS렌터카 렌트 현황

≪조건≫

○ 모든 데이터의 서식에는 글꼴(굴림, 11pt), 정렬은 숫자 및 회계 서식은 오른쪽 정렬, 나머지 서식은 가운데 정렬로 작성하며 예외적인 것은 ≪출력형태≫를 참조하시오.

○ 제 목 ⇒ 도형(사다리꼴)과 그림자(오프셋 오른쪽)를 이용하여 작성하고 "JS렌터카 렌트 현황"을 입력한 후 다음 서식을 적용하시오
　　　　　(글꼴-굴림, 24pt, 검정, 굵게, 채우기-노랑).

○ 임의의 셀에 결재란을 작성하여 그림으로 복사 기능을 이용하여 붙이기 하시오(단, 원본 삭제).

○ 「B4:J4, G14, I14」 영역은 '주황'으로 채우기 하시오.

○ 유효성 검사를 이용하여 「H14」 셀에 차량코드(「B5:B12」 영역)가 선택 표시되도록 하시오.

○ 셀 서식 ⇒ 「F5:F12」 영역에 셀 서식을 이용하여 숫자 뒤에 '일'을 표시하시오(예 : 5일).

○ 「G5:G12」 영역에 대해 '렌트비용'으로 이름정의를 하시오.

➡ (1)～(6) 셀은 반드시 **주어진 함수를 이용**하여 값을 구하시오(결과값을 직접 입력하면 해당 셀은 0점 처리됨).

(1) 연식 ⇒ 출고일의 연도를 구한 결과값 뒤에 '년식'을 붙이시오(YEAR 함수, & 연산자)(예 : 2013년식).

(2) 차량구분 ⇒ 차량코드의 마지막 글자가 1이면 '중형', 2이면 '대형', 3이면 '승합'으로 표시하시오
　　　　　　　　(CHOOSE, RIGHT 함수).

(3) 기아자동차 렌트기간의 평균 ⇒ (SUMIF, COUNTIF 함수)

(4) 르노코리아 렌트비용(단위:원)의 합계 ⇒ 조건은 입력데이터를 이용하시오(DSUM 함수).

(5) 최대 렌트비용(단위:원) ⇒ 정의된 이름(렌트비용)을 이용하여 구하시오(MAX 함수).

(6) 렌트기간 ⇒ 「H14」 셀에서 선택한 차량코드에 대한 렌트기간을 구하시오(VLOOKUP 함수).

(7) 조건부 서식의 수식을 이용하여 렌트비용(단위:원)이 '100,000' 이하인 행 전체에 다음의 서식을 적용하시오
　　(글꼴 : 파랑, 굵게).

➡ **"제1작업"** 시트의 「B4:H12」 영역을 복사하여 **"제2작업"** 시트의 「B2」 셀부터 모두 붙여넣기를 한 후
다음의 조건과 같이 작업하시오.

≪조건≫

(1) 목표값 찾기 – 「B11:G11」 셀을 병합하여 "르노코리아의 렌트비용(단위:원) 평균"을 입력한 후 「H11」 셀에
르노코리아의 렌트비용(단위:원) 평균을 구하시오. 단, 조건은 입력데이터를 이용하시오
(DAVERAGE 함수, 테두리, 가운데 맞춤).
– '르노코리아의 렌트비용(단위:원) 평균'이 '230,000'이 되려면 SM3의 렌트비용(단위:원)이
얼마가 되어야 하는지 목표값을 구하시오.

(2) 고급 필터 – 제조사가 '르노코리아'가 아니면서 렌트기간이 '2' 이하인 자료의 차량코드, 출고일, 렌트기간,
렌트비용(단위:원) 데이터만 추출하시오.
– 조건 범위 : 「B14」 셀부터 입력하시오.
– 복사 위치 : 「B18」 셀부터 나타나도록 하시오.

➡ **"제1작업"** 시트의 「B4:H12」 영역을 복사하여 **"제3작업"** 시트의 「B2」 셀부터 모두 붙여넣기를 한 후
다음의 조건과 같이 작업하시오.

≪조건≫

(1) 부분합 – ≪출력형태≫처럼 정렬하고, 렌트차종의 개수와 렌트비용(단위:원)의 평균을 구하시오.
(2) 개요【윤곽】 – 지우시오.
(3) 나머지 사항은 ≪출력형태≫에 맞게 작성하시오.

≪출력형태≫

	B	C	D	E	F	G	H
1							
2	차량코드	렌트차종	출고일	제조사	렌트기간	렌트비용 (단위:원)	연료
3	R-0253	스타렉스	2013-05-10	현대자동차	3일	325,000	LPG
4	L-9372	그랜저 TG	2011-02-20	현대자동차	2일	175,000	가솔린
5	L-4502	다이너스티	2010-09-30	현대자동차	1일	85,000	가솔린
6	C-6362	에쿠스	2012-05-20	현대자동차	2일	165,000	가솔린
7				현대자동차 평균		187,500	
8		4		현대자동차 개수			
9	M-0571	SM3	2015-06-10	르노코리아	5일	342,000	전기
10	R-9353	QM3	2014-03-15	르노코리아	1일	95,000	디젤
11				르노코리아 평균		218,500	
12		2		르노코리아 개수			
13	R-8133	뉴카니발	2012-12-20	기아자동차	4일	215,000	디젤
14	M-7201	K5	2010-04-15	기아자동차	4일	270,000	LPG
15				기아자동차 평균		242,500	
16		2		기아자동차 개수			
17				전체 평균		209,000	
18		8		전체 개수			

→ **"제1작업"** 시트를 이용하여 조건에 따라 ≪출력형태≫와 같이 작업하시오.

≪조건≫

(1) 차트 종류 ⇒ 〈묶은 세로 막대형〉으로 작업하시오.

(2) 데이터 범위 ⇒ "제1작업" 시트의 내용을 이용하여 작업하시오.

(3) 위치 ⇒ "새 시트"로 이동하고, "제4작업"으로 시트 이름을 바꾸시오.

(4) 차트 디자인 도구 ⇒ 레이아웃 3, 스타일 1을 선택하여 ≪출력형태≫에 맞게 작업하시오.

(5) 영역 서식 ⇒ 차트 : 글꼴(굴림, 11pt), 채우기 효과(질감-파랑 박엽지)
그림 : 채우기(흰색, 배경1)

(6) 제목 서식 ⇒ 차트 제목 : 글꼴(굴림, 굵게, 20pt), 채우기(흰색, 배경1), 테두리

(7) 서식 ⇒ 렌트비용(단위:원) 계열의 차트 종류를 〈표식이 있는 꺾은선형〉으로 변경한 후 보조 축으로 지정하시오.
계열 : ≪출력형태≫를 참조하여 표식(세모, 크기 10)과 레이블 값을 표시하시오.
눈금선 : 선 스타일-파선
축 : ≪출력형태≫를 참조하시오.

(8) 범례 ⇒ 범례명을 변경하고 ≪출력형태≫를 참조하시오.

(9) 도형 ⇒ '모서리가 둥근 사각형 설명선'을 삽입한 후 ≪출력형태≫와 같이 내용을 입력하시오.

(10) 나머지 사항은 ≪출력형태≫에 맞게 작성하시오.

≪출력형태≫

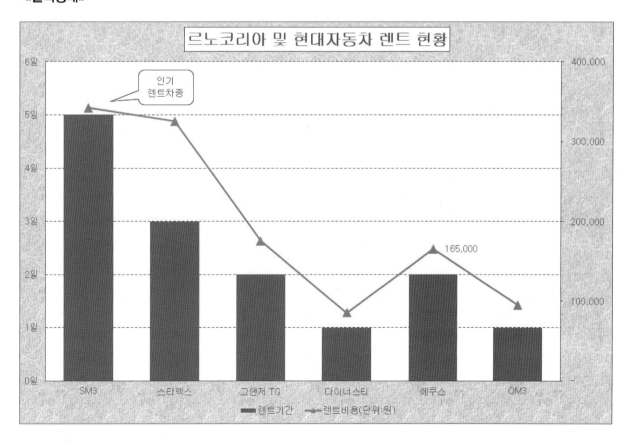

주의 → 시트명 순서가 차례대로 "제1작업", "제2작업", "제3작업", "제4작업"이 되도록 할 것.

제09회 정보기술자격(ITQ) 출제예상 모의고사

과목	코드	문제유형	시험시간	수험번호	성명
한글엑셀	1122	A	60분		

·수험자 유의사항·

- 수험자는 문제지를 받는 즉시 문제지와 **수험표상의 시험과목(프로그램)이 동일한지 반드시 확인**하여야 합니다.

- 파일명은 본인의 "수험번호–성명"으로 입력하여 답안폴더(내 PC₩문서₩ITQ)에 하나의 파일로 저장해야 하며, 답안 문서 파일명이 "수험번호–성명"과 일치하지 않거나, 답안파일을 전송하지 않아 미제출로 처리될 경우 실격 처리합니다 (예 : 12345678–홍길동.xlsx).

- 답안 작성을 마치면 파일을 저장하고, '답안 전송' 버튼을 선택하여 감독위원 PC로 답안을 전송하십시오. 수험생 정보와 저장한 파일명이 다를 경우 전송되지 않으므로 주의하시기 바랍니다.

- 답안 작성 중에도 **주기적으로 저장하고, '답안 전송'**하여야 문제 발생을 줄일 수 있습니다. 작업한 내용을 저장하지 않고 전송할 경우 이전에 저장된 내용이 전송되오니 이점 유의하시기 바랍니다.

- 답안문서는 지정된 경로 외의 다른 보조기억장치에 저장하는 경우, 지정된 시험 시간 외에 작성된 파일을 활용할 경우, 기타 통신수단(이메일, 메신저, 네트워크 등)을 이용하여 타인에게 전달 또는 외부 반출하는 경우는 부정 처리합니다.

- 시험 중 부주의 또는 고의로 시스템을 파손한 경우는 수험자가 변상해야 하며, 〈수험자 유의사항〉에 기재된 방법대로 이행하지 않아 생기는 불이익은 수험생 당사자의 책임임을 알려 드립니다.

- 문제의 조건은 MS오피스 2021 버전으로 설정되어 있으며 MS오피스 2016은 【 】에 표기되어 있습니다. 이와 관련하여 작성한 답안의 출력형태가 문제지와 다를 수 있습니다.

- 시험을 완료한 수험자는 답안파일이 전송되었는지 확인한 후 감독위원의 지시에 따라 문제지를 제출하고 퇴실합니다.

·답안 작성요령·

- 온라인 답안 작성 절차
  수험자 등록 ⇒ 시험 시작 ⇒ 답안파일 저장 ⇒ 답안 전송 ⇒ 시험 종료

- 문제는 총 4단계, 즉 제1작업부터 제4작업까지 구성되어 있으며 반드시 제1작업부터 순서대로 작성하고 조건대로 작업하시오.

- 모든 작업시트의 A열은 열 너비 '1'로, 나머지 열은 적당하게 조절하시오.

- 모든 작업시트의 테두리는 ≪출력형태≫와 같이 작업하시오.

- 해당 작업란에서는 각각 제시된 조건에 따라 ≪출력형태≫와 같이 작업하시오.

- 답안 시트 이름은 "제1작업", "제2작업", "제3작업", "제4작업"이어야 하며 답안 시트 이외의 것은 감점 처리됩니다.

- 각 시트를 파일로 나누어 작업해서 저장할 경우 실격 처리됩니다.

kpc 한국생산성본부

➡ 다음은 '**주요 국제 영화제 개최 현황**'에 대한 자료이다. 자료를 입력하고 조건에 맞도록 작업하시오.

≪출력형태≫

관리코드	영화제 명칭	주최국	대륙	1회 개막일자	예상 관객수	개최 횟수 (단위:회)	개최 순위	비고
T6522	토론토 국제	캐나다	북미	1976-10-18	500,000	47	(1)	(2)
B8241	베를린 국제	독일	유럽	1951-06-06	500,000	72	(1)	(2)
B1543	베이징 국제	중국	아시아	2011-04-23	300,000	12	(1)	(2)
B1453	부산 국제	한국	아시아	1996-09-13	180,000	27	(1)	(2)
J6653	전주 국제	한국	아시아	2000-04-28	80,000	23	(1)	(2)
S6323	선댄스	미국	북미	1985-01-20	70,000	38	(1)	(2)
F7351	칸	프랑스	유럽	1946-09-20	650,000	75	(1)	(2)
V2411	베네치아 국제	이탈리아	유럽	1932-08-06	700,000	79	(1)	(2)
최대 개최 횟수(단위:회)			(3)		북미 대륙 예상 관객수 평균			(5)
한국 영화제 개최 횟수(단위:회) 평균			(4)		관리코드	T6522	주최국	(6)

결재: 선임, 책임, 팀장

≪조건≫

○ 모든 데이터의 서식에는 글꼴(굴림, 11pt), 정렬은 숫자 및 회계 서식은 오른쪽 정렬, 나머지 서식은 가운데 정렬로 작성하며 예외적인 것은 ≪출력형태≫를 참조하시오.

○ 제 목 ⇒ 도형(평행 사변형)과 그림자(오프셋 아래쪽)를 이용하여 작성하고 "주요 국제 영화제 개최 현황"을 입력한 후 다음 서식을 적용하시오.
     (글꼴-굴림, 24pt, 검정, 굵게, 채우기-노랑).

○ 임의의 셀에 결재란을 작성하여 그림으로 복사 기능을 이용하여 붙이기 하시오(단, 원본 삭제).

○ 「B4:J4, G14, I14」 영역은 '주황'으로 채우기 하시오.

○ 유효성 검사를 이용하여 「H14」 셀에 관리코드(「B5:B12」 영역)가 선택 표시되도록 하시오.

○ 셀 서식 ⇒ 「G5:G12」 영역에 셀 서식을 이용하여 숫자 뒤에 '명'을 표시하시오(예 : 500,000명).

○ 「D5:D12」 영역에 대해 '주최국'으로 이름정의를 하시오.

➡ (1)~(6) 셀은 반드시 **주어진 함수를 이용**하여 값을 구하시오(결과값을 직접 입력하면 해당 셀은 0점 처리됨).

(1) 개최 순위 ⇒ 1회 개막일자의 오름차순 순위를 구한 결과값에 '위'를 붙이시오(RANK.EQ 함수, & 연산자)(예 : 1위).

(2) 비고 ⇒ 관리코드의 마지막 글자가 1이면 '세계3대', 2이면 '세계4대', 그 외에는 공백으로 구하시오.(IF, RIGHT 함수)

(3) 최대 개최 횟수(단위:회) ⇒ (MAX 함수)

(4) 한국 영화제 개최 횟수(단위:회) 평균 ⇒ 정의된 이름(주최국)을 이용하여 구하시오(SUMIF, COUNTIF 함수).

(5) 북미 대륙 예상 관객수 평균 ⇒ 조건은 입력데이터를 이용하시오(DAVERAGE 함수).

(6) 주최국 ⇒ 「H14」 셀에서 선택한 관리코드에 대한 주최국을 구하시오(VLOOKUP 함수).

(7) 조건부 서식의 수식을 이용하여 예상 관객수가 '100,000' 이하인 행 전체에 다음의 서식을 적용하시오
     (글꼴 : 파랑, 굵게).

[제2작업] 필터 및 서식　　　　　　　　　　　　　　　　　　　　　　　　80점

➜ **"제1작업"** 시트의 「B4:H12」 영역을 복사하여 **"제2작업"** 시트의 「B2」 셀부터 모두 붙여넣기를 한 후
　다음의 조건과 같이 작업하시오.

≪조건≫

(1) 고급 필터 – 대륙이 '북미'이거나, 개최 횟수(단위:회)가 '20' 이하인 자료의 영화제 명칭, 주최국, 예상 관객수,
　　　　　　　　　개최 횟수(단위:회) 데이터만 추출하시오.
　　　　　　　– 조건 범위 : 「B14」 셀부터 입력하시오.
　　　　　　　– 복사 위치 : 「B18」 셀부터 나타나도록 하시오.

(2) 표 서식 – 고급 필터의 결과셀을 채우기 없음으로 설정한 후 '표 스타일 보통 5'의 서식을 적용하시오.
　　　　　　– 머리글 행, 줄무늬 행을 적용하시오.

[제3작업] 피벗 테이블　　　　　　　　　　　　　　　　　　　　　　　　80점

➜ **"제1작업"** 시트를 이용하여 **"제3작업"** 시트에 조건에 따라 ≪출력형태≫와 같이 작업하시오.

≪조건≫

(1) 개최 횟수(단위:회) 및 대륙별 관리코드의 개수와 예상 관객수의 평균을 구하시오.
(2) 개최 횟수(단위:회)를 그룹화하고, 대륙을 ≪출력형태≫와 같이 정렬하시오.
(3) 레이블이 있는 셀 병합 및 가운데 맞춤 적용 및 빈 셀은 '**'로 표시하시오.
(4) 행의 총합계는 지우고, 나머지 사항은 ≪출력형태≫에 맞게 작성하시오.

≪출력형태≫

	A	B	C	D	E	F	G	H
1								
2			대륙 ↵					
3			유럽		아시아		북미	
4		개최 횟수(단위:회) ▼	개수 : 관리코드	평균 : 예상 관객수	개수 : 관리코드	평균 : 예상 관객수	개수 : 관리코드	평균 : 예상 관객수
5		1-30	**	**	3	186,667	**	**
6		31-60	**	**	**	**	2	285,000
7		61-90	3	616,667	**	**	**	**
8		총합계	3	616,667	3	186,667	2	285,000

➜ **"제1작업"** 시트를 이용하여 조건에 따라 ≪출력형태≫와 같이 작업하시오.

≪조건≫

  ⑴ 차트 종류 ⇒ 〈묶은 세로 막대형〉으로 작업하시오.

  ⑵ 데이터 범위 ⇒ "제1작업" 시트의 내용을 이용하여 작업하시오.

  ⑶ 위치 ⇒ "새 시트"로 이동하고, "제4작업"으로 시트 이름을 바꾸시오.

  ⑷ 차트 디자인 도구 ⇒ 레이아웃 3, 스타일 1을 선택하여 ≪출력형태≫에 맞게 작업하시오.

  ⑸ 영역 서식 ⇒ 차트 : 글꼴(굴림, 11pt), 채우기 효과(질감-파랑 박엽지)

                   그림 : 채우기(흰색, 배경1)

  ⑹ 제목 서식 ⇒ 차트 제목 : 글꼴(굴림, 굵게, 20pt), 채우기(흰색, 배경1), 테두리

  ⑺ 서식 ⇒ 개최 횟수(단위:회) 계열의 차트 종류를 〈표식이 있는 꺾은선형〉으로 변경한 후 보조 축으로 지정하시오.

           계열 : ≪출력형태≫를 참조하여 표식(세모, 크기 10)과 레이블 값을 표시하시오.

           눈금선 : 선 스타일-파선

           축 : ≪출력형태≫를 참조하시오.

  ⑻ 범례 ⇒ 범례명을 변경하고 ≪출력형태≫를 참조하시오.

  ⑼ 도형 ⇒ '모서리가 둥근 사각형 설명선'을 삽입한 후 ≪출력형태≫와 같이 내용을 입력하시오.

  ⑽ 나머지 사항은 ≪출력형태≫에 맞게 작성하시오.

≪출력형태≫

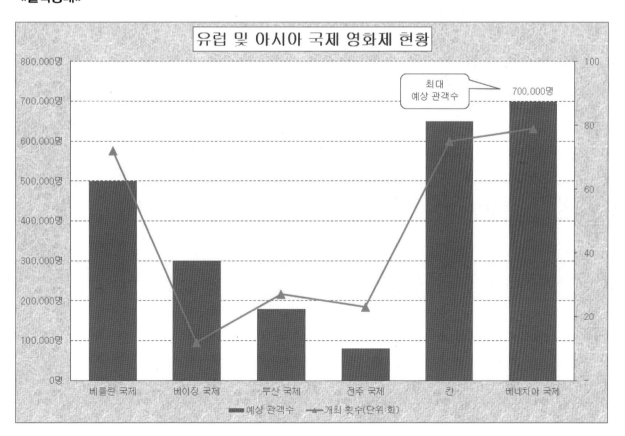

주의 ➜ 시트명 순서가 차례대로 "제1작업", "제2작업", "제3작업", "제4작업"이 되도록 할 것.

제 10 회 정보기술자격(ITQ) 출제예상 모의고사

과목	코드	문제유형	시험시간	수험번호	성명
한글엑셀	1122	A	60분		

MS오피스

·수험자 유의사항·

● 수험자는 문제지를 받는 즉시 문제지와 **수험표상의 시험과목(프로그램)이 동일한지 반드시 확인**하여야 합니다.

● 파일명은 본인의 "수험번호-성명"으로 입력하여 답안폴더(내 PC₩문서₩ITQ)에 하나의 파일로 저장해야 하며, 답안 문서 파일명이 "수험번호-성명"과 일치하지 않거나, 답안파일을 전송하지 않아 미제출로 처리될 경우 실격 처리합니다 (예 : 12345678-홍길동.xlsx).

● 답안 작성을 마치면 파일을 저장하고, '답안 전송' 버튼을 선택하여 감독위원 PC로 답안을 전송하십시오. 수험생 정보와 저장 한 파일명이 다를 경우 전송되지 않으므로 주의하시기 바랍니다.

● 답안 작성 중에도 **주기적으로 저장하고, '답안 전송'**하여야 문제 발생을 줄일 수 있습니다. 작업한 내용을 저장하지 않고 전송할 경우 이전에 저장된 내용이 전송되오니 이점 유의하시기 바랍니다.

● 답안문서는 지정된 경로 외의 다른 보조기억장치에 저장하는 경우, 지정된 시험 시간 외에 작성된 파일을 활용할 경우, 기타 통신수단(이메일, 메신저, 네트워크 등)을 이용하여 타인에게 전달 또는 외부 반출하는 경우는 부정 처리합니다.

● 시험 중 부주의 또는 고의로 시스템을 파손한 경우는 수험자가 변상해야 하며, 〈수험자 유의사항〉에 기재된 방법대로 이행하 지 않아 생기는 불이익은 수험생 당사자의 책임임을 알려 드립니다.

● 문제의 조건은 MS오피스 2021 버전으로 설정되어 있으며 MS오피스 2016은【 】에 표기되어 있습니다. 이와 관련하여 작성한 답안의 출력형태가 문제지와 다를 수 있습니다.

● 시험을 완료한 수험자는 답안파일이 전송되었는지 확인한 후 감독위원의 지시에 따라 문제지를 제출하고 퇴실합니다.

·답안 작성요령·

● 온라인 답안 작성 절차

수험자 등록 ⇒ 시험 시작 ⇒ 답안파일 저장 ⇒ 답안 전송 ⇒ 시험 종료

● 문제는 총 4단계, 즉 제1작업부터 제4작업까지 구성되어 있으며 반드시 제1작업부터 순서대로 작성하고 조건대로 작업하시오.

● 모든 작업시트의 A열은 열 너비 '1'로, 나머지 열은 적당하게 조절하시오.

● 모든 작업시트의 테두리는 ≪출력형태≫와 같이 작업하시오.

● 해당 작업란에서는 각각 제시된 조건에 따라 ≪출력형태≫와 같이 작업하시오.

● 답안 시트 이름은 "제1작업", "제2작업", "제3작업", "제4작업"이어야 하며 답안 시트 이외의 것은 감점 처리됩니다.

● 각 시트를 파일로 나누어 작업해서 저장할 경우 실격 처리됩니다.

kpc 한국생산성본부

➡️ 다음은 '패션 쥬얼리 구매 현황'에 대한 자료이다. 자료를 입력하고 조건에 맞도록 작업하시오.

≪출력형태≫

코드	상품명	품목	컬러	리뷰 (개)	판매가격 (원)	연령	회원구분	순위
						담당	팀장	부장
		패션 쥬얼리 구매 현황				확인		
EW150	크리스탈드롭	귀걸이	화이트	346	27,000	40	(1)	(2)
BR147	트위스트	팔찌	로즈	10	41,000	20	(1)	(2)
RR251	심플투라인	반지	로즈	40	39,000	20	(1)	(2)
NY239	볼드체인	목걸이	옐로우	131	98,000	50	(1)	(2)
EY145	미니하트	귀걸이	옐로우	79	55,000	30	(1)	(2)
NR236	이니셜스틱	목걸이	로즈	73	63,000	40	(1)	(2)
RW143	행운물고기	반지	화이트	98	71,000	20	(1)	(2)
ER128	블랙플라워	귀걸이	로즈	150	34,000	60	(1)	(2)
로즈 컬러 개수			(3)		최대 판매가격(원)			(5)
귀걸이 품목의 판매가격(원) 평균			(4)		상품명	크리스탈드롭	리뷰 (개)	(6)

≪조건≫

　○ 모든 데이터의 서식에는 글꼴(굴림, 11pt), 정렬은 숫자 및 회계 서식은 오른쪽 정렬, 나머지 서식은 가운데 정렬로 작성하며 예외적인 것은 ≪출력형태≫를 참조하시오.

　○ 제 목 ⇒ 도형(사다리꼴)과 그림자(오프셋 오른쪽)를 이용하여 작성하고 "패션 쥬얼리 구매 현황"을 입력한 후 다음 서식을 적용하시오

　　　　　(글꼴-굴림, 24pt, 검정, 굵게, 채우기-노랑).

　○ 임의의 셀에 결재란을 작성하여 그림으로 복사 기능을 이용하여 붙이기 하시오(단, 원본 삭제).

　○ 「B4:J4, G14, I14」 영역은 '주황'으로 채우기 하시오.

　○ 유효성 검사를 이용하여 「H14」 셀에 상품명(「C5:C12」 영역)이 선택 표시되도록 하시오.

　○ 셀 서식 ⇒ 「H5:H12」 영역에 셀 서식을 이용하여 숫자 뒤에 '대'를 표시하시오(예 : 40대).

　○ 「E5:E12」 영역에 대해 '컬러'로 이름정의를 하시오.

➡️ (1)~(6) 셀은 반드시 **주어진 함수를 이용**하여 값을 구하시오(결과값을 직접 입력하면 해당 셀은 0점 처리됨).

　(1) 회원구분 ⇒ 코드의 세 번째 값이 1이면 '회원', 그 외에는 '비회원'으로 표시하시오(IF, MID 함수).

　(2) 순위 ⇒ 리뷰(개)의 내림차순 순위를 구한 결과값에 '위'를 붙이시오(RANK.EQ 함수, & 연산자)(예 : 1위).

　(3) 로즈 컬러 개수 ⇒ 정의된 이름(컬러)을 이용하여 구하시오(COUNTIF 함수).

　(4) 귀걸이 품목의 판매가격(원) 평균 ⇒ 반올림하여 천원 단위까지 구하고, 조건은 입력데이터를 이용하시오

　　　　　　　　　　　　　(ROUND, DAVERAGE 함수)(예 : 37,657 → 38,000).

　(5) 최대 판매가격(원) ⇒ (MAX 함수)

　(6) 리뷰(개) ⇒ 「H14」 셀에서 선택한 상품명에 대한 리뷰(개)를 구하시오(VLOOKUP 함수).

　(7) 조건부 서식의 수식을 이용하여 판매가격(원)이 '60,000' 이상인 행 전체에 다음의 서식을 적용하시오

　　　(글꼴 : 파랑, 굵게).

➡️ **"제1작업"** 시트의 「B4:H12」 영역을 복사하여 **"제2작업"** 시트의 「B2」 셀부터 모두 붙여넣기를 한 후 다음의 조건과 같이 작업하시오.

≪조건≫

(1) 목표값 찾기 – 「B11:G11」 셀을 병합하고 가운데 맞춤한 후 "판매가격(원) 전체평균"을 입력하고, 「H11」 셀에 판매가격(원)의 전체평균을 구하시오(AVERAGE 함수, 테두리).
　　　　　　　 – '판매가격(원) 전체평균'이 '54,000'이 되려면 크리스탈드롭의 판매가격(원)이 얼마가 되어야 하는지 목표값을 구하시오.

(2) 고급 필터 – 코드가 'R'로 시작하거나 리뷰(개)가 '50' 이하인 자료의 상품명, 컬러, 판매가격(원), 연령 데이터만 추출하시오.
　　　　　　 – 조건 범위 : 「B14」 셀부터 입력하시오.
　　　　　　 – 복사 위치 : 「B18」 셀부터 나타나도록 하시오.

➡️ **"제1작업"** 시트의 「B4:H12」 영역을 복사하여 **"제3작업"** 시트의 「B2」 셀부터 모두 붙여넣기를 한 후 다음의 조건과 같이 작업하시오.

≪조건≫

(1) 부분합 – ≪출력형태≫처럼 정렬하고, 상품명의 개수와 판매가격(원)의 평균을 구하시오.
(2) 개요【윤곽】 – 지우시오.
(3) 나머지 사항은 ≪출력형태≫에 맞게 작성하시오.

≪출력형태≫

	코드	상품명	품목	컬러	리뷰(개)	판매가격(원)	연령
	EW150	크리스탈드롭	귀걸이	화이트	346	27,000	40대
	RW143	행운물고기	반지	화이트	98	71,000	20대
				화이트 평균		49,000	
		2		화이트 개수			
	NY239	볼드체인	목걸이	옐로우	131	98,000	50대
	EY145	미니하트	귀걸이	옐로우	79	55,000	30대
				옐로우 평균		76,500	
		2		옐로우 개수			
	BR147	트위스트	팔찌	로즈	10	41,000	20대
	RR251	심플투라인	반지	로즈	40	39,000	20대
	NR236	이니셜스틱	목걸이	로즈	73	63,000	40대
	ER128	블랙플라워	귀걸이	로즈	150	34,000	60대
				로즈 평균		44,250	
		4		로즈 개수			
				전체 평균		53,500	
		8		전체 개수			

➡ **"제1작업"** 시트를 이용하여 조건에 따라 ≪출력형태≫와 같이 작업하시오.

≪조건≫

(1) 차트 종류 ⇒ 〈묶은 세로 막대형〉으로 작업하시오.

(2) 데이터 범위 ⇒ "제1작업" 시트의 내용을 이용하여 작업하시오.

(3) 위치 ⇒ "새 시트"로 이동하고, "제4작업"으로 시트 이름을 바꾸시오.

(4) 차트 디자인 도구 ⇒ 레이아웃 3, 스타일 1을 선택하여 ≪출력형태≫에 맞게 작업하시오.

(5) 영역 서식 ⇒ 차트 : 글꼴(굴림, 11pt), 채우기 효과(질감−파랑 박엽지)
                   그림 : 채우기(흰색, 배경1)

(6) 제목 서식 ⇒ 차트 제목 : 글꼴(굴림, 굵게, 20pt), 채우기(흰색, 배경1), 테두리

(7) 서식 ⇒ 판매가격(원) 계열의 차트 종류를 〈표식이 있는 꺾은선형〉으로 변경한 후 보조 축으로 지정하시오.
        계열 : ≪출력형태≫를 참조하여 표식(마름모, 크기 10)과 레이블 값을 표시하시오.

        눈금선 : 선 스타일−파선

        축 : ≪출력형태≫를 참조하시오.

(8) 범례 ⇒ 범례명을 변경하고 ≪출력형태≫를 참조하시오.

(9) 도형 ⇒ '모서리가 둥근 사각형 설명선'을 삽입한 후 ≪출력형태≫와 같이 내용을 입력하시오.

(10) 나머지 사항은 ≪출력형태≫에 맞게 작성하시오.

≪출력형태≫

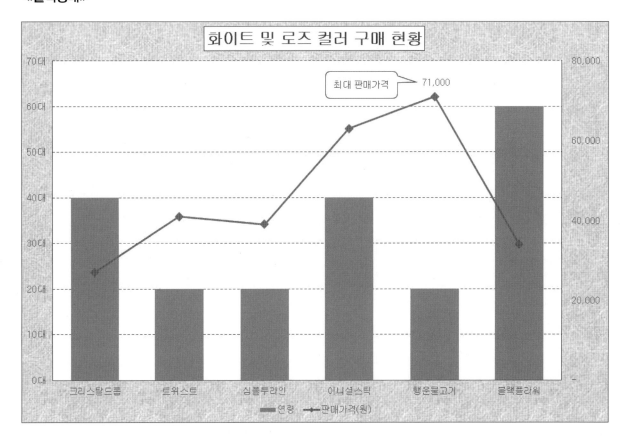

주의 ➡ **시트명 순서가 차례대로 "제1작업", "제2작업", "제3작업", "제4작업"이 되도록 할 것.**

제 **11** 회 정보기술자격(ITQ) 출제예상 모의고사

과목	코드	문제유형	시험시간	수험번호	성명
한글엑셀	1122	A	60분		

MS오피스

·수험자 유의사항·

● 수험자는 문제지를 받는 즉시 문제지와 **수험표상의 시험과목(프로그램)이 동일한지 반드시 확인**하여야 합니다.

● 파일명은 본인의 "수험번호−성명"으로 입력하여 답안폴더(내 PC₩문서₩ITQ)에 하나의 파일로 저장해야 하며, 답안 문서 파일명이 "수험번호−성명"과 일치하지 않거나, 답안파일을 전송하지 않아 미제출로 처리될 경우 실격 처리합니다 (예 : 12345678−홍길동.xlsx).

● 답안 작성을 마치면 파일을 저장하고, '답안 전송' 버튼을 선택하여 감독위원 PC로 답안을 전송하십시오. 수험생 정보와 저장한 파일명이 다를 경우 전송되지 않으므로 주의하시기 바랍니다.

● 답안 작성 중에도 **주기적으로 저장하고, '답안 전송'**하여야 문제 발생을 줄일 수 있습니다. 작업한 내용을 저장하지 않고 전송할 경우 이전에 저장된 내용이 전송되오니 이점 유의하시기 바랍니다.

● 답안문서는 지정된 경로 외의 다른 보조기억장치에 저장하는 경우, 지정된 시험 시간 외에 작성된 파일을 활용할 경우, 기타 통신수단(이메일, 메신저, 네트워크 등)을 이용하여 타인에게 전달 또는 외부 반출하는 경우는 부정 처리합니다.

● 시험 중 부주의 또는 고의로 시스템을 파손한 경우는 수험자가 변상해야 하며, 〈수험자 유의사항〉에 기재된 방법대로 이행하지 않아 생기는 불이익은 수험생 당사자의 책임임을 알려 드립니다.

● 문제의 조건은 MS오피스 2021 버전으로 설정되어 있으며 MS오피스 2016은【 】에 표기되어 있습니다. 이와 관련하여 작성한 답안의 출력형태가 문제지와 다를 수 있습니다.

● 시험을 완료한 수험자는 답안파일이 전송되었는지 확인한 후 감독위원의 지시에 따라 문제지를 제출하고 퇴실합니다.

·답안 작성요령·

● 온라인 답안 작성 절차
  수험자 등록 ⇒ 시험 시작 ⇒ 답안파일 저장 ⇒ 답안 전송 ⇒ 시험 종료

● 문제는 총 4단계, 즉 제1작업부터 제4작업까지 구성되어 있으며 반드시 제1작업부터 순서대로 작성하고 조건대로 작업하시오.

● 모든 작업시트의 A열은 열 너비 '1'로, 나머지 열은 적당하게 조절하시오.

● 모든 작업시트의 테두리는 ≪출력형태≫와 같이 작업하시오.

● 해당 작업란에서는 각각 제시된 조건에 따라 ≪출력형태≫와 같이 작업하시오.

● 답안 시트 이름은 "제1작업", "제2작업", "제3작업", "제4작업"이어야 하며 답안 시트 이외의 것은 감점 처리됩니다.

● 각 시트를 파일로 나누어 작업해서 저장할 경우 실격 처리됩니다.

kpc 한국생산성본부

→ 다음은 **'현진대학특강 수강 현황'**에 대한 자료이다. 자료를 입력하고 조건에 맞도록 작업하시오.

≪출력형태≫

강좌코드	강좌명	강사명	구분	수강인원	개강일	수강료 (단위:원)	강의실	개강 요일
A5641	영어회화	김은희	어학	26	2022-12-05	100,000	(1)	(2)
C6942	포토샵활용	정예인	컴퓨터	28	2022-12-06	110,000	(1)	(2)
B6541	비즈니스 일본어	장현오	어학	42	2022-12-05	120,000	(1)	(2)
V6312	엑셀과 파워포인트	박은빈	컴퓨터	31	2022-12-07	80,000	(1)	(2)
W2321	중국어회화	김찬호	어학	19	2022-12-09	110,000	(1)	(2)
F8923	ERP 1급	장서준	회계	36	2022-12-09	170,000	(1)	(2)
M4513	ERP 2급	배은주	회계	29	2022-12-05	150,000	(1)	(2)
E3942	인디자인 마스터	곽소형	컴퓨터	18	2022-12-06	90,000	(1)	(2)
어학 강좌의 수강인원 합계			(3)		최대 수강인원			(5)
어학 강좌의 평균 수강료(단위:원)			(4)		강좌코드	A5641	수강인원	(6)

표 상단에는 "현진대학특강 수강 현황" 제목과 결재란(사원, 팀장, 사장)이 있음.

≪조건≫

○ 모든 데이터의 서식에는 글꼴(굴림, 11pt), 정렬은 숫자 및 회계 서식은 오른쪽 정렬, 나머지 서식은 가운데 정렬로 작성하며 예외적인 것은 ≪출력형태≫를 참조하시오.

○ 제 목 ⇒ 도형(사다리꼴)과 그림자(오프셋 아래쪽)를 이용하여 작성하고 "현진대학특강 수강 현황"을 입력한 후 다음 서식을 적용하시오
(글꼴−굴림, 24pt, 검정, 굵게, 채우기−노랑).

○ 임의의 셀에 결재란을 작성하여 그림으로 복사 기능을 이용하여 붙이기 하시오(단, 원본 삭제).

○ 「B4:J4, G14, I14」 영역은 '주황'으로 채우기 하시오.

○ 유효성 검사를 이용하여 「H14」 셀에 강좌코드(B5:B12」 영역)이 선택 표시되도록 하시오.

○ 셀 서식 ⇒ 「F5:F12」 영역에 셀 서식을 이용하여 숫자 뒤에 '명'을 표시하시오(예 : 26명).

○ 「F5:F12」 영역에 대해 '수강인원'으로 이름정의를 하시오.

→ (1)~(6) 셀은 반드시 **주어진 함수를 이용**하여 값을 구하시오(결과값을 직접 입력하면 해당 셀은 0점 처리됨).

(1) 강의실 ⇒ 강좌코드의 마지막 글자가 1이면 '어학실', 그 외에는 '컴퓨터실'로 구하시오(IF, RIGHT 함수).

(2) 개강요일 ⇒ 개강일의 요일을 구하시오(CHOOSE, WEEKDAY 함수)(예 : 월요일).

(3) 어학 강좌의 수강인원 합계 ⇒ 조건은 입력데이터를 이용하시오(DSUM 함수).

(4) 어학 강좌의 평균 수강료(단위:원) ⇒ 조건은 입력데이터를 이용하시오(DAVERAGE 함수).

(5) 최대 수강인원 ⇒ 정의된 이름(수강인원)을 이용하여 구한 결과값에 '명'을 붙이시오
(MAX 함수, & 연산자)(예 : 1명).

(6) 수강인원 ⇒ 「H14」 셀에서 선택한 강좌코드에 대한 수강인원을 구하시오(VLOOKUP 함수).

(7) 조건부 서식의 수식을 이용하여 수강료(단위:원)가 '100,000' 이하인 행 전체에 다음의 서식을 적용하시오
(글꼴 : 파랑, 굵게).

➡ **"제1작업"** 시트의 「B4:H12」 영역을 복사하여 **"제2작업"** 시트의 「B2」 셀부터 모두 붙여넣기를 한 후 다음의 조건과 같이 작업하시오.

≪조건≫

(1) 고급 필터 – 구분이 '회계'이거나, 수강료(단위:원)가 '100,000' 이하인 자료의 강좌명, 강사명, 수강인원, 수강료(단위:원) 데이터만 추출하시오.
　　　　　　　– 조건 범위 : 「B14」 셀부터 입력하시오.
　　　　　　　– 복사 위치 : 「B18」 셀부터 나타나도록 하시오.

(2) 표 서식 – 고급 필터의 결과셀을 채우기 없음으로 설정한 후 '표 스타일 보통 5'의 서식을 적용하시오.
　　　　　– 머리글 행, 줄무늬 행을 적용하시오.

➡ **"제1작업"** 시트를 이용하여 **"제3작업"** 시트에 조건에 따라 ≪출력형태≫와 같이 작업하시오.

≪조건≫

(1) 수강인원 및 구분별 강좌명의 개수와 수강료(단위:원)의 평균을 구하시오.
(2) 수강인원을 그룹화하고, 구분을 ≪출력형태≫와 같이 정렬하시오.
(3) 레이블이 있는 셀 병합 및 가운데 맞춤 적용 및 빈 셀은 '**'로 표시하시오.
(4) 행의 총합계는 지우고, 나머지 사항은 ≪출력형태≫에 맞게 작성하시오.

≪출력형태≫

	구분 ↓						
		회계		컴퓨터		어학	
수강인원 ▼	개수 : 강좌명	평균 : 수강료(단위:원)	개수 : 강좌명	평균 : 수강료(단위:원)	개수 : 강좌명	평균 : 수강료(단위:원)
1-20	**	**	1	90,000	1	110,000
21-40	2	160,000	2	95,000	1	100,000
41-60	**	**	**	**	1	120,000
총합계	2	160,000	3	93,333	3	110,000

➡ **"제1작업"** 시트를 이용하여 조건에 따라 ≪출력형태≫와 같이 작업하시오.

≪조건≫

(1) 차트 종류 ⇒ 〈묶은 세로 막대형〉으로 작업하시오.

(2) 데이터 범위 ⇒ "제1작업" 시트의 내용을 이용하여 작업하시오.

(3) 위치 ⇒ "새 시트"로 이동하고, "제4작업"으로 시트 이름을 바꾸시오.

(4) 차트 디자인 도구 ⇒ 레이아웃 3, 스타일 1을 선택하여 ≪출력형태≫에 맞게 작업하시오.

(5) 영역 서식 ⇒ 차트 : 글꼴(굴림, 11pt), 채우기 효과(질감-파랑 박엽지)

　　　　　　　그림 : 채우기(흰색, 배경1)

(6) 제목 서식 ⇒ 차트 제목 : 글꼴(굴림, 굵게, 20pt), 채우기(흰색, 배경1), 테두리

(7) 서식 ⇒ 수강료(단위:원) 계열의 차트 종류를 〈표식이 있는 꺾은선형〉으로 변경한 후 보조 축으로 지정하시오.

　　　계열 :≪출력형태≫를 참조하여 표식(세모, 크기 10)과 레이블 값을 표시하시오.

　　　눈금선 : 선 스타일-파선

　　　축 : ≪출력형태≫를 참조하시오.

(8) 범례 ⇒ 범례명을 변경하고 ≪출력형태≫를 참조하시오.

(9) 도형 ⇒ '모서리가 둥근 사각형 설명선'을 삽입한 후 ≪출력형태≫와 같이 내용을 입력하시오.

(10) 나머지 사항은 ≪출력형태≫에 맞게 작성하시오.

≪출력형태≫

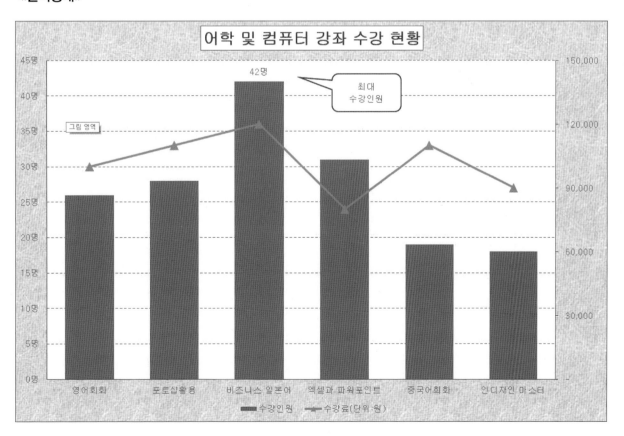

주의 ➡ 시트명 순서가 차례대로 "제1작업", "제2작업", "제3작업", "제4작업"이 되도록 할 것.

제 12 회 정보기술자격(ITQ) 출제예상 모의고사

과목	코드	문제유형	시험시간	수험번호	성명
한글엑셀	1122	A	60분		

MS오피스

·수험자 유의사항·

- 수험자는 문제지를 받는 즉시 문제지와 **수험표상의 시험과목(프로그램)이 동일한지 반드시 확인**하여야 합니다.

- 파일명은 본인의 "수험번호-성명"으로 입력하여 답안폴더(내 PC\문서\ITQ)에 하나의 파일로 저장해야 하며, 답안 문서 파일명이 "수험번호-성명"과 일치하지 않거나, 답안파일을 전송하지 않아 미제출로 처리될 경우 실격 처리합니다 (예 : 12345678-홍길동.xlsx).

- 답안 작성을 마치면 파일을 저장하고, '답안 전송' 버튼을 선택하여 감독위원 PC로 답안을 전송하십시오. 수험생 정보와 저장한 파일명이 다를 경우 전송되지 않으므로 주의하시기 바랍니다.

- 답안 작성 중에도 **주기적으로 저장하고, '답안 전송'**하여야 문제 발생을 줄일 수 있습니다. 작업한 내용을 저장하지 않고 전송할 경우 이전에 저장된 내용이 전송되오니 이점 유의하시기 바랍니다.

- 답안문서는 지정된 경로 외의 다른 보조기억장치에 저장하는 경우, 지정된 시험 시간 외에 작성된 파일을 활용할 경우, 기타 통신수단(이메일, 메신저, 네트워크 등)을 이용하여 타인에게 전달 또는 외부 반출하는 경우는 부정 처리합니다.

- 시험 중 부주의 또는 고의로 시스템을 파손한 경우는 수험자가 변상해야 하며, 〈수험자 유의사항〉에 기재된 방법대로 이행하지 않아 생기는 불이익은 수험생 당사자의 책임임을 알려 드립니다.

- 문제의 조건은 MS오피스 2021 버전으로 설정되어 있으며 MS오피스 2016은 【 】에 표기되어 있습니다. 이와 관련하여 작성한 답안의 출력형태가 문제지와 다를 수 있습니다.

- 시험을 완료한 수험자는 답안파일이 전송되었는지 확인한 후 감독위원의 지시에 따라 문제지를 제출하고 퇴실합니다.

·답안 작성요령·

- 온라인 답안 작성 절차

  수험자 등록 ⇒ 시험 시작 ⇒ 답안파일 저장 ⇒ 답안 전송 ⇒ 시험 종료

- 문제는 총 4단계, 즉 제1작업부터 제4작업까지 구성되어 있으며 반드시 제1작업부터 순서대로 작성하고 조건대로 작업하시오.

- 모든 작업시트의 A열은 열 너비 '1'로, 나머지 열은 적당하게 조절하시오.

- 모든 작업시트의 테두리는 ≪출력형태≫와 같이 작업하시오.

- 해당 작업란에서는 각각 제시된 조건에 따라 ≪출력형태≫와 같이 작업하시오.

- 답안 시트 이름은 "제1작업", "제2작업", "제3작업", "제4작업"이어야 하며 답안 시트 이외의 것은 감점 처리됩니다.

- 각 시트를 파일로 나누어 작업해서 저장할 경우 실격 처리됩니다.

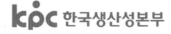

➡ 다음은 '**마리 의류 판매 현황**'에 대한 자료이다. 자료를 입력하고 조건에 맞도록 작업하시오.

≪출력형태≫

제품코드	제품명	구분	판매수량 (단위:점)	재고수량 (단위:점)	판매가	제조사	판매순위	비고
SS148	벌룬	블라우스	342	216	52,000	기린	(1)	(2)
ST123	와플 카라	블라우스	327	130	24,000	우주	(1)	(2)
DS311	카고 와이드	팬츠	137	84	16,500	기린	(1)	(2)
SS161	앤아이 플라워	원피스	219	321	48,000	달팽이	(1)	(2)
FT977	헨느 셔링	블라우스	422	228	23,000	우주	(1)	(2)
DE721	와이드 데님	팬츠	137	65	18,900	달팽이	(1)	(2)
FE621	카고 트레이닝	팬츠	92	220	12,800	달팽이	(1)	(2)
DE321	로렌 뷔스티에	원피스	209	121	75,000	기린	(1)	(2)
블라우스 제품 판매수량(단위:점) 평균			(3)		원피스 제품의 개수			(5)
최저 판매가			(4)		제품명	벌룬	재고수량 (단위:점)	(6)

상단: 확인 / 사원 / 대리 / 과장

제목: 마리 의류 판매 현황

≪조건≫

ㅇ 모든 데이터의 서식에는 글꼴(굴림, 11pt), 정렬은 숫자 및 회계 서식은 오른쪽 정렬, 나머지 서식은 가운데 정렬로 작성하며 예외적인 것은 ≪출력형태≫를 참조하시오.

ㅇ 제 목 ⇒ 도형(사다리꼴)과 그림자(오프셋 오른쪽)를 이용하여 작성하고 "마리 의류 판매 현황"을 입력한 후 다음 서식을 적용하시오
   (글꼴-굴림, 24pt, 검정, 굵게, 채우기-노랑).

ㅇ 임의의 셀에 결재란을 작성하여 그림으로 복사 기능을 이용하여 붙이기 하시오(단, 원본 삭제).

ㅇ 「B4:J4, G14, I14」 영역은 '주황'으로 채우기 하시오.

ㅇ 유효성 검사를 이용하여 「H14」 셀에 제품명(「C5:C12」 영역)이 선택 표시되도록 하시오.

ㅇ 셀 서식 ⇒ 「G5:G12」 영역에 셀 서식을 이용하여 숫자 뒤에 '원'을 표시하시오(예 : 52,000원).

ㅇ 「G5:G12」 영역에 대해 '판매가'로 이름정의를 하시오.

➡ (1)~(6) 셀은 반드시 **주어진 함수를 이용**하여 값을 구하시오(결과값을 직접 입력하면 해당 셀은 0점 처리됨).

(1) 판매순위 ⇒ 판매수량(단위:점)의 내림차순 순위를 구한 결과값에 '위'를 붙이시오
   (RANK.EQ 함수, & 연산자)(예 : 1위).

(2) 비고 ⇒ 재고수량(단위:점)이 200 이상이거나 판매가가 50,000 이상이면 '20% 할인', 그 외에는 공백으로 표시하시오
   (IF, OR 함수).

(3) 블라우스 제품 판매수량(단위:점) 평균 ⇒ 내림하여 정수로 구하시오. 단, 조건은 입력데이터를 이용하시오
   (ROUNDDOWN, DAVERAGE 함수)(예 : 256.8 → 256).

(4) 최저 판매가 ⇒ 정의된 이름(판매가)을 이용하여 구하시오(MIN 함수).

(5) 원피스 제품의 개수 ⇒ (COUNTIF 함수)

(6) 재고수량(단위:점) ⇒ 「H14」 셀에서 선택한 제품명에 대한 재고수량(단위:점)을 구하시오(VLOOKUP 함수).

(7) 조건부 서식의 수식을 이용하여 판매가가 '40,000' 이상인 행 전체에 다음의 서식을 적용하시오
   (글꼴 : 파랑, 굵게).

➡ **"제1작업"** 시트의 「B4:H12」 영역을 복사하여 **"제2작업"** 시트의 「B2」 셀부터 모두 붙여넣기를 한 후
　다음의 조건과 같이 작업하시오.

≪조건≫

　(1) 목표값 찾기 – 「B11:G11」 셀을 병합하고 가운데 맞춤한 후 "판매수량(단위:점) 전체평균"을 입력하고, 「H11」 셀에
　　　　　　　　　판매수량(단위:점)의 전체평균을 구하시오(AVERAGE 함수, 테두리).
　　　　　　 – '판매수량(단위:점) 전체평균'이 '241'이 되려면 벌룬의 판매수량(단위:점)이 얼마가 되어야 하는지
　　　　　　　　목표값을 구하시오.

　(2) 고급 필터 – 제품코드가 'F'로 시작하거나 재고수량(단위:점)이 '100' 이하인 자료의 제품명, 판매수량(단위:점), 판매가,
　　　　　　　　제조사 데이터만 추출하시오.
　　　　　　 – 조건 범위 : 「B14」 셀부터 입력하시오.
　　　　　　 – 복사 위치 : 「B18」 셀부터 나타나도록 하시오.

➡ **"제1작업"** 시트의 「B4:H12」 영역을 복사하여 **"제3작업"** 시트의 「B2」 셀부터 모두 붙여넣기를 한 후
　다음의 조건과 같이 작업하시오.

≪조건≫

　(1) 부분합 – ≪출력형태≫처럼 정렬하고, 제품명의 개수와 판매수량(단위:점)의 평균을 구하시오.
　(2) 개요【윤곽】 – 지우시오.
　(3) 나머지 사항은 ≪출력형태≫에 맞게 작성하시오.

≪출력형태≫

A	B	C	D	E	F	G	H
1							
2	제품코드	제품명	구분	판매수량 (단위:점)	재고수량 (단위:점)	판매가	제조사
3	DS311	카고 와이드	팬츠	137	84	16,500원	기린
4	DE721	와이드 데님	팬츠	137	65	18,900원	달팽이
5	FE621	카고 트레이닝	팬츠	92	220	12,800원	달팽이
6			팬츠 평균	122			
7		3	팬츠 개수				
8	SS161	앤아이 플라워	원피스	219	321	48,000원	달팽이
9	DE321	로렌 뷔스티에	원피스	209	121	75,000원	기린
10			원피스 평균	214			
11		2	원피스 개수				
12	SS148	벌룬	블라우스	342	216	52,000원	기린
13	ST123	와플 카라	블라우스	327	130	24,000원	우주
14	FT977	헨느 셔링	블라우스	422	228	23,000원	우주
15			블라우스 평균	364			
16		3	블라우스 개수				
17			전체 평균	236			
18		8	전체 개수				

➡️ **"제1작업"** 시트를 이용하여 조건에 따라 ≪출력형태≫와 같이 작업하시오.

≪조건≫

　(1) 차트 종류 ⇒ 〈묶은 세로 막대형〉으로 작업하시오.

　(2) 데이터 범위 ⇒ "제1작업" 시트의 내용을 이용하여 작업하시오.

　(3) 위치 ⇒ "새 시트"로 이동하고, "제4작업"으로 시트 이름을 바꾸시오.

　(4) 차트 디자인 도구 ⇒ 레이아웃 3, 스타일 1을 선택하여 ≪출력형태≫에 맞게 작업하시오.

　(5) 영역 서식 ⇒ 차트 : 글꼴(굴림, 11pt), 채우기 효과(질감-파랑 박엽지)
　　　　　　　　　그림 : 채우기(흰색, 배경1)

　(6) 제목 서식 ⇒ 차트 제목 : 글꼴(굴림, 굵게, 20pt), 채우기(흰색, 배경1), 테두리

　(7) 서식 ⇒ 판매수량(단위:점) 계열의 차트 종류를 〈표식이 있는 꺾은선형〉으로 변경한 후 보조 축으로 지정하시오.
　　　　　계열 : ≪출력형태≫를 참조하여 표식(마름모, 크기 10)과 레이블 값을 표시하시오.
　　　　　눈금선 : 선 스타일-파선
　　　　　축 : ≪출력형태≫를 참조하시오.

　(8) 범례 ⇒ 범례명을 변경하고 ≪출력형태≫를 참조하시오.

　(9) 도형 ⇒ '모서리가 둥근 사각형 설명선'을 삽입한 후 ≪출력형태≫와 같이 내용을 입력하시오.

　(10) 나머지 사항은 ≪출력형태≫에 맞게 작성하시오.

≪출력형태≫

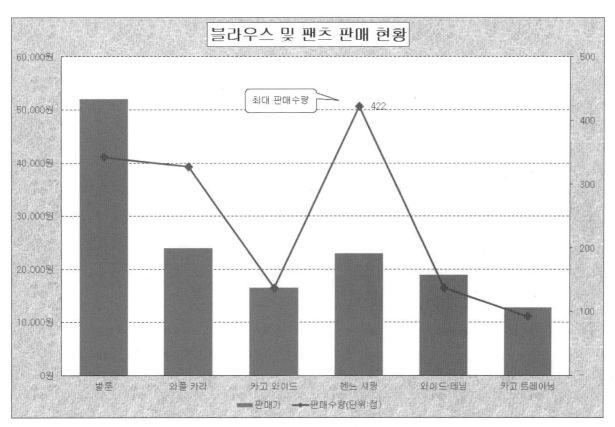

주의 ➡️ 시트명 순서가 차례대로 "제1작업", "제2작업", "제3작업", "제4작업"이 되도록 할 것.

제 13 회 정보기술자격(ITQ) 출제예상 모의고사

과목	코드	문제유형	시험시간	수험번호	성명
한글엑셀	1122	A	60분		

MS오피스

·수험자 유의사항·

● 수험자는 문제지를 받는 즉시 문제지와 **수험표상의 시험과목(프로그램)이 동일한지 반드시 확인**하여야 합니다.

● 파일명은 본인의 "수험번호-성명"으로 입력하여 답안폴더(내 PC₩문서₩ITQ)에 하나의 파일로 저장해야 하며, 답안 문서 파일명이 "수험번호-성명"과 일치하지 않거나, 답안파일을 전송하지 않아 미제출로 처리될 경우 실격 처리합니다 (예 : 12345678-홍길동.xlsx).

● 답안 작성을 마치면 파일을 저장하고, '답안 전송' 버튼을 선택하여 감독위원 PC로 답안을 전송하십시오. 수험생 정보와 저장한 파일명이 다를 경우 전송되지 않으므로 주의하시기 바랍니다.

● 답안 작성 중에도 **주기적으로 저장하고, '답안 전송'**하여야 문제 발생을 줄일 수 있습니다. 작업한 내용을 저장하지 않고 전송할 경우 이전에 저장된 내용이 전송되오니 이점 유의하시기 바랍니다.

● 답안문서는 지정된 경로 외의 다른 보조기억장치에 저장하는 경우, 지정된 시험 시간 외에 작성된 파일을 활용할 경우, 기타 통신수단(이메일, 메신저, 네트워크 등)을 이용하여 타인에게 전달 또는 외부 반출하는 경우는 부정 처리합니다.

● 시험 중 부주의 또는 고의로 시스템을 파손한 경우는 수험자가 변상해야 하며, 〈수험자 유의사항〉에 기재된 방법대로 이행하지 않아 생기는 불이익은 수험생 당사자의 책임임을 알려 드립니다.

● 문제의 조건은 MS오피스 2021 버전으로 설정되어 있으며 MS오피스 2016은【 】에 표기되어 있습니다. 이와 관련하여 작성한 답안의 출력형태가 문제지와 다를 수 있습니다.

● 시험을 완료한 수험자는 답안파일이 전송되었는지 확인한 후 감독위원의 지시에 따라 문제지를 제출하고 퇴실합니다.

·답안 작성요령·

● 온라인 답안 작성 절차
  수험자 등록 ⇒ 시험 시작 ⇒ 답안파일 저장 ⇒ 답안 전송 ⇒ 시험 종료

● 문제는 총 4단계, 즉 제1작업부터 제4작업까지 구성되어 있으며 반드시 제1작업부터 순서대로 작성하고 조건대로 작업하시오.

● 모든 작업시트의 A열은 열 너비 '1'로, 나머지 열은 적당하게 조절하시오.

● 모든 작업시트의 테두리는 ≪출력형태≫와 같이 작업하시오.

● 해당 작업란에서는 각각 제시된 조건에 따라 ≪출력형태≫와 같이 작업하시오.

● 답안 시트 이름은 "제1작업", "제2작업", "제3작업", "제4작업"이어야 하며 답안 시트 이외의 것은 감점 처리됩니다.

● 각 시트를 파일로 나누어 작업해서 저장할 경우 실격 처리됩니다.

kpc 한국생산성본부

➡ 다음은 'AI 여행사 여행상품 현황'에 대한 자료이다. 자료를 입력하고 조건에 맞도록 작업하시오.

≪출력형태≫

확인	담당	팀장	부장

AI 여행사 여행상품 현황

코드	여행지	분류	여행기간	출발일	출발인원	여행경비 (단위:원)	적립금	출발시간
AS213	울릉도	섬여행	3박4일	2023-05-23	30	295,000	(1)	(2)
AE131	방콕 파타야	해외여행	4박6일	2023-04-20	20	639,000	(1)	(2)
AS122	제주도	섬여행	3박4일	2023-03-15	25	459,000	(1)	(2)
AT213	부산 명소 탐방	기차여행	1박2일	2023-05-12	30	324,000	(1)	(2)
AE231	북인도	해외여행	5박6일	2023-03-18	20	1,799,900	(1)	(2)
AE311	필리핀 세부	해외여행	4박5일	2023-06-01	25	799,000	(1)	(2)
AS223	독도	섬여행	2박3일	2023-04-10	30	239,000	(1)	(2)
AT132	남도 맛기행	기차여행	1박2일	2023-03-19	25	355,000	(1)	(2)
섬여행 여행경비(단위:원) 평균		(3)			최대 여행경비(단위:원)			(5)
5월 이후 출발하는 여행상품 수		(4)			여행지	울릉도	출발인원	(6)

≪조건≫

○ 모든 데이터의 서식에는 글꼴(굴림, 11pt), 정렬은 숫자 및 회계 서식은 오른쪽 정렬, 나머지 서식은 가운데 정렬로 작성하며 예외적인 것은 ≪출력형태≫를 참조하시오.

○ 제 목 ⇒ 도형(평행 사변형)과 그림자(오프셋 오른쪽)를 이용하여 작성하고 "AI 여행사 여행상품 현황"을 입력한 후 다음 서식을 적용하시오 (글꼴-굴림, 24pt, 검정, 굵게, 채우기-노랑).

○ 임의의 셀에 결재란을 작성하여 그림으로 복사 기능을 이용하여 붙이기 하시오(단, 원본 삭제).

○ 「B4:J4, G14, I14」 영역은 '주황'으로 채우기 하시오.

○ 유효성 검사를 이용하여 「H14」 셀에 여행지(「C5:C12」 영역)가 선택 표시되도록 하시오.

○ 셀 서식 ⇒ 「G5:G12」 영역에 셀 서식을 이용하여 숫자 뒤에 '명'을 표시하시오(예 : 10명).

○ 「H5:H12」 영역에 대해 '여행경비'로 이름정의를 하시오.

➡ (1)~(6) 셀은 반드시 **주어진 함수를 이용**하여 값을 구하시오(결과값을 직접 입력하면 해당 셀은 0점 처리됨).

(1) 적립금 ⇒ 「여행경비(단위:원)×적립율」로 구하시오. 단, 적립율은 코드의 마지막 글자가 1이면 '1%', 2이면 '0.5%', 3이면 '0'으로 지정하여 구하시오(CHOOSE, RIGHT 함수).

(2) 출발시간 ⇒ 출발일이 평일이면 '오전 8시', 주말이면 '오전 10시'로 구하시오(IF, WEEKDAY 함수).

(3) 섬여행 여행경비(단위:원) 평균 ⇒ 단, 조건은 입력데이터를 이용하시오(DAVERAGE 함수).

(4) 5월 이후 출발하는 여행상품 수 ⇒ 5월도 포함하여 구하고, 결과값 뒤에 '개'를 붙이시오 (COUNTIF 함수, & 연산자)(예 : 1개).

(5) 최대 여행경비(단위:원) ⇒ 정의된 이름(여행경비)을 이용하여 구하시오(LARGE 함수).

(6) 출발인원 ⇒ 「H14」 셀에서 선택한 여행지에 대한 출발인원을 구하시오(VLOOKUP 함수).

(7) 조건부 서식의 수식을 이용하여 여행경비(단위:원)가 '600,000' 이상인 행 전체에 다음의 서식을 적용하시오 (글꼴 : 파랑, 굵게).

➡️ **"제1작업"** 시트의 「B4:H12」 영역을 복사하여 **"제2작업"** 시트의 「B2」 셀부터 모두 붙여넣기를 한 후
다음의 조건과 같이 작업하시오.

≪조건≫

    (1) 고급 필터 – 분류가 '기차여행'이거나, 여행경비(단위:원)가 '600,000' 이상인 자료의 여행지, 여행기간, 출발일,
              여행경비(단위:원) 데이터만 추출하시오.
          – 조건 범위 : 「B14」 셀부터 입력하시오.
          – 복사 위치 : 「B18」 셀부터 나타나도록 하시오.

    (2) 표 서식 – 고급 필터의 결과셀을 채우기 없음으로 설정한 후 '표 스타일 보통 4'의 서식을 적용하시오.
          – 머리글 행, 줄무늬 행을 적용하시오.

➡️ **"제1작업"** 시트를 이용하여 **"제3작업"** 시트에 조건에 따라 ≪출력형태≫와 같이 작업하시오.

≪조건≫

    (1) 출발일 및 분류별 여행지의 개수와 여행경비(단위:원)의 평균을 구하시오.
    (2) 출발일을 그룹화하고, 분류를 ≪출력형태≫와 같이 정렬하시오.
    (3) 레이블이 있는 셀 병합 및 가운데 맞춤 적용 및 빈 셀은 '**'로 표시하시오.
    (4) 행의 총합계는 지우고, 나머지 사항은 ≪출력형태≫에 맞게 작성하시오.

≪출력형태≫

출발일	개수 : 여행지 (해외여행)	평균 : 여행경비(단위:원) (해외여행)	개수 : 여행지 (섬여행)	평균 : 여행경비(단위:원) (섬여행)	개수 : 여행지 (기차여행)	평균 : 여행경비(단위:원) (기차여행)
3월	1	1,799,900	1	459,000	1	355,000
4월	1	639,000	1	239,000	**	**
5월	**	**	1	295,000	1	324,000
6월	1	799,000	**	**	**	**
총합계	3	1,079,300	3	331,000	2	339,500

➡ **"제1작업"** 시트를 이용하여 조건에 따라 ≪출력형태≫와 같이 작업하시오.

≪조건≫

  (1) 차트 종류 ⇒ 〈묶은 세로 막대형〉으로 작업하시오.

  (2) 데이터 범위 ⇒ "제1작업" 시트의 내용을 이용하여 작업하시오.

  (3) 위치 ⇒ "새 시트"로 이동하고, "제4작업"으로 시트 이름을 바꾸시오.

  (4) 차트 디자인 도구 ⇒ 레이아웃 3, 스타일 1을 선택하여 ≪출력형태≫에 맞게 작업하시오.

  (5) 영역 서식 ⇒ 차트 : 글꼴(굴림, 11pt), 채우기 효과(질감–파랑 박엽지)

              그림 : 채우기(흰색, 배경1)

  (6) 제목 서식 ⇒ 차트 제목 : 글꼴(굴림, 굵게, 20pt), 채우기(흰색, 배경1), 테두리

  (7) 서식 ⇒ 여행경비(단위:원) 계열의 차트 종류를 〈표식이 있는 꺾은선형〉으로 변경한 후 보조 축으로 지정하시오.

        계열 : ≪출력형태≫를 참조하여 표식(마름모, 크기 10)과 레이블 값을 표시하시오.

        눈금선 : 선 스타일–파선

        축 : ≪출력형태≫를 참조하시오.

  (8) 범례 ⇒ 범례명을 변경하고 ≪출력형태≫를 참조하시오.

  (9) 도형 ⇒ '모서리가 둥근 사각형 설명선'을 삽입한 후 ≪출력형태≫와 같이 내용을 입력하시오.

  (10) 나머지 사항은 ≪출력형태≫에 맞게 작성하시오.

≪출력형태≫

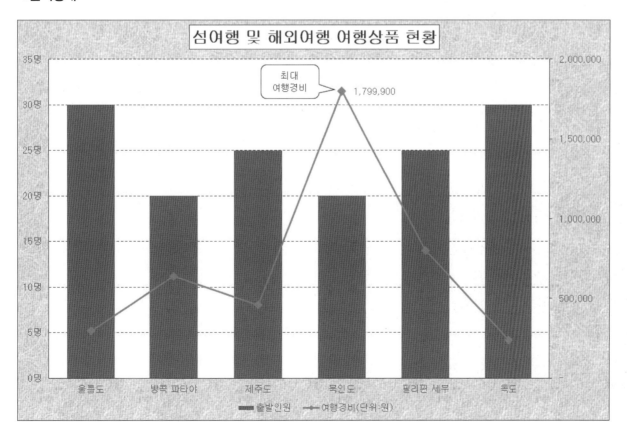

주의 ➡ 시트명 순서가 차례대로 "제1작업", "제2작업", "제3작업", "제4작업"이 되도록 할 것.

제 14 회 정보기술자격(ITQ) 출제예상 모의고사

과목	코드	문제유형	시험시간	수험번호	성명
한글엑셀	1122	A	60분		

MS오피스

·수험자 유의사항·

● 수험자는 문제지를 받는 즉시 문제지와 **수험표상의 시험과목(프로그램)이 동일한지 반드시 확인**하여야 합니다.

● 파일명은 본인의 "수험번호–성명"으로 입력하여 답안폴더(내 PC\문서\ITQ)에 하나의 파일로 저장해야 하며, 답안 문서 파일명이 "수험번호–성명"과 일치하지 않거나, 답안파일을 전송하지 않아 미제출로 처리될 경우 실격 처리합니다 (예 : 12345678–홍길동.xlsx).

● 답안 작성을 마치면 파일을 저장하고, '답안 전송' 버튼을 선택하여 감독위원 PC로 답안을 전송하십시오. 수험생 정보와 저장한 파일명이 다를 경우 전송되지 않으므로 주의하시기 바랍니다.

● 답안 작성 중에도 **주기적으로 저장하고, '답안 전송'**하여야 문제 발생을 줄일 수 있습니다. 작업한 내용을 저장하지 않고 전송할 경우 이전에 저장된 내용이 전송되오니 이점 유의하시기 바랍니다.

● 답안문서는 지정된 경로 외의 다른 보조기억장치에 저장하는 경우, 지정된 시험 시간 외에 작성된 파일을 활용할 경우, 기타 통신수단(이메일, 메신저, 네트워크 등)을 이용하여 타인에게 전달 또는 외부 반출하는 경우는 부정 처리합니다.

● 시험 중 부주의 또는 고의로 시스템을 파손한 경우는 수험자가 변상해야 하며, 〈수험자 유의사항〉에 기재된 방법대로 이행하지 않아 생기는 불이익은 수험생 당사자의 책임임을 알려 드립니다.

● 문제의 조건은 MS오피스 2021 버전으로 설정되어 있으며 MS오피스 2016은 【 】에 표기되어 있습니다. 이와 관련하여 작성한 답안의 출력형태가 문제지와 다를 수 있습니다.

● 시험을 완료한 수험자는 답안파일이 전송되었는지 확인한 후 감독위원의 지시에 따라 문제지를 제출하고 퇴실합니다.

·답안 작성요령·

● 온라인 답안 작성 절차
  수험자 등록 ⇒ 시험 시작 ⇒ 답안파일 저장 ⇒ 답안 전송 ⇒ 시험 종료

● 문제는 총 4단계, 즉 제1작업부터 제4작업까지 구성되어 있으며 반드시 제1작업부터 순서대로 작성하고 조건대로 작업하시오.

● 모든 작업시트의 A열은 열 너비 '1'로, 나머지 열은 적당하게 조절하시오.

● 모든 작업시트의 테두리는 ≪출력형태≫와 같이 작업하시오.

● 해당 작업란에서는 각각 제시된 조건에 따라 ≪출력형태≫와 같이 작업하시오.

● 답안 시트 이름은 "제1작업", "제2작업", "제3작업", "제4작업"이어야 하며 답안 시트 이외의 것은 감점 처리됩니다.

● 각 시트를 파일로 나누어 작업해서 저장할 경우 실격 처리됩니다.

kpc 한국생산성본부

➡️ 다음은 '제이여행 마일리지 투어 상품'에 대한 자료이다. 자료를 입력하고 조건에 맞도록 작업하시오.

≪출력형태≫

상품코드	여행지	국가	항공사	일정(일)	출발인원	공제 마일리지	순위	비고
			확인	담당	대리	과장		
		제이여행 마일리지 투어 상품						
KE-874	베를린	독일	하나항공	7	18	169,000	(1)	(2)
HA-355	하노이	베트남	블루항공	5	26	80,000	(1)	(2)
FA-516	뉴욕	미국	하나항공	8	32	155,000	(1)	(2)
HE-342	호치민	베트남	그린항공	6	12	70,000	(1)	(2)
PA-767	다낭	베트남	하나항공	4	9	105,000	(1)	(2)
FR-648	보스턴	미국	그린항공	5	27	125,000	(1)	(2)
HA-942	뮌헨	독일	블루항공	7	10	190,000	(1)	(2)
LE-621	함부르크	독일	블루항공	3	21	180,000	(1)	(2)
블루항공 여행 개수			(3)		최대 공제 마일리지			(5)
독일 지역의 출발인원 평균			(4)		여행지	베를린	일정(일)	(6)

≪조건≫

○ 모든 데이터의 서식에는 글꼴(굴림, 11pt), 정렬은 숫자 및 회계 서식은 오른쪽 정렬, 나머지 서식은 가운데 정렬로 작성하며 예외적인 것은 ≪출력형태≫를 참조하시오.

○ 제 목 ⇒ 도형(사다리꼴)과 그림자(오프셋 오른쪽)를 이용하여 작성하고 "제이여행 마일리지 투어 상품"을 입력한 후 다음 서식을 적용하시오
(글꼴-굴림, 24pt, 검정, 굵게, 채우기-노랑).

○ 임의의 셀에 결재란을 작성하여 그림으로 복사 기능을 이용하여 붙이기 하시오(단, 원본 삭제).

○ 「B4:J4, G14, I14」 영역은 '주황'으로 채우기 하시오.

○ 유효성 검사를 이용하여 「H14」 셀에 여행지(「C5:C12」 영역)가 선택 표시되도록 하시오.

○ 셀 서식 ⇒ 「G5:G12」 영역에 셀 서식을 이용하여 숫자 뒤에 '명'을 표시하시오(예 : 18명).

○ 「E5:E12」 영역에 대해 '항공사'로 이름정의를 하시오.

➡️ (1)~(6) 셀은 반드시 **주어진 함수를 이용**하여 값을 구하시오(결과값을 직접 입력하면 해당 셀은 0점 처리됨).

(1) 순위 ⇒ 출발인원의 내림차순 순위를 구한 결과값에 '위'를 붙이시오(RANK.EQ 함수, & 연산자)(예 : 1위).

(2) 비고 ⇒ 상품코드의 첫 글자가 F이면 '자유여행', 그 외에는 공백으로 구하시오(IF, LEFT 함수).

(3) 블루항공 여행 개수 ⇒ 정의된 이름(항공사)을 이용하여 구하시오(COUNTIF 함수).

(4) 독일 지역의 출발인원 평균 ⇒ 올림하여 정수로 구하시오. 단, 조건은 입력데이터를 이용하시오
(ROUNDUP, DAVERAGE 함수)(예 : 27.3 → 28).

(5) 최대 공제 마일리지 ⇒ (MAX 함수)

(6) 일정(일) ⇒ 「H14」 셀에서 선택한 여행지에 대한 일정(일)을 표시하시오(VLOOKUP 함수).

(7) 조건부 서식의 수식을 이용하여 출발인원이 '15' 이하인 행 전체에 다음의 서식을 적용하시오
[글꼴 : 파랑, 굵게].

➡ **"제1작업"** 시트의 「B4:H12」 영역을 복사하여 **"제2작업"** 시트의 「B2」 셀부터 모두 붙여넣기를 한 후 다음의 조건과 같이 작업하시오.

≪조건≫

(1) 목표값 찾기 – 「B11:G11」 셀을 병합하고 가운데 맞춤한 후 "출발인원 전체평균"을 입력하고 「H11」 셀에 출발인원의 전체평균을 구하시오(AVERAGE 함수, 테두리).
   – '출발인원 전체평균'이 '20'이 되려면 베를린의 출발인원이 얼마가 되어야 하는지 목표값을 구하시오.

(2) 고급 필터 – 상품코드가 'F'로 시작하거나 공제 마일리지가 '100,000' 이하인 자료의 여행지, 일정(일), 출발인원, 공제 마일리지 데이터만 추출하시오.
   – 조건 범위 : 「B14」 셀부터 입력하시오.
   – 복사 위치 : 「B18」 셀부터 나타나도록 하시오.

➡ **"제1작업"** 시트의 「B4:H12」 영역을 복사하여 **"제3작업"** 시트의 「B2」 셀부터 모두 붙여넣기를 한 후 다음의 조건과 같이 작업하시오.

≪조건≫

(1) 부분합 – ≪출력형태≫처럼 정렬하고, 여행지의 개수와 출발인원의 평균을 구하시오.
(2) 개요【윤곽】 – 지우시오.
(3) 나머지 사항은 ≪출력형태≫에 맞게 작성하시오.

≪출력형태≫

상품코드	여행지	국가	항공사	일정 (일)	출발인원	공제 마일리지
HA-355	하노이	베트남	블루항공	5	26명	80,000
HE-342	호치민	베트남	그린항공	6	12명	70,000
PA-767	다낭	베트남	하나항공	4	9명	105,000
		베트남 평균			16명	
	3	베트남 개수				
FA-516	뉴욕	미국	하나항공	8	32명	155,000
FR-648	보스턴	미국	그린항공	5	27명	125,000
		미국 평균			30명	
	2	미국 개수				
KE-874	베를린	독일	하나항공	7	18명	169,000
HA-942	뮌헨	독일	블루항공	7	10명	190,000
LE-621	함부르크	독일	블루항공	3	21명	180,000
		독일 평균			16명	
	3	독일 개수				
		전체 평균			19명	
	8	전체 개수				

➡️ **"제1작업"** 시트를 이용하여 조건에 따라 ≪출력형태≫와 같이 작업하시오.

≪조건≫

(1) 차트 종류 ⇒ 〈묶은 세로 막대형〉으로 작업하시오.

(2) 데이터 범위 ⇒ "제1작업" 시트의 내용을 이용하여 작업하시오.

(3) 위치 ⇒ "새 시트"로 이동하고, "제4작업"으로 시트 이름을 바꾸시오.

(4) 차트 디자인 도구 ⇒ 레이아웃 3, 스타일 1을 선택하여 ≪출력형태≫에 맞게 작업하시오.

(5) 영역 서식 ⇒ 차트 : 글꼴(굴림, 11pt), 채우기 효과(질감–파랑 박엽지)
                 그림 : 채우기(흰색, 배경1)

(6) 제목 서식 ⇒ 차트 제목 : 글꼴(굴림, 굵게, 20pt), 채우기(흰색, 배경1), 테두리

(7) 서식 ⇒ 출발인원 계열의 차트 종류를 〈표식이 있는 꺾은선형〉으로 변경한 후 보조 축으로 지정하시오.

         계열 : ≪출력형태≫를 참조하여 표식(마름모, 크기 10)과 레이블 값을 표시하시오.

         눈금선 : 선 스타일–파선

         축 : ≪출력형태≫를 참조하시오.

(8) 범례 ⇒ 범례명을 변경하고 ≪출력형태≫를 참조하시오.

(9) 도형 ⇒ '모서리가 둥근 사각형 설명선'을 삽입한 후 ≪출력형태≫와 같이 내용을 입력하시오.

(10) 나머지 사항은 ≪출력형태≫에 맞게 작성하시오.

≪출력형태≫

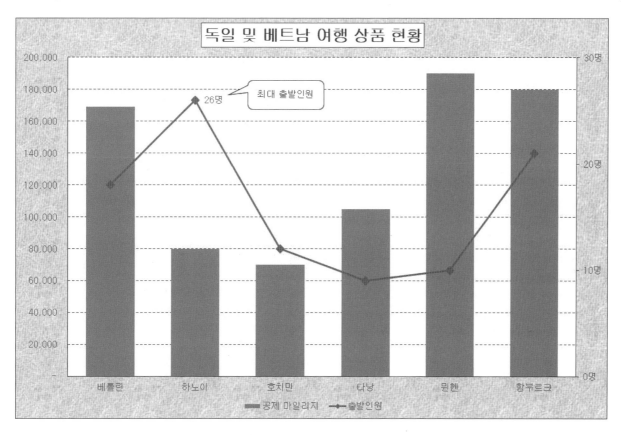

주의 ➡️ 시트명 순서가 차례대로 "제1작업", "제2작업", "제3작업", "제4작업"이 되도록 할 것.

제 15 회 정보기술자격(ITQ) 출제예상 모의고사

과목	코드	문제유형	시험시간	수험번호	성명
한글엑셀	1122	A	60분		

MS오피스

kpc 한국생산성본부

➡️ 다음은 '수상 태양광 설치 현황'에 대한 자료이다. 자료를 입력하고 조건에 맞도록 작업하시오.

≪출력형태≫

관리코드	사업장	형태	설치일	용량(Kw)	발전규모(Kw)	설치비용	보조 지원금	시공사
							결재	담당 대리 팀장
GS103	운문댐	부력일체형	2017-04-13	500	1,830	8,830,000	(1)	(2)
GE101	경남합천댐	부력일체형	2016-03-08	800	2,100	15,360,000	(1)	(2)
GA202	지평저수지	구조체형	2017-03-15	1,500	4,200	27,860,000	(1)	(2)
GS302	청호저수지	구조체형	2015-10-09	300	1,150	5,500,000	(1)	(2)
GE452	당진화력발전소	구조체형	2018-06-12	1,000	3,540	18,120,000	(1)	(2)
GA713	용당저수지	프레임형	2016-02-10	1,350	3,950	21,960,000	(1)	(2)
GT121	보령댐	부력일체형	2016-11-15	1,800	4,540	32,760,000	(1)	(2)
GS661	오창저수지	프레임형	2015-11-10	200	870	4,520,000	(1)	(2)
부력일체형 설치비용의 평균			(3)			최저 용량(Kw)		(5)
구조체형 사업장 개수			(4)			사업장	운문댐	설치비용 (6)

≪조건≫

ㅇ 모든 데이터의 서식에는 글꼴(굴림, 11pt), 정렬은 숫자 및 회계 서식은 오른쪽 정렬, 나머지 서식은 가운데 정렬로 작성하며 예외적인 것은 ≪출력형태≫를 참조하시오.

ㅇ 제 목 ⇒ 도형(사다리꼴)과 그림자(오프셋 오른쪽)를 이용하여 작성하고 "수상 태양광 설치 현황"을 입력한 후 다음 서식을 적용하시오 (글꼴-굴림, 24pt, 검정, 굵게, 채우기-노랑).

ㅇ 임의의 셀에 결재란을 작성하여 그림으로 복사 기능을 이용하여 붙이기 하시오(단, 원본 삭제).

ㅇ 「B4:J4, G14, I14」 영역은 '주황'으로 채우기 하시오.

ㅇ 유효성 검사를 이용하여 「H14」 셀에 사업장(「C5:C12」 영역)이 선택 표시되도록 하시오.

ㅇ 셀 서식 ⇒ 「H5:H12」 영역에 셀 서식을 이용하여 숫자 뒤에 '원'을 표시하시오(예 : 8,830,000원).

ㅇ 「F5:F12」 영역에 대해 '용량'으로 이름정의를 하시오.

➡️ (1)∼(6) 셀은 반드시 **주어진 함수를 이용**하여 값을 구하시오(결과값을 직접 입력하면 해당 셀은 0점 처리됨).

(1) 보조 지원금 ⇒ 「설치비용×지원비율」로 구하되, 지원비율은 용량(Kw)이 1,000 이상이면 '50%', 500 이상이면 '30%', 그 외에는 '20%'로 지정하여 구하시오(IF 함수).

(2) 시공사 ⇒ 관리코드의 마지막 글자가 1이면 '그린에너지', 2이면 '미래전자', 3이면 '한국전자'로 구하시오 (CHOOSE, RIGHT 함수).

(3) 부력일체형 설치비용의 평균 ⇒ 반올림하여 천원 단위까지 구하시오. 단, 조건은 입력데이터를 이용하시오 (ROUND, DAVERAGE 함수)(예 : 23,456,700 → 23,457,000).

(4) 구조체형 사업장 개수 ⇒ 결과값에 '개'를 붙이시오(COUNTIF 함수, & 연산자)(예 : 1개).

(5) 최저 용량(Kw) ⇒ 정의된 이름(용량)을 이용하여 구하시오(SMALL 함수).

(6) 설치비용 ⇒ 「H14」 셀에서 선택한 사업장에 대한 설치비용을 구하시오(VLOOKUP 함수).

(7) 조건부 서식의 수식을 이용하여 용량(Kw)이 '500' 이하인 행 전체에 다음의 서식을 적용하시오 (글꼴 : 파랑, 굵게).

➡ **"제1작업"** 시트의 「B4:H12」 영역을 복사하여 **"제2작업"** 시트의 「B2」 셀부터 모두 붙여넣기를 한 후 다음의 조건과 같이 작업하시오.

≪조건≫

　(1) 고급 필터 – 형태가 '플레임형'이거나, 용량(Kw)이 '500' 이하인 자료의 사업장, 용량(Kw), 발전규모(Kw), 설치비용 데이터만 추출하시오.
　　　　　　　　– 조건 범위 : 「B14」 셀부터 입력하시오.
　　　　　　　　– 복사 위치 : 「B18」 셀부터 나타나도록 하시오.

　(2) 표 서식 – 고급 필터의 결과셀을 채우기 없음으로 설정한 후 '표 스타일 보통 4'의 서식을 적용하시오.
　　　　　　　– 머리글 행, 줄무늬 행을 적용하시오.

➡ **"제1작업"** 시트를 이용하여 **"제3작업"** 시트에 조건에 따라 ≪출력형태≫와 같이 작업하시오.

≪조건≫

　(1) 설치일 및 형태별 사업장의 개수와 발전규모(Kw)의 평균을 구하시오.
　(2) 설치일을 그룹화하고, 형태를 ≪출력형태≫와 같이 정렬하시오.
　(3) 레이블이 있는 셀 병합 및 가운데 맞춤 적용 및 빈 셀은 '**'로 표시하시오.
　(4) 행의 총합계는 지우고, 나머지 사항은 ≪출력형태≫에 맞게 작성하시오.

≪출력형태≫

설치일	형태 프레임형 개수 : 사업장	평균 : 발전규모(Kw)	부력일체형 개수 : 사업장	평균 : 발전규모(Kw)	구조체형 개수 : 사업장	평균 : 발전규모(Kw)
2015년	1	870	**	**	1	1,150
2016년	1	3,950	2	3,320	**	**
2017년	**	**	1	1,830	1	4,200
2018년	**	**	**	**	1	3,540
총합계	2	2,410	3	2,823	3	2,963

➡️ **"제1작업"** 시트를 이용하여 조건에 따라 ≪출력형태≫와 같이 작업하시오.

≪조건≫

(1) 차트 종류 ⇒ 〈묶은 세로 막대형〉으로 작업하시오.

(2) 데이터 범위 ⇒ "제1작업" 시트의 내용을 이용하여 작업하시오.

(3) 위치 ⇒ "새 시트"로 이동하고, "제4작업"으로 시트 이름을 바꾸시오.

(4) 차트 디자인 도구 ⇒ 레이아웃 3, 스타일 1을 선택하여 ≪출력형태≫에 맞게 작업하시오.

(5) 영역 서식 ⇒ 차트 : 글꼴(굴림, 11pt), 채우기 효과(질감-파랑 박엽지)

　　　　　　　　그림 : 채우기(흰색, 배경1)

(6) 제목 서식 ⇒ 차트 제목 : 글꼴(굴림, 굵게, 20pt), 채우기(흰색, 배경1), 테두리

(7) 서식 ⇒ 설치비용 계열의 차트 종류를 〈표식이 있는 꺾은선형〉으로 변경한 후 보조 축으로 지정하시오.

　　　　계열 : ≪출력형태≫를 참조하여 표식(마름모, 크기 10)과 레이블 값을 표시하시오.

　　　　눈금선 : 선 스타일-파선

　　　　축 : ≪출력형태≫를 참조하시오.

(8) 범례 ⇒ 범례명을 변경하고 ≪출력형태≫를 참조하시오.

(9) 도형 ⇒ '모서리가 둥근 사각형 설명선'을 삽입한 후 ≪출력형태≫와 같이 내용을 입력하시오.

(10) 나머지 사항은 ≪출력형태≫에 맞게 작성하시오.

≪출력형태≫

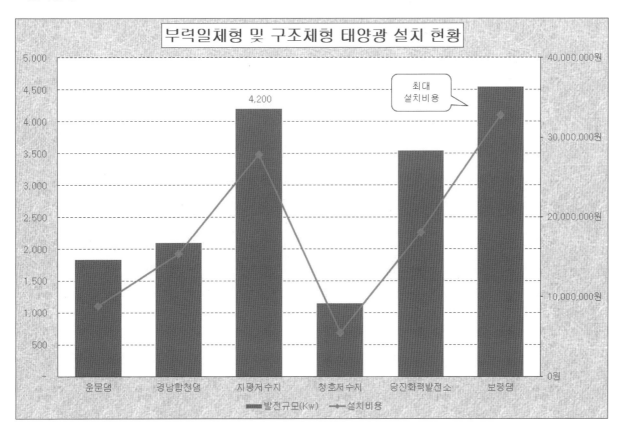

주의 ➡️ **시트명 순서가 차례대로 "제1작업", "제2작업", "제3작업", "제4작업"이 되도록 할 것.**

MEMO

PART 04

최신유형
기출문제

제 01 회 정보기술자격(ITQ) 최신유형 기출문제

과목	코드	문제유형	시험시간	수험번호	성명
한글엑셀	1122	A	60분		

MS오피스

·수험자 유의사항·

- 수험자는 문제지를 받는 즉시 문제지와 **수험표상의 시험과목(프로그램)이 동일한지 반드시 확인**하여야 합니다.

- 파일명은 본인의 "수험번호-성명"으로 입력하여 답안폴더(내 PC₩문서₩ITQ)에 하나의 파일로 저장해야 하며, 답안 문서 파일이 "수험번호-성명"과 일치하지 않거나, 답안파일을 전송하지 않아 미제출로 처리될 경우 실격 처리합니다 (예 : 12345678-홍길동.xlsx).

- 답안 작성을 마치면 파일을 저장하고, '답안 전송' 버튼을 선택하여 감독위원 PC로 답안을 전송하십시오. 수험생 정보와 저장 한 파일명이 다를 경우 전송되지 않으므로 주의하시기 바랍니다.

- 답안 작성 중에도 **주기적으로 저장하고, '답안 전송'**하여야 문제 발생을 줄일 수 있습니다. 작업한 내용을 저장하지 않고 전송할 경우 이전에 저장된 내용이 전송되오니 이점 유의하시기 바랍니다.

- 답안문서는 지정된 경로 외의 다른 보조기억장치에 저장하는 경우, 지정된 시험 시간 외에 작성된 파일을 활용할 경우, 기타 통신수단(이메일, 메신저, 네트워크 등)을 이용하여 타인에게 전달 또는 외부 반출하는 경우는 부정 처리합니다.

- 시험 중 부주의 또는 고의로 시스템을 파손한 경우는 수험자가 변상해야 하며, 〈수험자 유의사항〉에 기재된 방법대로 이행하지 않아 생기는 불이익은 수험생 당사자의 책임임을 알려 드립니다.

- 문제의 조건은 MS오피스 2021 버전으로 설정되어 있으며 MS오피스 2016은 【 】에 표기되어 있습니다. 이와 관련하여 작성한 답안의 출력형태가 문제지와 다를 수 있습니다.

- 시험을 완료한 수험자는 답안파일이 전송되었는지 확인한 후 감독위원의 지시에 따라 문제지를 제출하고 퇴실합니다.

·답안 작성요령·

- 온라인 답안 작성 절차
  수험자 등록 ⇒ 시험 시작 ⇒ 답안파일 저장 ⇒ 답안 전송 ⇒ 시험 종료

- 문제는 총 4단계, 즉 제1작업부터 제4작업까지 구성되어 있으며 반드시 제1작업부터 순서대로 작성하고 조건대로 작업하시오.

- 모든 작업시트의 A열은 열 너비 '1'로, 나머지 열은 적당하게 조절하시오.

- 모든 작업시트의 테두리는 ≪출력형태≫와 같이 작업하시오.

- 해당 작업란에서는 각각 제시된 조건에 따라 ≪출력형태≫와 같이 작업하시오.

- 답안 시트 이름은 "제1작업", "제2작업", "제3작업", "제4작업"이어야 하며 답안 시트 이외의 것은 감점 처리됩니다.

- 각 시트를 파일로 나누어 작업해서 저장할 경우 실격 처리됩니다.

kpc 한국생산성본부

➜ 다음은 '**웨어러블 디바이스 판매 현황**'에 대한 자료이다. 자료를 입력하고 조건에 맞도록 작업하시오.

≪출력형태≫

코드	상품명	분류	원산지	판매수량 (단위:개)	재고수량 (단위:개)	판매가격	순위	배송기간
JN-323	스마트 링	주얼리	국내	2,450	550	84,320	(1)	(2)
WE-131	에어엑스워치	시계	국외	1,325	675	48,000	(1)	(2)
SN-212	교정밸런스	신발용품	국내	763	1,235	109,000	(1)	(2)
JN-312	멘탈플러스	주얼리	국내	3,250	750	107,800	(1)	(2)
WN-132	미 밴드5	시계	국외	1,089	911	51,000	(1)	(2)
SA-213	깔창 핏가이더	신발용품	국내	567	433	112,970	(1)	(2)
WE-134	애플워치 SE	시계	국외	987	1,013	309,000	(1)	(2)
WN-231	갤럭시 워치5	시계	국내	1,830	1,166	439,000	(1)	(2)
시계 판매수량(단위:개) 평균			(3)			최소 재고수량(단위:개)		(5)
멘탈플러스의 판매가격			(4)			상품명	스마트 링	판매가격	(6)

제목 위 확인란: 담당 / 팀장 / 부장

≪조건≫

○ 모든 데이터의 서식에는 글꼴(굴림, 11pt), 정렬은 숫자 및 회계 서식은 오른쪽 정렬, 나머지 서식은 가운데 정렬로 작성하며 예외적인 것은 ≪출력형태≫를 참조하시오.

○ 제 목 ⇒ 도형(사다리꼴)과 그림자(오프셋 오른쪽)를 이용하여 작성하고 "웨어러블 디바이스 판매 현황"을 입력한 후 다음 서식을 적용하시오
(글꼴-굴림, 24pt, 검정, 굵게, 채우기-노랑).

○ 임의의 셀에 결재란을 작성하여 그림으로 복사 기능을 이용하여 붙이기 하시오(단, 원본 삭제).

○ 「B4:J4, G14, I14」 영역은 '주황'으로 채우기 하시오.

○ 유효성 검사를 이용하여 「H14」 셀에 상품명(「C5:C12」 영역)이 선택 표시되도록 하시오.

○ 셀 서식 ⇒ 「H5:H12」 영역에 셀 서식을 이용하여 숫자 뒤에 '원'을 표시하시오(예 : 84,320원).

○ 「G5:G12」 영역에 대해 '재고수량'으로 이름정의를 하시오.

➜ (1)~(6) 셀은 반드시 **주어진 함수를 이용**하여 값을 구하시오(결과값을 직접 입력하면 해당 셀은 0점 처리됨).

(1) 순위 ⇒ 판매수량(단위:개)의 내림차순 순위를 구한 결과에 '위'를 붙이시오(RANK.EQ 함수, & 연산자)(예 : 1위).

(2) 배송기간 ⇒ 원산지가 국내이면 '4일', 그 외에는 '14일'로 구하시오(IF 함수).

(3) 시계 판매수량(단위:개) 평균 ⇒ 시계 상품의 판매수량(단위:개) 평균을 구하시오(SUMIF, COUNTIF 함수).

(4) 멘탈플러스의 판매가격 ⇒ (INDEX, MATCH 함수)

(5) 최소 재고수량(단위:개) ⇒ 정의된 이름(재고수량)을 이용하여 구하시오(SMALL 함수).

(6) 판매가격 ⇒ 「H14」 셀에서 선택한 상품명에 대한 판매가격을 구하시오(VLOOKUP 함수).

(7) 조건부 서식의 수식을 이용하여 판매수량(단위:개)이 '1,500' 이상인 행 전체에 다음의 서식을 적용하시오
(글꼴 : 파랑, 굵게).

➡ **"제1작업"** 시트의 「B4:H12」 영역을 복사하여 **"제2작업"** 시트의 「B2」 셀부터 모두 붙여넣기를 한 후
　다음의 조건과 같이 작업하시오.

≪조건≫

　(1) 목표값 찾기 – 「B11:G11」 셀을 병합하고 가운데 맞춤한 후 "국내 원산지 상품의 판매수량(단위:개) 평균"을 입력하고,
　　　　「H11」 셀에 국내 원산지 상품의 판매수량(단위:개) 평균을 구하시오.
　　　　단, 조건은 입력데이터를 이용하시오(DAVERAGE 함수, 테두리).
　　　– '국내 원산지 상품의 판매수량(단위:개) 평균'이 '1,800'이 되려면 교정밸런스의 판매수량(단위:개)이
　　　　얼마가 되어야 하는지 목표값을 구하시오.

　(2) 고급 필터 – 원산지가 '국내'이면서 재고수량(단위:개)이 '500' 이상인 자료의 상품명, 분류, 판매수량(단위:개), 판매가격
　　　　데이터만 추출하시오.
　　　– 조건 범위 : 「B14」 셀부터 입력하시오.
　　　– 복사 위치 : 「B18」 셀부터 나타나도록 하시오.

➡ **"제1작업"** 시트의 「B4:H12」 영역을 복사하여 **"제3작업"** 시트의 「B2」 셀부터 모두 붙여넣기를 한 후
　다음의 조건과 같이 작업하시오.

≪조건≫

　(1) 부분합《출력형태》처럼 정렬하고, 상품명의 개수와 판매가격의 평균을 구하시오.
　(2) 개요【윤곽】– 지우시오.
　(3) 나머지 사항은《출력형태》에 맞게 작성하시오.

≪출력형태≫

	코드	상품명	분류	원산지	판매수량 (단위:개)	재고수량 (단위:개)	판매가격
	WE-131	에어엑스워치	시계	국외	1,325	675	48,000원
	WN-132	미 밴드5	시계	국외	1,089	911	51,000원
	WE-134	애플워치 SE	시계	국외	987	1013	309,000원
	WN-231	갤럭시 워치5	시계	국내	1,830	1166	439,000원
			시계 평균				211,750원
		4	시계 개수				
	SN-212	교정밸런스	신발용품	국내	763	1235	109,000원
	SA-213	깔창 핏가이더	신발용품	국내	567	433	112,970원
			신발용품 평균				110,985원
		2	신발용품 개수				
	JN-323	스마트 링	주얼리	국내	2,450	550	84,320원
	JN-312	멘탈플러스	주얼리	국내	3,250	750	107,800원
			주얼리 평균				96,060원
		2	주얼리 개수				
			전체 평균				157,636원
		8	전체 개수				

➡️ **"제1작업"** 시트를 이용하여 조건에 따라 《출력형태》와 같이 작업하시오.

≪조건≫

(1) 차트 종류 ⇒ 〈묶은 세로 막대형〉으로 작업하시오.

(2) 데이터 범위 ⇒ "제1작업" 시트의 내용을 이용하여 작업하시오.

(3) 위치 ⇒ "새 시트"로 이동하고, "제4작업"으로 시트 이름을 바꾸시오.

(4) 차트 디자인 도구 ⇒ 레이아웃 3, 스타일 1을 선택하여 《출력형태》에 맞게 작업하시오.

(5) 영역 서식 ⇒ 차트 : 글꼴(굴림, 11pt), 채우기 효과(질감–파랑 박엽지)

              그림 : 채우기(흰색, 배경1)

(6) 제목 서식 ⇒ 차트 제목 : 글꼴(굴림, 굵게, 20pt), 채우기(흰색, 배경1), 테두리

(7) 서식 ⇒ 판매가격 계열의 차트 종류를 〈표식이 있는 꺾은선형〉으로 변경한 후 보조 축으로 지정하시오.

        계열 : 《출력형태》를 참조하여 표식(세모, 크기 10)과 레이블 값을 표시하시오.

        눈금선 : 선 스타일–파선

        축 : 《출력형태》를 참조하시오.

(8) 범례 ⇒ 범례명을 변경하고 《출력형태》를 참조하시오.

(9) 도형 ⇒ '모서리가 둥근 사각형 설명선'을 삽입한 후 《출력형태》와 같이 내용을 입력하시오.

(10) 나머지 사항은 《출력형태》에 맞게 작성하시오.

≪출력형태≫

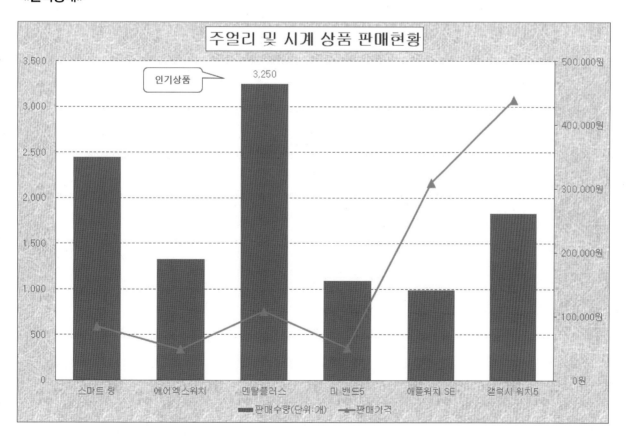

주의 ➡️ **시트명 순서가 차례대로 "제1작업", "제2작업", "제3작업", "제4작업"이 되도록 할 것.**

과목	코드	문제유형	시험시간	수험번호	성명
한글엑셀	1122	A	60분		

MS오피스

·수험자 유의사항·

● 수험자는 문제지를 받는 즉시 문제지와 **수험표상의 시험과목(프로그램)이 동일한지 반드시 확인**하여야 합니다.

● 파일명은 본인의 "수험번호–성명"으로 입력하여 답안폴더(내 PC₩문서₩ITQ)에 하나의 파일로 저장해야 하며, 답안 문서 파일명이 "수험번호–성명"과 일치하지 않거나, 답안파일을 전송하지 않아 미제출로 처리될 경우 실격 처리합니다 (예 : 12345678–홍길동.xlsx).

● 답안 작성을 마치면 파일을 저장하고, '답안 전송' 버튼을 선택하여 감독위원 PC로 답안을 전송하십시오. 수험생 정보와 저장 한 파일명이 다를 경우 전송되지 않으므로 주의하시기 바랍니다.

● 답안 작성 중에도 **주기적으로 저장하고, '답안 전송'**하여야 문제 발생을 줄일 수 있습니다. 작업한 내용을 저장하지 않고 전송할 경우 이전에 저장된 내용이 전송되오니 이점 유의하시기 바랍니다.

● 답안문서는 지정된 경로 외의 다른 보조기억장치에 저장하는 경우, 지정된 시험 시간 외에 작성된 파일을 활용할 경우, 기타 통신수단(이메일, 메신저, 네트워크 등)을 이용하여 타인에게 전달 또는 외부 반출하는 경우는 부정 처리합니다.

● 시험 중 부주의 또는 고의로 시스템을 파손한 경우는 수험자가 변상해야 하며, 〈수험자 유의사항〉에 기재된 방법대로 이행하 지 않아 생기는 불이익은 수험생 당사자의 책임임을 알려 드립니다.

● 문제의 조건은 MS오피스 2021 버전으로 설정되어 있으며 MS오피스 2016은【 】에 표기되어 있습니다. 이와 관련하여 작성한 답안의 출력형태가 문제지와 다를 수 있습니다.

● 시험을 완료한 수험자는 답안파일이 전송되었는지 확인한 후 감독위원의 지시에 따라 문제지를 제출하고 퇴실합니다.

·답안 작성요령·

● 온라인 답안 작성 절차

　수험자 등록 ⇒ 시험 시작 ⇒ 답안파일 저장 ⇒ 답안 전송 ⇒ 시험 종료

● 문제는 총 4단계, 즉 제1작업부터 제4작업까지 구성되어 있으며 반드시 제1작업부터 순서대로 작성하고 조건대로 작업하시오.

● 모든 작업시트의 A열은 열 너비 '1'로, 나머지 열은 적당하게 조절하시오.

● 모든 작업시트의 테두리는 ≪출력형태≫와 같이 작업하시오.

● 해당 작업란에서는 각각 제시된 조건에 따라 ≪출력형태≫와 같이 작업하시오.

● 답안 시트 이름은 "제1작업", "제2작업", "제3작업", "제4작업"이어야 하며 답안 시트 이외의 것은 감점 처리됩니다.

● 각 시트를 파일로 나누어 작업해서 저장할 경우 실격 처리됩니다.

kpc 한국생산성본부

➡️ 다음은 **'한빛빌딩 임대 계약 현황'**에 대한 자료이다. 자료를 입력하고 조건에 맞도록 작업하시오.

≪출력형태≫

관리코드	업체명	업종	입주일	계약기간	보증금 (단위:만원)	월 임대료 (단위:원)	입주순위	비고
HS452	유앤아이	학원	2019-10-21	2	9,000	2,900,000	(1)	(2)
HJ503	지앤비	학원	2021-12-02	3	4,000	950,000	(1)	(2)
HA821	투썸	서비스	2020-07-11	2	6,000	1,600,000	(1)	(2)
HB232	신협	금융	2019-10-21	2	3,000	850,000	(1)	(2)
HA202	대신	서비스	2019-07-19	3	3,500	1,350,000	(1)	(2)
HK501	SB통신	서비스	2022-07-20	3	7,000	2,500,000	(1)	(2)
HS211	국민은행	금융	2022-03-28	2	5,000	1,500,000	(1)	(2)
HT323	눈높이	학원	2021-10-02	2	3,500	790,000	(1)	(2)
학원 업종의 월 임대료(단위:원) 평균			(3)			최대 보증금(단위:만원)		(5)
서비스 업종의 개수			(4)			업체명	유앤아이	계약기간	(6)

결재 / 담당 / 팀장 / 본부장

≪조건≫

○ 모든 데이터의 서식에는 글꼴(굴림, 11pt), 정렬은 숫자 및 회계 서식은 오른쪽 정렬, 나머지 서식은 가운데 정렬로 작성하며 예외적인 것은 ≪출력형태≫를 참조하시오.

○ 제 목 ⇒ 도형(육각형)과 그림자(오프셋 오른쪽)를 이용하여 작성하고 "한빛빌딩 임대 계약 현황"을 입력한 후 다음 서식을 적용하시오
　　　　(글꼴-굴림, 24pt, 검정, 굵게, 채우기-노랑).

○ 임의의 셀에 결재란을 작성하여 그림으로 복사 기능을 이용하여 붙이기 하시오(단, 원본 삭제).

○ 「B4:J4, G14, I14」 영역은 '주황'으로 채우기 하시오.

○ 유효성 검사를 이용하여 「H14」 셀에 업체명(「C5:C12」 영역)이 선택 표시되도록 하시오.

○ 셀 서식 ⇒ 「F5:F12」 영역에 셀 서식을 이용하여 숫자 뒤에 '년'을 표시하시오(예 : 2년).

○ 「D5:D12」 영역에 대해 '업종'으로 이름정의를 하시오.

➡️ (1)~(6) 셀은 반드시 **주어진 함수를 이용**하여 값을 구하시오(결과값을 직접 입력하면 해당 셀은 0점 처리됨).

(1) 입주순위 ⇒ 입주일의 오름차순 순위를 구한 결과값 뒤에 '위'를 붙이시오(RANK.EQ 함수, & 연산자)(예 : 1위).

(2) 비고 ⇒ 관리코드의 마지막 글자가 1이면 '1층', 2이면 '2층', 3이면 '3층'으로 구하시오
　　　　(CHOOSE, RIGHT 함수)

(3) 학원 업종의 월 임대료(단위:원) 평균 ⇒ 반올림하여 만 원 단위까지 구하시오. 단, 조건은 입력데이터를 이용하시오
　　　　　　　　　　　　　　(ROUND, DAVERAGE 함수)(예 : 1,256,780 → 1,260,000).

(4) 서비스 업종의 개수 ⇒ 정의된 이름(업종)을 이용하여 구하시오(COUNTIF 함수).

(5) 최대 보증금(단위:만원) ⇒ (MAX 함수)

(6) 계약기간 ⇒ 「H14」 셀에서 선택한 업체명에 대한 계약기간을 구하시오(VLOOKUP 함수).

(7) 조건부 서식의 수식을 이용하여 월 임대료(단위:원)가 '1,000,000' 이하인 행 전체에 다음의 서식을 적용하시오
　　　　(글꼴 : 파랑, 굵게).

➜ **"제1작업"** 시트의 「B4:H12」 영역을 복사하여 **"제2작업"** 시트의 「B2」 셀부터 모두 붙여넣기를 한 후
　다음의 조건과 같이 작업하시오.

≪조건≫

  (1) 고급 필터 – 업종이 '금융'이거나, 월 임대료(단위:원)가 '2,000,000' 이상인 자료의 업체명, 계약기간,
                보증금(단위:만원), 월 임대료(단위:원) 데이터만 추출하시오.
     – 조건 범위 : 「B14」 셀부터 입력하시오.
     – 복사 위치 : 「B18」 셀부터 나타나도록 하시오.

  (2) 표 서식 – 고급 필터의 결과셀을 채우기 없음으로 설정한 후 '표 스타일 보통 4'의 서식을 적용하시오.
     – 머리글 행, 줄무늬 행을 적용하시오.

➜ **"제1작업"** 시트를 이용하여 **"제3작업"** 시트에 조건에 따라 ≪출력형태≫와 같이 작업하시오.

≪조건≫

  (1) 입주일 및 업종별 업체명의 개수와 월 임대료(단위:원)의 평균을 구하시오.
  (2) 입주일을 그룹화하고, 업종을 ≪출력형태≫와 같이 정렬하시오.
  (3) 레이블이 있는 셀 병합 및 가운데 맞춤 적용 및 빈 셀은 '**'로 표시하시오.
  (4) 행의 총합계는 지우고, 나머지 사항은 ≪출력형태≫에 맞게 작성하시오.

≪출력형태≫

	업종 ↓						
	학원		서비스		금융		
입주일 ▼	개수 : 업체명	평균 : 월 임대료(단위:원)	개수 : 업체명	평균 : 월 임대료(단위:원)	개수 : 업체명	평균 : 월 임대료(단위:원)	
2019년	1	2,900,000	1	1,350,000	1	850,000	
2020년	**	**	1	1,600,000	**	**	
2021년	2	870,000	**	**	**	**	
2022년	**	**	1	2,500,000	1	1,500,000	
총합계	3	1,546,667	3	1,816,667	2	1,175,000	

➡ **"제1작업"** 시트를 이용하여 조건에 따라 ≪출력형태≫와 같이 작업하시오.

≪조건≫

  (1) 차트 종류 ⇒ 〈묶은 세로 막대형〉으로 작업하시오.

  (2) 데이터 범위 ⇒ "제1작업" 시트의 내용을 이용하여 작업하시오.

  (3) 위치 ⇒ "새 시트"로 이동하고, "제4작업"으로 시트 이름을 바꾸시오.

  (4) 차트 디자인 도구 ⇒ 레이아웃 3, 스타일 1을 선택하여 ≪출력형태≫에 맞게 작업하시오.

  (5) 영역 서식 ⇒ 차트 : 글꼴(굴림, 11pt), 채우기 효과(질감-파랑 박엽지)

                   그림 : 채우기(흰색, 배경1)

  (6) 제목 서식 ⇒ 차트 제목 : 글꼴(굴림, 굵게, 20pt), 채우기(흰색, 배경1), 테두리

  (7) 서식 ⇒ 계약기간 계열의 차트 종류를 〈표식이 있는 꺾은선형〉으로 변경한 후 보조 축으로 지정하시오.

        계열 : ≪출력형태≫를 참조하여 표식(마름모, 크기 10)과 레이블 값을 표시하시오.

        눈금선 : 선 스타일-파선

        축 : ≪출력형태≫를 참조하시오.

  (8) 범례 ⇒ 범례명을 변경하고 ≪출력형태≫를 참조하시오.

  (9) 도형 ⇒ '모서리가 둥근 사각형 설명선'을 삽입한 후 ≪출력형태≫와 같이 내용을 입력하시오.

  (10) 나머지 사항은 ≪출력형태≫에 맞게 작성하시오.

≪출력형태≫

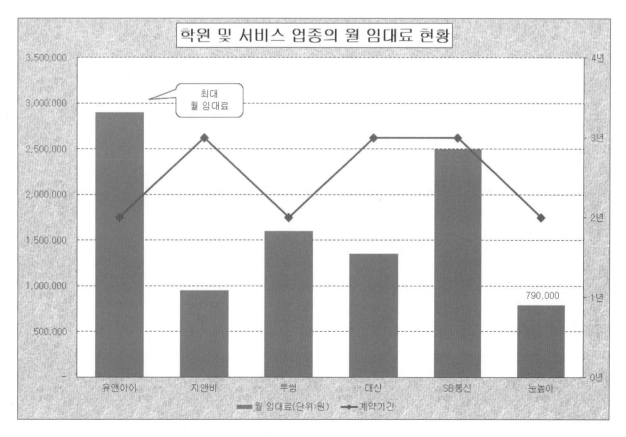

주의 ➡ **시트명 순서가 차례대로 "제1작업", "제2작업", "제3작업", "제4작업"이 되도록 할 것.**

과목	코드	문제유형	시험시간	수험번호	성명
한글엑셀	1122	A	60분		

MS오피스

·수험자 유의사항·

- 수험자는 문제지를 받는 즉시 문제지와 **수험표상의 시험과목(프로그램)이 동일한지 반드시 확인**하여야 합니다.

- 파일명은 본인의 "수험번호-성명"으로 입력하여 답안폴더(내 PC₩문서₩ITQ)에 하나의 파일로 저장해야 하며, 답안 문서 파일명이 "수험번호-성명"과 일치하지 않거나, 답안파일을 전송하지 않아 미제출로 처리될 경우 실격 처리합니다 (예 : 12345678-홍길동.xlsx).

- 답안 작성을 마치면 파일을 저장하고, '답안 전송' 버튼을 선택하여 감독위원 PC로 답안을 전송하십시오. 수험생 정보와 저장한 파일명이 다를 경우 전송되지 않으므로 주의하시기 바랍니다.

- 답안 작성 중에도 **주기적으로 저장하고, '답안 전송'**하여야 문제 발생을 줄일 수 있습니다. 작업한 내용을 저장하지 않고 전송할 경우 이전에 저장된 내용이 전송되오니 이점 유의하시기 바랍니다.

- 답안문서는 지정된 경로 외의 다른 보조기억장치에 저장하는 경우, 지정된 시험 시간 외에 작성된 파일을 활용할 경우, 기타 통신수단(이메일, 메신저, 네트워크 등)을 이용하여 타인에게 전달 또는 외부 반출하는 경우는 부정 처리합니다.

- 시험 중 부주의 또는 고의로 시스템을 파손한 경우는 수험자가 변상해야 하며, 〈수험자 유의사항〉에 기재된 방법대로 이행하지 않아 생기는 불이익은 수험생 당사자의 책임임을 알려 드립니다.

- 문제의 조건은 MS오피스 2021 버전으로 설정되어 있으며 MS오피스 2016은【 】에 표기되어 있습니다. 이와 관련하여 작성한 답안의 출력형태가 문제지와 다를 수 있습니다.

- 시험을 완료한 수험자는 답안파일이 전송되었는지 확인한 후 감독위원의 지시에 따라 문제지를 제출하고 퇴실합니다.

·답안 작성요령·

- 온라인 답안 작성 절차
  수험자 등록 ⇒ 시험 시작 ⇒ 답안파일 저장 ⇒ 답안 전송 ⇒ 시험 종료

- 문제는 총 4단계, 즉 제1작업부터 제4작업까지 구성되어 있으며 반드시 제1작업부터 순서대로 작성하고 조건대로 작업하시오.

- 모든 작업시트의 A열은 열 너비 '1'로, 나머지 열은 적당하게 조절하시오.

- 모든 작업시트의 테두리는 ≪출력형태≫와 같이 작업하시오.

- 해당 작업란에서는 각각 제시된 조건에 따라 ≪출력형태≫와 같이 작업하시오.

- 답안 시트 이름은 "제1작업", "제2작업", "제3작업", "제4작업"이어야 하며 답안 시트 이외의 것은 감점 처리됩니다.

- 각 시트를 파일로 나누어 작업해서 저장할 경우 실격 처리됩니다.

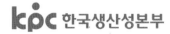

→ 다음은 '**크루즈 여행상품 예약 현황**'에 대한 자료이다. 자료를 입력하고 조건에 맞도록 작업하시오.

≪출력형태≫

상품코드	크루즈 선사명	여행지	출발도시	할인률	예약인원	상품가격 (단위:원)	항공사	순위
CH-316	셀버시	홍콩/마카오	부산	15%	158	1,450,000	(1)	(2)
EN-110	셀러브시티	노르웨이 피요르드	인천	10%	198	2,750,000	(1)	(2)
EW-230	아자마라	영국/스코트랜드	인천	5%	236	1,050,000	(1)	(2)
AT-201	큐나드	대만/오키나와	대구	7%	167	1,200,000	(1)	(2)
EM-120	크리스탈	이탈리아/프랑스	인천	5%	268	4,490,000	(1)	(2)
CH-325	캐리비안	심천/나트랑/다낭	대구	10%	495	1,290,000	(1)	(2)
EM-110	씨번	슬로베니아/알바니아	인천	15%	185	2,540,000	(1)	(2)
EW-232	사파이어	독일/벨기에/영국	부산	7%	168	3,150,000	(1)	(2)
이탈리아/프랑스 여행지의 상품가격(단위:원)			(3)		두 번째로 큰 상품가격(단위:원)			(5)
인천출발 여행 상품 수			(4)		여행지	홍콩/마카오	예약인원	(6)

(상단 우측 결재란: 확인 / 사원 / 대리 / 과장)

≪조건≫

○ 모든 데이터의 서식에는 글꼴(굴림, 11pt), 정렬은 숫자 및 회계 서식은 오른쪽 정렬, 나머지 서식은 가운데 정렬로 작성하며 예외적인 것은 ≪출력형태≫를 참조하시오.

○ 제 목 ⇒ 도형(사다리꼴)과 그림자(오프셋 오른쪽)를 이용하여 작성하고 "크루즈 여행상품 예약 현황"을 입력한 후 다음 서식을 적용하시오
   (글꼴-굴림, 24pt, 검정, 굵게, 채우기-노랑).

○ 임의의 셀에 결재란을 작성하여 그림으로 복사 기능을 이용하여 붙이기 하시오(단, 원본 삭제).

○ 「B4:J4, G14, I14」 영역은 '주황'으로 채우기 하시오.

○ 유효성 검사를 이용하여 「H14」 셀에 여행지(「D5:D12」 영역)가 선택 표시되도록 하시오.

○ 셀 서식 ⇒ 「G5:G12」 영역에 셀 서식을 이용하여 숫자 뒤에 '명'을 표시하시오(예 : 158명).

○ 「G5:G12」 영역에 대해 '예약인원'으로 이름정의를 하시오.

→ (1)∼(6) 셀은 반드시 **주어진 함수를 이용**하여 값을 구하시오(결과값을 직접 입력하면 해당 셀은 0점 처리됨).

(1) 항공사 ⇒ 상품코드 4번째 글자가 1이면 '대한항공', 2이면 '아시아나항공', 그 외에는 '저가항공'으로 구하시오
   (IF, MID 함수).

(2) 순위 ⇒ 정의된 이름(예약인원)을 이용하여 예약인원의 내림차순 순위를 구하시오(RANK.EQ 함수).

(3) 이탈리아/프랑스 여행지의 상품가격(단위:원) ⇒ (INDEX, MATCH 함수)

(4) 인천출발 여행 상품 수 ⇒ 출발도시가 인천인 개수를 구한 결과값에 '개'를 붙이시오
   (COUNTIF 함수, & 연산자)(예 : 1개).

(5) 두 번째로 큰 상품가격(단위:원) ⇒ (LARGE 함수)

(6) 예약인원 ⇒ 「H14」 셀에서 선택한 여행지에 대한 예약인원을 구하시오(VLOOKUP 함수).

(7) 조건부 서식의 수식을 이용하여 예약인원이 '200' 이상인 행 전체에 다음의 서식을 적용하시오
   (글꼴 : 파랑, 굵게).

➡ **"제1작업"** 시트의 「B4:H12」 영역을 복사하여 **"제2작업"** 시트의 「B2」 셀부터 모두 붙여넣기를 한 후
　다음의 조건과 같이 작업하시오.

≪조건≫

(1) 목표값 찾기 – 「B11:G11」 셀을 병합하고 가운데 맞춤한 후 "부산출발 여행상품의 예약인원 평균"을 입력하고,
　　　　　　　　「H11」 셀에 부산출발 여행상품의 예약인원 평균을 구하시오.
　　　　　　　　단, 조건은 입력데이터를 이용하시오(DAVERAGE 함수, 테두리).
　　　　　　　– '부산출발 여행상품의 예약인원 평균'이 '165'가 되려면 설버시의 예약인원이 얼마가 되어야 하는지
　　　　　　　　목표값을 구하시오.

(2) 고급 필터 – 출발도시가 '인천'이면서 상품가격(단위:원)이 '2,000,000' 이상인 자료의 크루즈 선사명, 할인율, 예약인원,
　　　　　　　상품가격(단위:원) 데이터만 추출하시오.
　　　　　　　– 조건 범위 : 「B14」 셀부터 입력하시오.
　　　　　　　– 복사 위치 : 「B18」 셀부터 나타나도록 하시오.

➡ **"제1작업"** 시트의 「B4:H12」 영역을 복사하여 **"제3작업"** 시트의 「B2」 셀부터 모두 붙여넣기를 한 후
　다음의 조건과 같이 작업하시오.

≪조건≫

(1) 부분합 –《출력형태》처럼 정렬하고, 크루즈 선사명의 개수와 예약인원의 평균을 구하시오.
(2) 개요【윤곽】– 지우시오.
(3) 나머지 사항은《출력형태》에 맞게 작성하시오.

≪출력형태≫

A	B	C	D	E	F	G	H
1							
2	상품코드	크루즈 선사명	여행지	출발도시	할인율	예약인원	상품가격 (단위:원)
3	EN-110	셀러브시티	노르웨이 피요르드	인천	10%	198명	2,750,000
4	EW-230	아자마라	영국/스코트랜드	인천	5%	236명	1,050,000
5	EM-120	크리스탈	이탈리아/프랑스	인천	5%	268명	4,490,000
6	EM-110	씨번	슬로베니아/알바니아	인천	15%	185명	2,540,000
7				인천 평균		222명	
8		4		인천 개수			
9	CH-316	설버시	홍콩/마카오	부산	15%	158명	1,450,000
10	EW-232	사파이어	독일/벨기에/영국	부산	7%	168명	3,150,000
11				부산 평균		163명	
12		2		부산 개수			
13	AT-201	큐나드	대만/오키나와	대구	7%	167명	1,200,000
14	CH-325	캐리비안	심천/나트랑/다낭	대구	10%	495명	1,290,000
15				대구 평균		331명	
16		2		대구 개수			
17				전체 평균		234명	
18		8		전체 개수			

➡ **"제1작업"** 시트를 이용하여 조건에 따라 ≪출력형태≫와 같이 작업하시오.

≪조건≫

(1) 차트 종류 ⇒ 〈묶은 세로 막대형〉으로 작업하시오.

(2) 데이터 범위 ⇒ "제1작업" 시트의 내용을 이용하여 작업하시오.

(3) 위치 ⇒ "새 시트"로 이동하고, "제4작업"으로 시트 이름을 바꾸시오.

(4) 차트 디자인 도구 ⇒ 레이아웃 3, 스타일 1을 선택하여 ≪출력형태≫에 맞게 작업하시오.

(5) 영역 서식 ⇒ 차트 : 글꼴(굴림, 11pt), 채우기 효과(질감-파랑 박엽지)

　　　　　　　 그림 : 채우기(흰색, 배경1)

(6) 제목 서식 ⇒ 차트 제목 : 글꼴(굴림, 굵게, 20pt), 채우기(흰색, 배경1), 테두리

(7) 서식 ⇒ 상품가격(단위:원) 계열의 차트 종류를 〈표식이 있는 꺾은선형〉으로 변경한 후 보조 축으로 지정하시오.

　　　　 계열 : ≪출력형태≫를 참조하여 표식(세모, 크기 10)과 레이블 값을 표시하시오.

　　　　 눈금선 : 선 스타일-파선

　　　　 축 : ≪출력형태≫를 참조하시오.

(8) 범례 ⇒ 범례명을 변경하고 ≪출력형태≫를 참조하시오.

(9) 도형 ⇒ '모서리가 둥근 사각형 설명선'을 삽입한 후 ≪출력형태≫와 같이 내용을 입력하시오.

(10) 나머지 사항은 ≪출력형태≫에 맞게 작성하시오.

≪출력형태≫

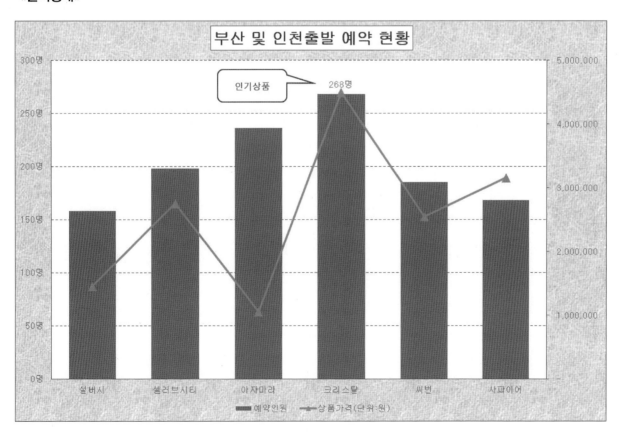

주의 ➡ **시트명 순서가 차례대로 "제1작업", "제2작업", "제3작업", "제4작업"이 되도록 할 것.**

제 **04** 회 　정보기술자격(ITQ) 최신유형 기출문제

과목	코드	문제유형	시험시간	수험번호	성명
한글엑셀	1122	A	60분		

MS오피스

·수험자 유의사항·

- 수험자는 문제지를 받는 즉시 문제지와 **수험표상의 시험과목(프로그램)이 동일한지 반드시 확인**하여야 합니다.

- 파일명은 본인의 "**수험번호-성명**"으로 입력하여 답안폴더(내 PC\문서\ITQ)에 하나의 파일로 저장해야 하며, 답안 문서 파일명이 "수험번호-성명"과 일치하지 않거나, 답안파일을 전송하지 않아 미제출로 처리될 경우 실격 처리합니다 (예 : 12345678-홍길동.xlsx).

- 답안 작성을 마치면 파일을 저장하고, '답안 전송' 버튼을 선택하여 감독위원 PC로 답안을 전송하십시오. 수험생 정보와 저장한 파일명이 다를 경우 전송되지 않으므로 주의하시기 바랍니다.

- 답안 작성 중에도 **주기적으로 저장하고, '답안 전송'**하여야 문제 발생을 줄일 수 있습니다. 작업한 내용을 저장하지 않고 전송할 경우 이전에 저장된 내용이 전송되오니 이점 유의하시기 바랍니다.

- 답안문서는 지정된 경로 외의 다른 보조기억장치에 저장하는 경우, 지정된 시험 시간 외에 작성된 파일을 활용할 경우, 기타 통신수단(이메일, 메신저, 네트워크 등)을 이용하여 타인에게 전달 또는 외부 반출하는 경우는 부정 처리합니다.

- 시험 중 부주의 또는 고의로 시스템을 파손한 경우는 수험자가 변상해야 하며, 〈수험자 유의사항〉에 기재된 방법대로 이행하지 않아 생기는 불이익은 수험생 당사자의 책임임을 알려 드립니다.

- 문제의 조건은 MS오피스 2021 버전으로 설정되어 있으며 MS오피스 2016은 【 】에 표기되어 있습니다. 이와 관련하여 작성한 답안의 출력형태가 문제지와 다를 수 있습니다.

- 시험을 완료한 수험자는 답안파일이 전송되었는지 확인한 후 감독위원의 지시에 따라 문제지를 제출하고 퇴실합니다.

·답안 작성요령·

- 온라인 답안 작성 절차

  수험자 등록 ⇒ 시험 시작 ⇒ 답안파일 저장 ⇒ 답안 전송 ⇒ 시험 종료

- 문제는 총 4단계, 즉 제1작업부터 제4작업까지 구성되어 있으며 반드시 제1작업부터 순서대로 작성하고 조건대로 작업하시오.

- 모든 작업시트의 A열은 열 너비 '1'로, 나머지 열은 적당하게 조절하시오.

- 모든 작업시트의 테두리는 ≪출력형태≫와 같이 작업하시오.

- 해당 작업란에서는 각각 제시된 조건에 따라 ≪출력형태≫와 같이 작업하시오.

- 답안 시트 이름은 "제1작업", "제2작업", "제3작업", "제4작업"이어야 하며 답안 시트 이외의 것은 감점 처리됩니다.

- 각 시트를 파일로 나누어 작업해서 저장할 경우 실격 처리됩니다.

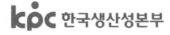

kpc 한국생산성본부

➡️ 다음은 **'일반영화 박스오피스 현황'**에 대한 자료이다. 자료를 입력하고 조건에 맞도록 작업하시오.

≪출력형태≫

코드	영화명	장르	관람가능	개봉일	상영횟수 (단위:천회)	스크린수	감정포인트	상영횟수 순위
							확인 담당 / 팀장 / 부장	
D1251	한산 용의 출현	드라마	12세이상	2022-07-27	218	2,223	(1)	(2)
D1261	비상선언	드라마	12세이상	2022-08-03	73	1,734	(1)	(2)
A2312	미니언즈2	애니메이션	전체관람가	2022-07-20	79	1,394	(1)	(2)
D1242	정직한 후보2	드라마	12세이상	2022-09-28	72	1,318	(1)	(2)
C1552	공조2	액션	15세이상	2022-09-07	257	2,389	(1)	(2)
C1223	외계인 1부	액션	12세이상	2022-07-20	68	1,959	(1)	(2)
C1571	헌트	액션	15세이상	2022-08-10	171	1,625	(1)	(2)
A2313	극장판 헬로카봇	애니메이션	전체관람가	2022-09-28	11	790	(1)	(2)
12세이상 관람가능 개수			(3)		최대 스크린수			(5)
액션 장르 스크린수 평균			(4)	코드	D1251	영화명		(6)

≪조건≫

○ 모든 데이터의 서식에는 글꼴(굴림, 11pt), 정렬은 숫자 및 회계 서식은 오른쪽 정렬, 나머지 서식은 가운데 정렬로 작성하며 예외적인 것은 ≪출력형태≫를 참조하시오.

○ 제 목 ⇒ 도형(한쪽 모서리가 잘린 사각형)과 그림자(오프셋 오른쪽)를 이용하여 작성하고 "일반영화 박스오피스 현황"을 입력한 후 다음 서식을 적용하시오 (글꼴-굴림, 24pt, 검정, 굵게, 채우기-노랑).

○ 임의의 셀에 결재란을 작성하여 그림으로 복사 기능을 이용하여 붙이기 하시오(단, 원본 삭제).

○ 「B4:J4, G14, I14」 영역은 '주황'으로 채우기 하시오.

○ 유효성 검사를 이용하여 「H14」 셀에 코드(「B5:B12」 영역)가 선택 표시되도록 하시오.

○ 셀 서식 ⇒ 「H5:H12」 영역에 셀 서식을 이용하여 숫자 뒤에 '개'를 표시하시오(예 : 2,223개).

○ 「D5:D12」 영역에 대해 '장르'로 이름정의를 하시오.

➡️ (1)~(6) 셀은 반드시 **주어진 함수를 이용**하여 값을 구하시오(결과값을 직접 입력하면 해당 셀은 0점 처리됨).

(1) 감정포인트 ⇒ 코드의 마지막 글자가 1이면 '몰입감', 2이면 '즐거움', 3이면 '상상력'으로 표시하시오 (CHOOSE, RIGHT 함수).

(2) 상영횟수 순위 ⇒ 상영횟수(단위:천회)의 내림차순 순위를 구한 결과값에 '위'를 붙이시오 (RANK.EQ 함수, & 연산자)(예 : 1위).

(3) 12세이상 관람가능 개수 ⇒ 조건은 입력데이터를 이용하시오(DCOUNTA 함수).

(4) 액션 장르 스크린수 평균 ⇒ 정의된 이름(장르)을 이용하여 구하시오(SUMIF, COUNTIF 함수).

(5) 최대 스크린수 ⇒ (MAX 함수)

(6) 영화명 ⇒ 「H14」 셀에서 선택한 코드에 대한 영화명을 구하시오(VLOOKUP 함수).

(7) 조건부 서식의 수식을 이용하여 상영횟수(단위:천회)가 '100' 이상인 행 전체에 다음의 서식을 적용하시오 (글꼴 : 파랑, 굵게).

➡ **"제1작업"** 시트의 「**B4:H12**」 영역을 복사하여 **"제2작업"** 시트의 「**B2**」 셀부터 모두 붙여넣기를 한 후 다음의 조건과 같이 작업하시오.

≪조건≫

　(1) 고급 필터 – 코드가 'A'로 시작하거나, 상영횟수(단위:천회)가 '200' 이상인 자료의 영화명, 장르, 상영횟수(단위:천회), 스크린수 데이터만 추출하시오.
　　　　　– 조건 범위 : 「B14」 셀부터 입력하시오.
　　　　　– 복사 위치 : 「B18」 셀부터 나타나도록 하시오.

　(2) 표 서식 – 고급 필터의 결과셀을 채우기 없음으로 설정한 후 '표 스타일 보통 6'의 서식을 적용하시오.
　　　　　– 머리글 행, 줄무늬 행을 적용하시오.

➡ **"제1작업"** 시트를 이용하여 **"제3작업"** 시트에 조건에 따라 ≪출력형태≫와 같이 작업하시오.

≪조건≫

　(1) 개봉일 및 장르별 영화명의 개수와 상영횟수(단위:천회)의 평균을 구하시오.
　(2) 개봉일은 그룹화하고, 장르를 ≪출력형태≫와 같이 정렬하시오.
　(3) 레이블이 있는 셀 병합 및 가운데 맞춤 적용 및 빈 셀은 '**'로 표시하시오.
　(4) 행의 총합계는 지우고, 나머지 사항은 ≪출력형태≫에 맞게 작성하시오.

≪출력형태≫

	A	B	C	D	E	F	G	H
1								
2			장르 ↓					
3			액션		애니메이션		드라마	
4		개봉일 ▼	개수 : 영화명	평균 : 상영횟수(단위:천회)	개수 : 영화명	평균 : 상영횟수(단위:천회)	개수 : 영화명	평균 : 상영횟수(단위:천회)
5		7월	1	68	1	79	1	218
6		8월	1	171	**	**	1	73
7		9월	1	257	1	11	1	72
8		총합계	3	165	2	45	3	121

➡ **"제1작업"** 시트를 이용하여 조건에 따라 ≪출력형태≫와 같이 작업하시오.

≪**조건**≫
　(1) 차트 종류 ⇒ 〈묶은 세로 막대형〉으로 작업하시오.
　(2) 데이터 범위 ⇒ "제1작업" 시트의 내용을 이용하여 작업하시오.
　(3) 위치 ⇒ "새 시트"로 이동하고, "제4작업"으로 시트 이름을 바꾸시오.
　(4) 차트 디자인 도구 ⇒ 레이아웃 3, 스타일 1을 선택하여 ≪출력형태≫에 맞게 작업하시오.
　(5) 영역 서식 ⇒ 차트 : 글꼴(굴림, 11pt), 채우기 효과(질감-파랑 박엽지)
　　　　　　　　　　그림 : 채우기(흰색, 배경1)
　(6) 제목 서식 ⇒ 차트 제목 : 글꼴(굴림, 굵게, 20pt), 채우기(흰색, 배경1), 테두리
　(7) 서식 ⇒ 상영횟수(단위:천회) 계열의 차트 종류를 〈표식이 있는 꺾은선형〉으로 변경한 후 보조 축으로 지정하시오.
　　　　　　계열 : ≪출력형태≫를 참조하여 표식(세모, 크기 10)과 레이블 값을 표시하시오.
　　　　　　눈금선 : 선 스타일-파선
　　　　　　축 : ≪출력형태≫를 참조하시오.
　(8) 범례 ⇒ 범례명을 변경하고 ≪출력형태≫를 참조하시오.
　(9) 도형 ⇒ '모서리가 둥근 사각형 설명선'을 삽입한 후 ≪출력형태≫와 같이 내용을 입력하시오.
　(10) 나머지 사항은 ≪출력형태≫에 맞게 작성하시오.

≪**출력형태**≫

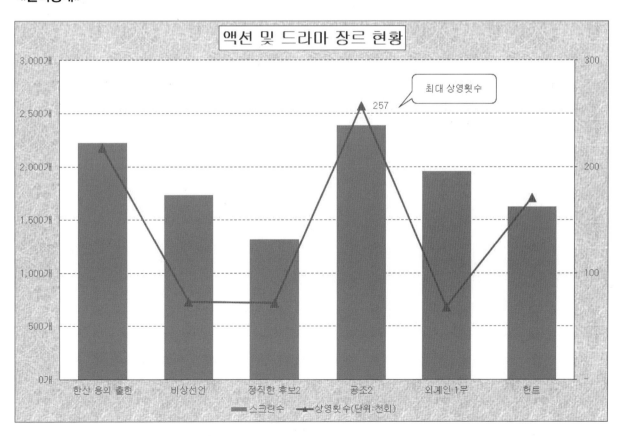

주의 ➡ **시트명 순서가 차례대로 "제1작업", "제2작업", "제3작업", "제4작업"이 되도록 할 것.**

과목	코드	문제유형	시험시간	수험번호	성명
한글엑셀	1122	A	60분		

MS오피스

·수험자 유의사항·

● 수험자는 문제지를 받는 즉시 문제지와 **수험표상의 시험과목(프로그램)이 동일한지 반드시 확인**하여야 합니다.

● 파일명은 본인의 "수험번호-성명"으로 입력하여 답안폴더(내 PC\문서\ITQ)에 하나의 파일로 저장해야 하며, 답안 문서 파일명이 "수험번호-성명"과 일치하지 않거나, 답안파일을 전송하지 않아 미제출로 처리될 경우 실격 처리합니다 (예 : 12345678-홍길동.xlsx).

● 답안 작성을 마치면 파일을 저장하고, '답안 전송' 버튼을 선택하여 감독위원 PC로 답안을 전송하십시오. 수험생 정보와 저장한 파일명이 다를 경우 전송되지 않으므로 주의하시기 바랍니다.

● 답안 작성 중에도 **주기적으로 저장하고, '답안 전송'**하여야 문제 발생을 줄일 수 있습니다. 작업한 내용을 저장하지 않고 전송할 경우 이전에 저장된 내용이 전송되오니 이점 유의하시기 바랍니다.

● 답안문서는 지정된 경로 외의 다른 보조기억장치에 저장하는 경우, 지정된 시험 시간 외에 작성된 파일을 활용할 경우, 기타 통신수단(이메일, 메신저, 네트워크 등)을 이용하여 타인에게 전달 또는 외부 반출하는 경우는 부정 처리합니다.

● 시험 중 부주의 또는 고의로 시스템을 파손한 경우는 수험자가 변상해야 하며, 〈수험자 유의사항〉에 기재된 방법대로 이행하지 않아 생기는 불이익은 수험생 당사자의 책임임을 알려 드립니다.

● 문제의 조건은 MS오피스 2021 버전으로 설정되어 있으며 MS오피스 2016은 【 】에 표기되어 있습니다. 이와 관련하여 작성한 답안의 출력형태가 문제지와 다를 수 있습니다.

● 시험을 완료한 수험자는 답안파일이 전송되었는지 확인한 후 감독위원의 지시에 따라 문제지를 제출하고 퇴실합니다.

·답안 작성요령·

● 온라인 답안 작성 절차

　　수험자 등록 ⇒ 시험 시작 ⇒ 답안파일 저장 ⇒ 답안 전송 ⇒ 시험 종료

● 문제는 총 4단계, 즉 제1작업부터 제4작업까지 구성되어 있으며 반드시 제1작업부터 순서대로 작성하고 조건대로 작업하시오.

● 모든 작업시트의 A열은 열 너비 '1'로, 나머지 열은 적당하게 조절하시오.

● 모든 작업시트의 테두리는 ≪출력형태≫와 같이 작업하시오.

● 해당 작업란에서는 각각 제시된 조건에 따라 ≪출력형태≫와 같이 작업하시오.

● 답안 시트 이름은 "제1작업", "제2작업", "제3작업", "제4작업"이어야 하며 답안 시트 이외의 것은 감점 처리됩니다.

● 각 시트를 파일로 나누어 작업해서 저장할 경우 실격 처리됩니다.

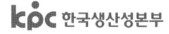

kpc 한국생산성본부

➡️ 다음은 **'여성의류 판매실적 현황'**에 대한 자료이다. 자료를 입력하고 조건에 맞도록 작업하시오.

≪출력형태≫

상품코드	상품명	분류	담당자	상반기목표 (단위:천원)	상반기실적 (단위:천원)	반품건수	협찬	반품순위
							확인	담당 / 대리 / 과장
FS-121	크롭 니트	가디건	김성은	31,130	41,190	34	(1)	(2)
VS-213	오마이걸	원피스	홍용호	22,730	30,130	25	(1)	(2)
EX-366	핑크 퍼피자수	티셔츠	한여정	21,770	19,830	21	(1)	(2)
CE-897	셔링 슬리브	가디건	김진영	10,180	10,300	6	(1)	(2)
CA-135	플라워 라인	티셔츠	김시내	61,330	91,790	17	(1)	(2)
FE-324	벨버른 레터링	티셔츠	천정우	43,030	30,430	8	(1)	(2)
MS-376	플리츠 포켓	원피스	길현지	15,730	15,030	23	(1)	(2)
MS-146	팜트리 아트웍	원피스	방서찬	67,740	52,830	15	(1)	(2)
플라워 라인의 상반기목표(단위:천원)			(3)		가디건 상반기실적(단위:천원) 합계			(5)
최대 상반기실적(단위:천원)			(4)		상품명	크롭 니트	반품건수	(6)

≪조건≫

○ 모든 데이터의 서식에는 글꼴(굴림, 11pt), 정렬은 숫자 및 회계 서식은 오른쪽 정렬, 나머지 서식은 가운데 정렬로 작성하며 예외적인 것은 ≪출력형태≫를 참조하시오.

○ 제 목 ⇒ 도형(사다리꼴)과 그림자(오프셋 오른쪽)를 이용하여 작성하고 "여성의류 판매실적 현황"을 입력한 후 다음 서식을 적용하시오
(글꼴-굴림, 24pt, 검정, 굵게, 채우기-노랑).

○ 임의의 셀에 결재란을 작성하여 그림으로 복사 기능을 이용하여 붙이기 하시오(단, 원본 삭제).

○ 「B4:J4, G14, I14」 영역은 '주황'으로 채우기 하시오.

○ 유효성 검사를 이용하여 「H14」 셀에 상품명(「C5:C12」 영역)이 선택 표시되도록 하시오.

○ 셀 서식 ⇒ 「H5:H12」 영역에 셀 서식을 이용하여 숫자 뒤에 '건'을 표시하시오(예 : 34건).

○ 「H5:H12」 영역에 대해 '반품건수'로 이름정의를 하시오.

➡️ (1)~(6) 셀은 반드시 **주어진 함수를 이용**하여 값을 구하시오(결과값을 직접 입력하면 해당 셀은 0점 처리됨).

(1) 협찬 ⇒ 상품코드의 4번째 글자가 1이면 '연예인 협찬', 그 외에는 공백으로 구하시오(IF, MID 함수).

(2) 반품순위 ⇒ 정의된 이름(반품건수)을 이용하여 반품건수의 내림차순 순위를 구한 결과값에 '위'를 붙이시오
(RANK.EQ 함수, & 연산자)(예 : 1위).

(3) 플라워 라인의 상반기목표(단위:천원) ⇒ (INDEX, MATCH 함수)

(4) 최대 상반기실적(단위:천원) ⇒ (MAX 함수)

(5) 가디건 상반기실적(단위:천원) 합계 ⇒ (DSUM 함수)

(6) 반품건수 ⇒ 「H14」 셀에서 선택한 상품명에 대한 반품건수를 표시하시오(VLOOKUP 함수).

(7) 조건부 서식의 수식을 이용하여 반품건수가 '10' 이하인 행 전체에 다음의 서식을 적용하시오
(글꼴 : 파랑, 굵게).

➡ **"제1작업"** 시트의 「B4:H12」 영역을 복사하여 **"제2작업"** 시트의 「B2」 셀부터 모두 붙여넣기를 한 후
다음의 조건과 같이 작업하시오.

≪조건≫

(1) 목표값 찾기 – 「B11:G11」 셀을 병합하고 가운데 맞춤한 후 "가디건상품의 상반기실적(단위:천원) 평균"을 입력하고,
「H11」 셀에 가디건상품의 상반기실적(단위:천원) 평균을 구하시오. 단, 조건은 입력데이터를 이용하시오
(DAVERAGE 함수, 테두리).
– '가디건상품의 상반기실적(단위:천원) 평균'이 '26,000'이 되려면 크롭 니트의 상반기실적
(단위:천원)이 얼마가 되어야 하는지 목표값을 구하시오.

(2) 고급 필터 – 분류가 '원피스'이면서 반품건수가 '20' 이상인 자료의 상품코드, 담당자, 상반기실적(단위:천원), 반품건수
데이터만 추출하시오.
– 조건 범위 : 「B14」 셀부터 입력하시오.
– 복사 위치 : 「B18」 셀부터 나타나도록 하시오.

➡ **"제1작업"** 시트의 「B4:H12」 영역을 복사하여 **"제3작업"** 시트의 「B2」 셀부터 모두 붙여넣기를 한 후
다음의 조건과 같이 작업하시오.

≪조건≫

(1) 부분합 – ≪출력형태≫처럼 정렬하고, 상품명의 개수와 상반기실적(단위:천원) 평균을 구하시오.
(2) 개요【윤곽】 – 지우시오.
(3) 나머지 사항은 ≪출력형태≫에 맞게 작성하시오.

≪출력형태≫

	A	B	C	D	E	F	G	H
1								
2		상품코드	상품명	분류	담당자	상반기목표 (단위:천원)	상반기실적 (단위:천원)	반품건수
3		EX-366	핑크 퍼피자수	티셔츠	한여정	21,770	19,830	21건
4		CA-135	플라워 라인	티셔츠	김시내	61,330	91,790	17건
5		FE-324	벨버튼 레터링	티셔츠	천정우	43,030	30,430	8건
6				티셔츠 평균			47,350	
7			3	티셔츠 개수				
8		VS-213	오마이걸	원피스	홍용호	22,730	30,130	25건
9		MS-376	플리츠 포켓	원피스	길현지	15,730	15,030	23건
10		MS-146	팝트리 아트웍	원피스	방서찬	67,740	52,830	15건
11				원피스 평균			32,663	
12			3	원피스 개수				
13		FS-121	크롭 니트	가디건	김성은	31,130	41,190	34건
14		CE-897	셔링 슬리브	가디건	김진영	10,180	10,300	6건
15				가디건 평균			25,745	
16			2	가디건 개수				
17				전체 평균			36,441	
18			8	전체 개수				

➡ **"제1작업"** 시트를 이용하여 조건에 따라 ≪출력형태≫와 같이 작업하시오.

≪조건≫

　(1) 차트 종류 ⇒ 〈묶은 세로 막대형〉으로 작업하시오.

　(2) 데이터 범위 ⇒ "제1작업" 시트의 내용을 이용하여 작업하시오.

　(3) 위치 ⇒ "새 시트"로 이동하고, "제4작업"으로 시트 이름을 바꾸시오.

　(4) 차트 디자인 도구 ⇒ 레이아웃 3, 스타일 1을 선택하여 ≪출력형태≫에 맞게 작업하시오.

　(5) 영역 서식 ⇒ 차트 : 글꼴(굴림, 11pt), 채우기 효과(질감–파랑 박엽지)

　　　　　　　　　그림 : 채우기(흰색, 배경1)

　(6) 제목 서식 ⇒ 차트 제목 : 글꼴(굴림, 굵게, 20pt), 채우기(흰색, 배경1), 테두리

　(7) 서식 ⇒ 반품건수 계열의 차트 종류를 〈표식이 있는 꺾은선형〉으로 변경한 후 보조 축으로 지정하시오.

　　　　　계열 : ≪출력형태≫를 참조하여 표식(세모, 크기 10)과 레이블 값을 표시하시오.

　　　　　눈금선 : 선 스타일–파선

　　　　　축 : ≪출력형태≫를 참조하시오.

　(8) 범례 ⇒ 범례명을 변경하고 ≪출력형태≫를 참조하시오.

　(9) 도형 ⇒ '모서리가 둥근 사각형 설명선'을 삽입한 후 ≪출력형태≫와 같이 내용을 입력하시오.

　(10) 나머지 사항은 ≪출력형태≫에 맞게 작성하시오.

≪출력형태≫

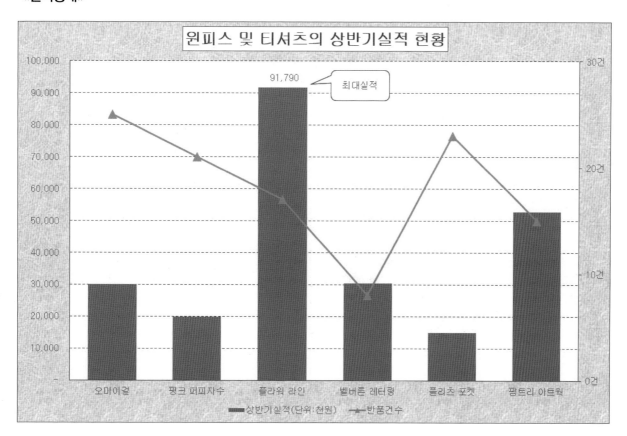

주의 ➡ 시트명 순서가 차례대로 "제1작업", "제2작업", "제3작업", "제4작업"이 되도록 할 것.

제 06 회 정보기술자격(ITQ) 최신유형 기출문제

과목	코드	문제유형	시험시간	수험번호	성명
한글엑셀	1122	A	60분		

MS오피스

·수험자 유의사항·

- 수험자는 문제지를 받는 즉시 문제지와 **수험표상의 시험과목(프로그램)이 동일한지 반드시 확인**하여야 합니다.

- 파일명은 본인의 "수험번호-성명"으로 입력하여 답안폴더(내 PC₩문서₩ITQ)에 하나의 파일로 저장해야 하며, 답안
문서 파일명이 "수험번호-성명"과 일치하지 않거나, 답안파일을 전송하지 않아 미제출로 처리될 경우 실격 처리합니다
(예 : 12345678-홍길동.xlsx).

- 답안 작성을 마치면 파일을 저장하고, '답안 전송' 버튼을 선택하여 감독위원 PC로 답안을 전송하십시오. 수험생 정보와 저장
한 파일명이 다를 경우 전송되지 않으므로 주의하시기 바랍니다.

- 답안 작성 중에도 **주기적으로 저장하고, '답안 전송'**하여야 문제 발생을 줄일 수 있습니다. 작업한 내용을 저장하지 않고
전송할 경우 이전에 저장된 내용이 전송되오니 이점 유의하시기 바랍니다.

- 답안문서는 지정된 경로 외의 다른 보조기억장치에 저장하는 경우, 지정된 시험 시간 외에 작성된 파일을 활용할 경우, 기타
통신수단(이메일, 메신저, 네트워크 등)을 이용하여 타인에게 전달 또는 외부 반출하는 경우는 부정 처리합니다.

- 시험 중 부주의 또는 고의로 시스템을 파손한 경우는 수험자가 변상해야 하며, 〈수험자 유의사항〉에 기재된 방법대로 이행하
지 않아 생기는 불이익은 수험생 당사자의 책임임을 알려 드립니다.

- 문제의 조건은 MS오피스 2021 버전으로 설정되어 있으며 MS오피스 2016은 【 】에 표기되어 있습니다.
이와 관련하여 작성한 답안의 출력형태가 문제지와 다를 수 있습니다.

- 시험을 완료한 수험자는 답안파일이 전송되었는지 확인한 후 감독위원의 지시에 따라 문제지를 제출하고 퇴실합니다.

·답안 작성요령·

- 온라인 답안 작성 절차

    수험자 등록 ⇒ 시험 시작 ⇒ 답안파일 저장 ⇒ 답안 전송 ⇒ 시험 종료

- 문제는 총 4단계, 즉 제1작업부터 제4작업까지 구성되어 있으며 반드시 제1작업부터 순서대로 작성하고 조건대로 작업하시오.

- 모든 작업시트의 A열은 열 너비 '1'로, 나머지 열은 적당하게 조절하시오.

- 모든 작업시트의 테두리는 ≪출력형태≫와 같이 작업하시오.

- 해당 작업란에서는 각각 제시된 조건에 따라 ≪출력형태≫와 같이 작업하시오.

- 답안 시트 이름은 "제1작업", "제2작업", "제3작업", "제4작업"이어야 하며 답안 시트 이외의 것은 감점 처리됩니다.

- 각 시트를 파일로 나누어 작업해서 저장할 경우 실격 처리됩니다.

kpc 한국생산성본부

➡ 다음은 '**모래수송선 실적 현황**'에 대한 자료이다. 자료를 입력하고 조건에 맞도록 작업하시오.

≪출력형태≫

코드	선박명	대리점	입항항	항차	입항일	화물량 (단위:톤)	입항 요일	비고
							담당	대리	과장
		모래수송선 실적 현황					확인			
A6362	천곡211호	신일해운	목포	75	2023-01-13	7,820	(1)	(2)
B8325	추암203호	승호해운	인천	82	2023-03-01	5,064	(1)	(2)
C3296	평릉402호	승호해운	인천	11	2023-03-04	6,322	(1)	(2)
B1287	백석105호	신일해운	부산	6	2023-02-21	4,368	(1)	(2)
B1554	삼봉902호	태현이앤씨	인천	4	2023-01-27	5,239	(1)	(2)
C2281	비천107호	승호해운	부산	68	2023-03-03	3,640	(1)	(2)
A7732	해동323호	신일해운	인천	5	2023-02-12	4,325	(1)	(2)
A6528	대진704호	태현이앤씨	인천	48	2023-02-16	2,418	(1)	(2)
최소 화물량(단위:톤)			(3)			신일해운 선박의 항차 평균		(5)
승호해운의 선박개수			(4)			코드	A6362	항차	(6)

≪조건≫

　○ 모든 데이터의 서식에는 글꼴(굴림, 11pt), 정렬은 숫자 및 회계 서식은 오른쪽 정렬, 나머지 서식은 가운데 정렬로
　　작성하며 예외적인 것은 《출력형태》를 참조하시오.

　○ 제 목 ⇒ 도형(한쪽 모서리가 잘린 사각형)과 그림자(오프셋 오른쪽)를 이용하여 작성하고 "모래수송선 실적 현황"을
　　　　　　 입력한 후 다음 서식을 적용하시오
　　　　　　 (글꼴-굴림, 24pt, 검정, 굵게, 채우기-노랑).

　○ 임의의 셀에 결재란을 작성하여 그림으로 복사 기능을 이용하여 붙이기 하시오(단, 원본 삭제).

　○ 「B4:J4, G14, I14」 영역은 '주황'으로 채우기 하시오.

　○ 유효성 검사를 이용하여 「H14」 셀에 코드(「B5:B12」 영역)가 선택 표시되도록 하시오.

　○ 셀 서식 ⇒ 「F5:F12」 영역에 셀 서식을 이용하여 숫자 뒤에 '항차'를 표시하시오(예 : 75항차).

　○ 「D5:D12」 영역에 대해 '대리점'으로 이름정의를 하시오.

➡ (1)〜(6) 셀은 반드시 **주어진 함수를 이용**하여 값을 구하시오(결과값을 직접 입력하면 해당 셀은 0점 처리됨).

　(1) 입항요일 ⇒ 입항일의 요일을 예와 같이 구하시오(CHOOSE, WEEKDAY 함수)(예 : 월요일).

　(2) 비고 ⇒ 항차의 내림차순 순위를 구한 결과값에 '위'를 붙이시오(RANK.EQ 함수, & 연산자)(예 : 1위).

　(3) 최소 화물량(단위:톤) ⇒ (MIN 함수)

　(4) 승호해운의 선박개수 ⇒ 정의된 이름(대리점)을 이용하여 구하시오(COUNTIF 함수).

　(5) 신일해운 선박의 항차 평균 ⇒ 소수점 아래는 버리고 정수로 구하시오. 단, 조건은 입력데이터를 이용하시오
　　　　　　　　　　　　　　　　(INT, DAVERAGE 함수)(예 : 43.65 → 43).

　(6) 항차 ⇒ 「H14」 셀에서 선택한 코드에 대한 항차를 표시하시오(VLOOKUP 함수)

　(7) 조건부 서식의 수식을 이용하여 항차가 '10' 이하인 행 전체에 다음의 서식을 적용하시오
　　　(글꼴 : 파랑, 굵게).

➡️ **"제1작업"** 시트의 「B4:H12」 영역을 복사하여 **"제2작업"** 시트의 「B2」 셀부터 모두 붙여넣기를 한 후 다음의 조건과 같이 작업하시오.

≪조건≫

(1) 고급 필터 – 코드가 'C'로 시작하거나, 화물량(단위:톤)이 '6,000' 이상인 자료의 코드, 선박명, 항차, 화물량(단위:톤) 데이터만 추출하시오.
  – 조건 범위 : 「B14」 셀부터 입력하시오.
  – 복사 위치 : 「B18」 셀부터 나타나도록 하시오.

(2) 표 서식 – 고급 필터의 결과셀을 채우기 없음으로 설정한 후 '표 스타일 보통 6'의 서식을 적용하시오.
  – 머리글 행, 줄무늬 행을 적용하시오.

➡️ **"제1작업"** 시트를 이용하여 **"제3작업"** 시트에 조건에 따라 ≪출력형태≫와 같이 작업하시오.

≪조건≫

(1) 입항일 및 대리점별 선박명의 개수와 화물량(단위:톤)의 평균을 구하시오.
(2) 입항일은 그룹화하고, 대리점을 ≪출력형태≫와 같이 정렬하시오.
(3) 레이블이 있는 셀 병합 및 가운데 맞춤 적용 및 빈 셀은 '**'로 표시하시오.
(4) 행의 총합계는 지우고, 나머지 사항은 ≪출력형태≫에 맞게 작성하시오.

≪출력형태≫

입항일	대리점 태현이앤씨		신일해운		승호해운	
	개수 : 선박명	평균 : 화물량(단위:톤)	개수 : 선박명	평균 : 화물량(단위:톤)	개수 : 선박명	평균 : 화물량(단위:톤)
1월	1	5,239	1	7,820	**	**
2월	1	2,418	2	4,347	**	**
3월	**	**	**	**	3	5,009
총합계	2	3,829	3	5,504	3	5,009

➡ **"제1작업"** 시트를 이용하여 조건에 따라 ≪출력형태≫와 같이 작업하시오.

≪조건≫

(1) 차트 종류 ⇒ 〈묶은 세로 막대형〉으로 작업하시오.

(2) 데이터 범위 ⇒ "제1작업" 시트의 내용을 이용하여 작업하시오.

(3) 위치 ⇒ "새 시트"로 이동하고, "제4작업"으로 시트 이름을 바꾸시오.

(4) 차트 디자인 도구 ⇒ 레이아웃 3, 스타일 1을 선택하여 ≪출력형태≫에 맞게 작업하시오.

(5) 영역 서식 ⇒ 차트 : 글꼴(굴림, 11pt), 채우기 효과(질감−파랑 박엽지)
　　　　　　　　그림 : 채우기(흰색, 배경1)

(6) 제목 서식 ⇒ 차트 제목 : 글꼴(굴림, 굵게, 20pt), 채우기(흰색, 배경1), 테두리

(7) 서식 ⇒ 항차 계열의 차트 종류를 〈표식이 있는 꺾은선형〉으로 변경한 후 보조 축으로 지정하시오.
　　　　계열 : ≪출력형태≫를 참조하여 표식(세모, 크기 10)과 레이블 값을 표시하시오.
　　　　눈금선 : 선 스타일−파선
　　　　축 : ≪출력형태≫를 참조하시오.

(8) 범례 ⇒ 범례명을 변경하고 ≪출력형태≫를 참조하시오.

(9) 도형 ⇒ '모서리가 둥근 사각형 설명선'을 삽입한 후 ≪출력형태≫와 같이 내용을 입력하시오.

(10) 나머지 사항은 ≪출력형태≫에 맞게 작성하시오.

≪출력형태≫

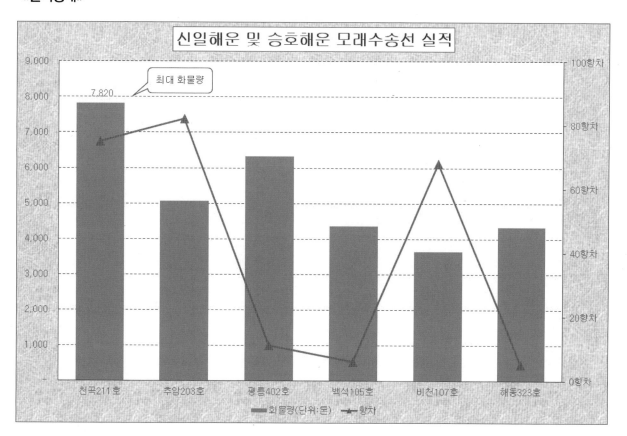

주의 ➡ 시트명 순서가 차례대로 "제1작업", "제2작업", "제3작업", "제4작업"이 되도록 할 것.

과목	코드	문제유형	시험시간	수험번호	성명
한글엑셀	1122	A	60분		

MS오피스

·수험자 유의사항·

● 수험자는 문제지를 받는 즉시 문제지와 **수험표상의 시험과목(프로그램)이 동일한지 반드시 확인**하여야 합니다.

● 파일명은 본인의 "수험번호-성명"으로 입력하여 답안폴더(내 PC\문서\ITQ)에 하나의 파일로 저장해야 하며, 답안 문서 파일명이 "수험번호-성명"과 일치하지 않거나, 답안파일을 전송하지 않아 미제출로 처리될 경우 실격 처리합니다 (예 : 12345678-홍길동.xlsx).

● 답안 작성을 마치면 파일을 저장하고, '답안 전송' 버튼을 선택하여 감독위원 PC로 답안을 전송하십시오. 수험생 정보와 저장한 파일명이 다를 경우 전송되지 않으므로 주의하시기 바랍니다.

● 답안 작성 중에도 **주기적으로 저장하고, '답안 전송'**하여야 문제 발생을 줄일 수 있습니다. 작업한 내용을 저장하지 않고 전송할 경우 이전에 저장된 내용이 전송되오니 이점 유의하시기 바랍니다.

● 답안문서는 지정된 경로 외의 다른 보조기억장치에 저장하는 경우, 지정된 시험 시간 외에 작성된 파일을 활용할 경우, 기타 통신수단(이메일, 메신저, 네트워크 등)을 이용하여 타인에게 전달 또는 외부 반출하는 경우는 부정 처리합니다.

● 시험 중 부주의 또는 고의로 시스템을 파손한 경우는 수험자가 변상해야 하며, 〈수험자 유의사항〉에 기재된 방법대로 이행하지 않아 생기는 불이익은 수험생 당사자의 책임임을 알려 드립니다.

● 문제의 조건은 MS오피스 2021 버전으로 설정되어 있으며 MS오피스 2016은 【 】에 표기되어 있습니다. 이와 관련하여 작성한 답안의 출력형태가 문제지와 다를 수 있습니다.

● 시험을 완료한 수험자는 답안파일이 전송되었는지 확인한 후 감독위원의 지시에 따라 문제지를 제출하고 퇴실합니다.

·답안 작성요령·

● 온라인 답안 작성 절차

수험자 등록 ⇒ 시험 시작 ⇒ 답안파일 저장 ⇒ 답안 전송 ⇒ 시험 종료

● 문제는 총 4단계, 즉 제1작업부터 제4작업까지 구성되어 있으며 반드시 제1작업부터 순서대로 작성하고 조건대로 작업하시오.

● 모든 작업시트의 A열은 열 너비 '1'로, 나머지 열은 적당하게 조절하시오.

● 모든 작업시트의 테두리는 ≪출력형태≫와 같이 작업하시오.

● 해당 작업란에서는 각각 제시된 조건에 따라 ≪출력형태≫와 같이 작업하시오.

● 답안 시트 이름은 "제1작업", "제2작업", "제3작업", "제4작업"이어야 하며 답안 시트 이외의 것은 감점 처리됩니다.

● 각 시트를 파일로 나누어 작업해서 저장할 경우 실격 처리됩니다.

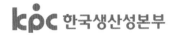
kpc 한국생산성본부

➡ 다음은 '**부산 하나로 렌트카 대여안내**'에 대한 자료이다. 자료를 입력하고 조건에 맞도록 작업하시오.

≪출력형태≫

관리번호	차종	차량	연식	1일 렌탈료	일렌탈료 (5일이상)	전월예약건수	주말렌탈료	대여지역
						결재	담당 정장 대표	
CP-001	승용차	신형K5	2022년	50,000	42,000	8	(1)	(2)
SK-001	SUV	쏘렌토	2020년	85,000	75,000	6	(1)	(2)
CK-002	승용차	신형소나타	2022년	60,000	50,000	11	(1)	(2)
VH-001	승합차	카니발	2020년	100,000	85,000	8	(1)	(2)
SP-002	SUV	SM-QM6	2022년	110,000	95,000	10	(1)	(2)
SH-003	SUV	싼타페	2021년	90,000	83,000	7	(1)	(2)
VP-002	승합차	스타리아	2022년	105,000	90,000	5	(1)	(2)
CK-003	승용차	그랜저	2021년	90,000	80,000	7	(1)	(2)
1일 렌탈료 전체평균			(3)			SUV 차량의 개수		(5)
승용차 전월예약건수 합계			(4)			차량	신형K5	1일 렌탈료	(6)

≪조건≫

○ 모든 데이터의 서식에는 글꼴(굴림, 11pt), 정렬은 숫자 및 회계 서식은 오른쪽 정렬, 나머지 서식은 가운데 정렬로 작성하며 예외적인 것은 ≪출력형태≫를 참조하시오.

○ 제 목 ⇒ 도형(사다리꼴)과 그림자(오프셋 오른쪽)를 이용하여 작성하고 "부산 하나로 렌트카 대여안내"를 입력한 후 다음 서식을 적용하시오 (글꼴-굴림, 24pt, 검정, 굵게, 채우기-노랑).

○ 임의의 셀에 결재란을 작성하여 그림으로 복사 기능을 이용하여 붙이기 하시오(단, 원본 삭제).

○ 「B4:J4, G14, I14」 영역은 '주황'으로 채우기 하시오.

○ 유효성 검사를 이용하여 「H14」 셀에 차량(「D5:D12」 영역)이 선택 표시되도록 하시오.

○ 셀 서식 ⇒ 「F5:G12」 영역에 셀 서식을 이용하여 숫자 뒤에 '원'을 표시하시오(예 : 50,000원).

○ 「H5:H12」 영역에 대해 '전월예약'으로 이름정의를 하시오.

➡ (1)~(6) 셀은 반드시 **주어진 함수를 이용**하여 값을 구하시오(결과값을 직접 입력하면 해당 셀은 0점 처리됨).

(1) 주말렌탈료 ⇒ 「1일 렌탈료 × 115%」를 계산하고, 반올림하여 천원 단위까지 구하시오 (ROUND 함수)(예 : 55,850 → 56,000).

(2) 대여지역 ⇒ 관리번호 두 번째 글자가 P이면 '부산역', K이면 '김해공항', 그 외에는 '해운대구'로 구하시오 (IF, MID 함수).

(3) 1일 렌탈료 전체평균 ⇒ 내림하여 백원 단위까지 구하시오 (ROUNDDOWN, AVERAGE 함수)(예 : 82,350 → 82,300).

(4) 승용차 전월예약건수 합계 ⇒ 정의된 이름(전월예약)을 이용하여 구한 결과값에 '건'을 붙이시오 (SUMIF 함수, & 연산자)(예 : 1건).

(5) SUV 차량의 개수 ⇒ (COUNTIF 함수)

(6) 1일 렌탈료 ⇒ 「H14」 셀에서 선택한 차량에 대한 1일 렌탈료를 구하시오(VLOOKUP 함수).

(7) 조건부 서식의 수식을 이용하여 전월예약건수가 '10' 이상인 행 전체에 다음의 서식을 적용하시오 (글꼴 : 파랑, 굵게).

[제2작업] 목표값 찾기 및 필터   80점

➡ **"제1작업"** 시트의 「B4:H12」 영역을 복사하여 **"제2작업"** 시트의 「B2」 셀부터 모두 붙여넣기를 한 후
   다음의 조건과 같이 작업하시오.

≪조건≫

   (1) 목표값 찾기 - 「B11:G11」 셀을 병합하고, 가운데 맞춤한 후 "승용차 1일 렌탈료 평균"을 입력하고, 「H11」 셀에
                  승용차 1일 렌탈료 평균을 구하시오. 단, 조건은 입력데이터를 이용하시오
                  (DAVERAGE 함수, 테두리).
          - '승용차 1일 렌탈료 평균'이 '67,000'이 되려면 신형K5의 1일 렌탈료가 얼마가 되어야 하는지
            목표값을 구하시오.

   (2) 고급 필터 - 차종이 '승합차'가 아니면서 일렌탈료(5일이상)가 '80,000' 이상인 자료의 관리번호, 차량,
           1일 렌탈료, 전월예약건수 데이터만 추출하시오.
        - 조건 범위 : 「B14」 셀부터 입력하시오.
        - 복사 위치 : 「B18」 셀부터 나타나도록 하시오.

[제3작업] 정렬 및 부분합   80점

➡ **"제1작업"** 시트의 「B4:H12」 영역을 복사하여 **"제3작업"** 시트의 「B2」 셀부터 모두 붙여넣기를 한 후
   다음의 조건과 같이 작업하시오.

≪조건≫

   (1) 부분합 - ≪출력형태≫처럼 정렬하고, 차량의 개수와 1일 렌탈료의 평균을 구하시오.
   (2) 개요【윤곽】 - 지우시오.
   (3) 나머지 사항은 ≪출력형태≫에 맞게 작성하시오.

≪출력형태≫

관리번호	차종	차량	연식	1일 렌탈료	일렌탈료 (5일이상)	전월예약건수
VH-001	승합차	카니발	2020년	100,000원	85,000원	8
VP-002	승합차	스타리아	2022년	105,000원	90,000원	5
	승합차 평균			102,500원		
	승합차 개수	2				
CP-001	승용차	신형K5	2022년	50,000원	42,000원	8
CK-002	승용차	신형소나타	2022년	60,000원	50,000원	11
CK-003	승용차	그랜져	2021년	90,000원	80,000원	7
	승용차 평균			66,667원		
	승용차 개수	3				
SK-001	SUV	쏘렌토	2020년	85,000원	75,000원	6
SP-002	SUV	SM-QM6	2022년	110,000원	95,000원	10
SH-003	SUV	싼타페	2021년	90,000원	83,000원	7
	SUV 평균			95,000원		
	SUV 개수	3				
	전체 평균			86,250원		
	전체 개수	8				

➜ **"제1작업"** 시트를 이용하여 조건에 따라 ≪출력형태≫와 같이 작업하시오.

≪조건≫

　(1) 차트 종류 ⇒ 〈묶은 세로 막대형〉으로 작업하시오.

　(2) 데이터 범위 ⇒ "제1작업" 시트의 내용을 이용하여 작업하시오.

　(3) 위치 ⇒ "새 시트"로 이동하고, "제4작업"으로 시트 이름을 바꾸시오.

　(4) 차트 디자인 도구 ⇒ 레이아웃 3, 스타일 1을 선택하여 ≪출력형태≫에 맞게 작업하시오.

　(5) 영역 서식 ⇒ 차트 : 글꼴(굴림, 11pt), 채우기 효과(질감-파랑 박엽지)

　　　　　　　　　　그림 : 채우기(흰색, 배경1)

　(6) 제목 서식 ⇒ 차트 제목 : 글꼴(굴림, 굵게, 20pt), 채우기(흰색, 배경1), 테두리

　(7) 서식 ⇒ 전월예약건수 계열의 차트 종류를 〈표식이 있는 꺾은선형〉으로 변경한 후 보조 축으로 지정하시오.

　　　　　계열 : ≪출력형태≫를 참조하여 표식(마름모, 크기 10)과 레이블 값을 표시하시오.

　　　　　눈금선 : 선 스타일-파선

　　　　　축 : ≪출력형태≫를 참조하시오.

　(8) 범례 ⇒ 범례명을 변경하고 ≪출력형태≫를 참조하시오.

　(9) 도형 ⇒ '모서리가 둥근 사각형 설명선'을 삽입한 후 ≪출력형태≫와 같이 내용을 입력하시오.

　(10) 나머지 사항은 ≪출력형태≫에 맞게 작성하시오.

≪출력형태≫

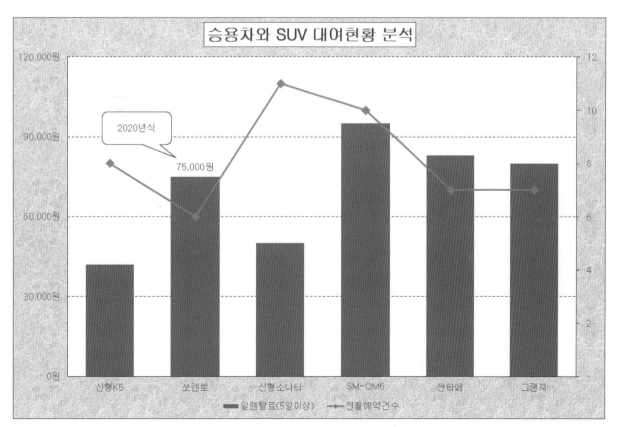

주의 ➜ **시트명 순서가 차례대로 "제1작업", "제2작업", "제3작업", "제4작업"이 되도록 할 것.**

제 08 회 정보기술자격(ITQ) 최신유형 기출문제

과목	코드	문제유형	시험시간	수험번호	성명
한글엑셀	1122	A	60분		

MS오피스

·수험자 유의사항·

- 수험자는 문제지를 받는 즉시 문제지와 **수험표상의 시험과목(프로그램)이 동일한지 반드시 확인**하여야 합니다.

- 파일명은 본인의 "수험번호-성명"으로 입력하여 답안폴더(내 PC₩문서₩ITQ)에 하나의 파일로 저장해야 하며, 답안 문서 파일명이 "수험번호-성명"과 일치하지 않거나, 답안파일을 전송하지 않아 미제출로 처리될 경우 실격 처리합니다 (예 : 12345678-홍길동.xlsx).

- 답안 작성을 마치면 파일을 저장하고, '답안 전송' 버튼을 선택하여 감독위원 PC로 답안을 전송하십시오. 수험생 정보와 저장 한 파일명이 다를 경우 전송되지 않으므로 주의하시기 바랍니다.

- 답안 작성 중에도 **주기적으로 저장하고, '답안 전송'**하여야 문제 발생을 줄일 수 있습니다. 작업한 내용을 저장하지 않고 전송할 경우 이전에 저장된 내용이 전송되오니 이점 유의하시기 바랍니다.

- 답안문서는 지정된 경로 외의 다른 보조기억장치에 저장하는 경우, 지정된 시험 시간 외에 작성된 파일을 활용할 경우, 기타 통신수단(이메일, 메신저, 네트워크 등)을 이용하여 타인에게 전달 또는 외부 반출하는 경우는 부정 처리합니다.

- 시험 중 부주의 또는 고의로 시스템을 파손한 경우는 수험자가 변상해야 하며, 〈수험자 유의사항〉에 기재된 방법대로 이행하 지 않아 생기는 불이익은 수험생 당사자의 책임임을 알려 드립니다.

- 문제의 조건은 MS오피스 2021 버전으로 설정되어 있으며 MS오피스 2016은 【 】에 표기되어 있습니다. 이와 관련하여 작성한 답안의 출력형태가 문제지와 다를 수 있습니다.

- 시험을 완료한 수험자는 답안파일이 전송되었는지 확인한 후 감독위원의 지시에 따라 문제지를 제출하고 퇴실합니다.

·답안 작성요령·

- 온라인 답안 작성 절차
  수험자 등록 ⇒ 시험 시작 ⇒ 답안파일 저장 ⇒ 답안 전송 ⇒ 시험 종료

- 문제는 총 4단계, 즉 제1작업부터 제4작업까지 구성되어 있으며 반드시 제1작업부터 순서대로 작성하고 조건대로 작업하시오.

- 모든 작업시트의 A열은 열 너비 '1'로, 나머지 열은 적당하게 조절하시오.

- 모든 작업시트의 테두리는 ≪출력형태≫와 같이 작업하시오.

- 해당 작업란에서는 각각 제시된 조건에 따라 ≪출력형태≫와 같이 작업하시오.

- 답안 시트 이름은 "제1작업", "제2작업", "제3작업", "제4작업"이어야 하며 답안 시트 이외의 것은 감점 처리됩니다.

- 각 시트를 파일로 나누어 작업해서 저장할 경우 실격 처리됩니다.

➡ 다음은 '3월 초중고 체험 일정'에 대한 자료이다. 자료를 입력하고 조건에 맞도록 작업하시오.

≪출력형태≫

	확인	사원	과장	부장

3월 초중고 체험 일정

코드	학교명	장소	날짜	인솔 책임자	인솔자 수 (단위:명)	학생 수	구분	비고
T2722	장원	나로우주센터	2023-03-22	박경아	9	349	(1)	(2)
W3462	장흥	목재문화체험장	2023-03-13	구경완	6	192	(1)	(2)
R3621	문수	화폐박물관	2023-03-15	정용진	6	246	(1)	(2)
S5883	경희	나로우주센터	2023-03-05	조원희	15	452	(1)	(2)
A6643	금호	목재문화체험장	2023-03-15	정영채	16	465	(1)	(2)
Z5642	서영	나로우주센터	2023-03-08	김지수	9	322	(1)	(2)
F6431	서일	화폐박물관	2023-03-23	최이담	7	289	(1)	(2)
W5322	수진	목재문화체험장	2023-03-08	허예정	11	378	(1)	(2)
나로우주센터 체험 학생 수 평균			(3)			최대 인솔자 수(단위:명)		(5)
화폐박물관 체험 학생 수 합계			(4)			코드	T2722	학생 수	(6)

≪조건≫

○ 모든 데이터의 서식에는 글꼴(굴림, 11pt), 정렬은 숫자 및 회계 서식은 오른쪽 정렬, 나머지 서식은 가운데 정렬로 작성하며 예외적인 것은 ≪출력형태≫를 참조하시오.
○ 제 목 ⇒ 도형(한쪽 모서리가 잘린 사각형)과 그림자(오프셋 오른쪽)를 이용하여 작성하고 "3월 초중고 체험 일정"을 입력한 후 다음 서식을 적용하시오
　　　　　(글꼴-굴림, 24pt, 검정, 굵게, 채우기-노랑).
○ 임의의 셀에 결재란을 작성하여 그림으로 복사 기능을 이용하여 붙이기 하시오(단, 원본 삭제).
○ 「B4:J4, G14, I14」 영역은 '주황'으로 채우기 하시오.
○ 유효성 검사를 이용하여 「H14」 셀에 코드(「B5:B12」 영역)가 선택 표시되도록 하시오.
○ 셀 서식 ⇒ 「H5:H12」 영역에 셀 서식을 이용하여 숫자 뒤에 '명'을 표시하시오(예 : 349명).
○ 「D5:D12」 영역에 대해 '장소'로 이름정의를 하시오.

➡ (1)~(6) 셀은 반드시 **주어진 함수를 이용**하여 값을 구하시오(결과값을 직접 입력하면 해당 셀은 0점 처리됨).

(1) 구분 ⇒ 코드의 마지막 글자가 1이면 '초등학교', 2이면 '중학교', 3이면 '고등학교'로 구하시오
　　　　(CHOOSE, RIGHT 함수).
(2) 비고 ⇒ 학생 수의 내림차순 순위를 구한 결과값에 '위'를 붙이시오(RANK.EQ 함수, & 연산자)(예 : 1위).
(3) 나로우주센터 체험 학생 수 평균 ⇒ 반올림하여 십의 단위로 구하시오. 단, 조건은 입력데이터를 이용하시오
　　　　　　　　　　　　　(ROUND, DAVERAGE 함수)(예 : 632.3 → 630).
(4) 화폐박물관 체험 학생 수 합계 ⇒ 정의된 이름(장소)을 이용하여 구하시오(SUMIF 함수).
(5) 최대 인솔자 수(단위:명) ⇒ (MAX 함수)
(6) 학생 수 ⇒ 「H14」 셀에서 선택한 코드의 학생 수를 구하시오(VLOOKUP 함수).
(7) 조건부 서식의 수식을 이용하여 인솔자 수(단위:명)가 '10' 이상인 행 전체에 다음의 서식을 적용하시오
　　(글꼴 : 파랑, 굵게).

[제2작업] 필터 및 서식 — 80점

➡️ **"제1작업"** 시트의 「B4:H12」 영역을 복사하여 **"제2작업"** 시트의 「B2」 셀부터 모두 붙여넣기를 한 후 다음의 조건과 같이 작업하시오.

≪조건≫

(1) 고급 필터 – 코드가 'A'로 시작하거나, 학생 수가 '300' 이하인 자료의 학교명, 날짜, 인솔자 수(단위:명), 학생 수 데이터만 추출하시오.
   – 조건 범위 : 「B14」 셀부터 입력하시오.
   – 복사 위치 : 「B18」 셀부터 나타나도록 하시오.

(2) 표 서식 – 고급 필터의 결과셀을 채우기 없음으로 설정한 후 '표 스타일 보통 6'의 서식을 적용하시오.
   – 머리글 행, 줄무늬 행을 적용하시오.

[제3작업] 피벗 테이블 — 80점

➡️ **"제1작업"** 시트를 이용하여 **"제3작업"** 시트에 조건에 따라 ≪출력형태≫와 같이 작업하시오.

≪조건≫

(1) 날짜 및 장소별 학교명의 개수와 인솔자 수(단위:명)의 평균을 구하시오.
(2) 날짜는 그룹화하고, 장소를 ≪출력형태≫와 같이 정렬하시오.
(3) 레이블이 있는 셀 병합 및 가운데 맞춤 적용 및 빈 셀은 '**'로 표시하시오.
(4) 행의 총합계는 지우고, 나머지 사항은 ≪출력형태≫에 맞게 작성하시오.

≪출력형태≫

제 08 회 **250** 최신유형 기출문제

➔ **"제1작업"** 시트를 이용하여 조건에 따라 ≪출력형태≫와 같이 작업하시오.

≪조건≫

(1) 차트 종류 ⇒ 〈묶은 세로 막대형〉으로 작업하시오.

(2) 데이터 범위 ⇒ "제1작업" 시트의 내용을 이용하여 작업하시오.

(3) 위치 ⇒ "새 시트"로 이동하고, "제4작업"으로 시트 이름을 바꾸시오.

(4) 차트 디자인 도구 ⇒ 레이아웃 3, 스타일 1을 선택하여 ≪출력형태≫에 맞게 작업하시오.

(5) 영역 서식 ⇒ 차트 : 글꼴(굴림, 11pt), 채우기 효과(질감–파랑 박엽지)

                   그림 : 채우기(흰색, 배경1)

(6) 제목 서식 ⇒ 차트 제목 : 글꼴(굴림, 굵게, 20pt), 채우기(흰색, 배경1), 테두리

(7) 서식 ⇒ 인솔자 수(단위:명) 계열의 차트 종류를 〈표식이 있는 꺾은선형〉으로 변경한 후 보조 축으로 지정하시오.

       계열 : ≪출력형태≫를 참조하여 표식(세모, 크기 10)과 레이블 값을 표시하시오.

       눈금선 : 선 스타일–파선

       축 : ≪출력형태≫를 참조하시오.

(8) 범례 ⇒ 범례명을 변경하고 ≪출력형태≫를 참조하시오.

(9) 도형 ⇒ '모서리가 둥근 사각형 설명선'을 삽입한 후 ≪출력형태≫와 같이 내용을 입력하시오.

(10) 나머지 사항은 ≪출력형태≫에 맞게 작성하시오.

≪출력형태≫

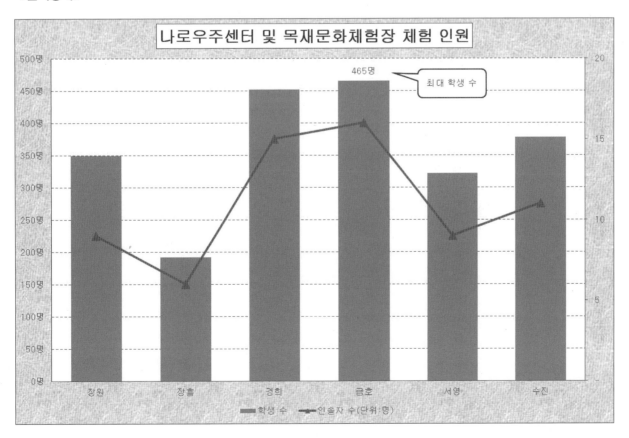

주의 ➔ 시트명 순서가 차례대로 "제1작업", "제2작업", "제3작업", "제4작업"이 되도록 할 것.

과목	코드	문제유형	시험시간	수험번호	성명
한글엑셀	1122	A	60분		

MS오피스

·수험자 유의사항·

- 수험자는 문제지를 받는 즉시 문제지와 **수험표상의 시험과목(프로그램)이 동일한지 반드시 확인**하여야 합니다.

- 파일명은 본인의 "수험번호–성명"으로 입력하여 답안폴더(내 PC₩문서₩ITQ)에 하나의 파일로 저장해야 하며, 답안 문서 파일명이 "수험번호–성명"과 일치하지 않거나, 답안파일을 전송하지 않아 미제출로 처리될 경우 실격 처리합니다 (예 : 12345678–홍길동.xlsx).

- 답안 작성을 마치면 파일을 저장하고, '답안 전송' 버튼을 선택하여 감독위원 PC로 답안을 전송하십시오. 수험생 정보와 저장한 파일명이 다를 경우 전송되지 않으므로 주의하시기 바랍니다.

- 답안 작성 중에도 **주기적으로 저장하고, '답안 전송'**하여야 문제 발생을 줄일 수 있습니다. 작업한 내용을 저장하지 않고 전송할 경우 이전에 저장된 내용이 전송되오니 이점 유의하시기 바랍니다.

- 답안문서는 지정된 경로 외의 다른 보조기억장치에 저장하는 경우, 지정된 시험 시간 외에 작성된 파일을 활용할 경우, 기타 통신수단(이메일, 메신저, 네트워크 등)을 이용하여 타인에게 전달 또는 외부 반출하는 경우는 부정 처리합니다.

- 시험 중 부주의 또는 고의로 시스템을 파손한 경우는 수험자가 변상해야 하며, 〈수험자 유의사항〉에 기재된 방법대로 이행하지 않아 생기는 불이익은 수험생 당사자의 책임임을 알려 드립니다.

- 문제의 조건은 MS오피스 2021 버전으로 설정되어 있으며 MS오피스 2016은【 】에 표기되어 있습니다.
  이와 관련하여 작성한 답안의 출력형태가 문제지와 다를 수 있습니다.

- 시험을 완료한 수험자는 답안파일이 전송되었는지 확인한 후 감독위원의 지시에 따라 문제지를 제출하고 퇴실합니다.

·답안 작성요령·

- 온라인 답안 작성 절차
  수험자 등록 ⇒ 시험 시작 ⇒ 답안파일 저장 ⇒ 답안 전송 ⇒ 시험 종료

- 문제는 총 4단계, 즉 제1작업부터 제4작업까지 구성되어 있으며 반드시 제1작업부터 순서대로 작성하고 조건대로 작업하시오.

- 모든 작업시트의 A열은 열 너비 '1'로, 나머지 열은 적당하게 조절하시오.

- 모든 작업시트의 테두리는 ≪출력형태≫와 같이 작업하시오.

- 해당 작업란에서는 각각 제시된 조건에 따라 ≪출력형태≫와 같이 작업하시오.

- 답안 시트 이름은 "제1작업", "제2작업", "제3작업", "제4작업"이어야 하며 답안 시트 이외의 것은 감점 처리됩니다.

- 각 시트를 파일로 나누어 작업해서 저장할 경우 실격 처리됩니다.

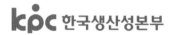

➡️ 다음은 '**7월의 체험 행사 현황**'에 대한 자료이다. 자료를 입력하고 조건에 맞도록 작업하시오.

≪출력형태≫

	행사코드	체험행사명	개최지역	행사기간(일)	시작연도	체험비용	참석인원(단위:명)	체험비 지원금	순위
							결재	팀장	과장	대표

7월의 체험 행사 현황

행사코드	체험행사명	개최지역	행사기간(일)	시작연도	체험비용	참석인원(단위:명)	체험비 지원금	순위
AV-001	농장체험	전남	7	1990년	43,000	6,552	(1)	(2)
TE-002	한지체험	충남	30	2006년	12,000	2,500	(1)	(2)
AE-001	농부체험	경기도	14	2001년	23,600	12,250	(1)	(2)
NT-003	생태체험	충남	20	2002년	21,000	1,320	(1)	(2)
AQ-002	목장체험	전남	10	2005년	34,000	7,320	(1)	(2)
MV-001	해양레저	경기도	5	1998년	27,000	3,210	(1)	(2)
TK-003	전통놀이	전남	10	1995년	10,000	10,320	(1)	(2)
NP-001	벽화체험	충남	15	2000년	30,000	12,150	(1)	(2)
경기도지역의 체험비용 평균			(3)		최소 참석인원(단위:명)			(5)
전남지역의 체험행사 수			(4)		체험행사명	농장체험	참석인원(단위:명)	(6)

≪조건≫

○ 모든 데이터의 서식에는 글꼴(굴림, 11pt), 정렬은 숫자 및 회계 서식은 오른쪽 정렬, 나머지 서식은 가운데 정렬로 작성하며 예외적인 것은 ≪출력형태≫를 참조하시오.

○ 제 목 ⇒ 도형(사다리꼴)과 그림자(오프셋 오른쪽)를 이용하여 작성하고 "7월의 체험 행사 현황"을 입력한 후 다음 서식을 적용하시오 (글꼴-굴림, 24pt, 검정, 굵게, 채우기-노랑).

○ 임의의 셀에 결재란을 작성하여 그림으로 복사 기능을 이용하여 붙이기 하시오(단, 원본 삭제).

○ 「B4:J4, G14, I14」 영역은 '주황'으로 채우기 하시오.

○ 유효성 검사를 이용하여 「H14」 셀에 체험행사명(「C5:C12」 영역)이 선택 표시되도록 하시오.

○ 셀 서식 ⇒ 「G5:G12」 영역에 셀 서식을 이용하여 숫자 뒤에 '원'을 표시하시오(예 : 43,000원).

○ 「G5:G12」 영역에 대해 '체험비용'으로 이름정의를 하시오.

➡️ (1)~(6) 셀은 반드시 **주어진 함수를 이용**하여 값을 구하시오(결과값을 직접 입력하면 해당 셀은 0점 처리됨).

(1) 체험비 지원금 ⇒ 행사기간(일)이 '15' 이상이면서 참석인원(단위:명)이 '10,000' 이상이면 체험비용의 10%, 그 외에는 체험비용의 5%를 구하시오(IF, AND 함수).

(2) 순위 ⇒ 참석인원(단위:명)의 내림차순 순위를 구하시오(RANK.EQ 함수).

(3) 경기도지역의 체험비용 평균 ⇒ (SUMIF, COUNTIF 함수).

(4) 전남지역의 체험행사 수 ⇒ 결과값에 '개'를 붙이시오. 단, 조건은 입력데이터를 이용하시오 (DCOUNTA 함수, & 연산자)(예 : 1개).

(5) 최소 참석인원(단위:명) ⇒ (MIN 함수)

(6) 참석인원(단위:명) ⇒ 「H14」 셀에서 선택한 체험행사명에 대한 참석인원(단위:명)을 구하시오(VLOOKUP 함수).

(7) 조건부 서식의 수식을 이용하여 참석인원(단위:명)이 '10,000' 이상인 행 전체에 다음의 서식을 적용하시오 (글꼴 : 파랑, 굵게).

→ **"제1작업"** 시트의 「**B4:H12**」 영역을 복사하여 **"제2작업"** 시트의 「B2」 셀부터 모두 붙여넣기를 한 후 다음의 조건과 같이 작업하시오.

≪조건≫

(1) 목표값 찾기 – 「B11:G11」 셀을 병합하고, 가운데 맞춤한 후 "전남지역 체험비용 평균"을 입력하고, 「H11」 셀에 전남지역 체험비용 평균을 구하시오. 단, 조건은 입력데이터를 이용하시오 (DAVERAGE 함수, 테두리).
   – '전남지역 체험비용 평균'이 '30,000'이 되려면 농장체험의 체험비용이 얼마가 되어야 하는지 목표값을 구하시오.

(2) 고급 필터 – 개최지역이 '전남'이 아니면서 참석인원(단위:명)이 '10,000' 이상인 자료의 체험행사명, 행사기간(일), 체험비용, 참석인원(단위:명) 데이터만 추출하시오.
   – 조건 범위 : 「B14」 셀부터 입력하시오.
   – 복사 위치 : 「B18」 셀부터 나타나도록 하시오.

→ **"제1작업"** 시트의 「**B4:H12**」 영역을 복사하여 **"제3작업"** 시트의 「B2」 셀부터 모두 붙여넣기를 한 후 다음의 조건과 같이 작업하시오.

≪조건≫

(1) 부분합 – ≪출력형태≫처럼 정렬하고, 체험행사명의 개수와 참석인원(단위:명)의 평균을 구하시오.
(2) 개요【윤곽】 – 지우시오.
(3) 나머지 사항은 ≪출력형태≫에 맞게 작성하시오.

≪출력형태≫

행사코드	체험행사명	개최지역	행사기간(일)	시작연도	체험비용	참석인원(단위:명)
TE-002	한지체험	충남	30	2006년	12,000원	2,500
NT-003	생태체험	충남	20	2022년	21,000원	1,320
NP-001	벽화체험	충남	15	2000년	30,000원	12,150
		충남 평균				5,323
	3	충남 개수				
AV-001	농장체험	전남	7	1990년	43,000원	6,552
AQ-002	목장체험	전남	10	2005년	34,000원	7,320
TK-003	전통놀이	전남	10	1995년	10,000원	10,320
		전남 평균				8,064
	3	전남 개수				
AE-001	농부체험	경기도	14	2001년	23,600원	12,250
MV-001	해양레저	경기도	5	1998년	27,000원	3,210
		경기도 평균				7,730
	2	경기도 개수				
		전체 평균				6,953
	8	전체 개수				

➡ **"제1작업"** 시트를 이용하여 조건에 따라 ≪출력형태≫와 같이 작업하시오.

≪조건≫

(1) 차트 종류 ⇒ 〈묶은 세로 막대형〉으로 작업하시오.

(2) 데이터 범위 ⇒ "제1작업" 시트의 내용을 이용하여 작업하시오.

(3) 위치 ⇒ "새 시트"로 이동하고, "제4작업"으로 시트 이름을 바꾸시오.

(4) 차트 디자인 도구 ⇒ 레이아웃 3, 스타일 1을 선택하여 ≪출력형태≫에 맞게 작업하시오.

(5) 영역 서식 ⇒ 차트 : 글꼴(굴림, 11pt), 채우기 효과(질감-파랑 박엽지)

                그림 : 채우기(흰색, 배경1)

(6) 제목 서식 ⇒ 차트 제목 : 글꼴(굴림, 굵게, 20pt), 채우기(흰색, 배경1), 테두리

(7) 서식 ⇒ 참석인원(단위:명) 계열의 차트 종류를 〈표식이 있는 꺾은선형〉으로 변경한 후 보조 축으로 지정하시오.

            계열 : ≪출력형태≫를 참조하여 표식(마름모 , 크기 10)과 레이블 값을 표시하시오.

            눈금선 : 선 스타일-파선

            축 : ≪출력형태≫를 참조하시오.

(8) 범례 ⇒ 범례명을 변경하고 ≪출력형태≫를 참조하시오.

(9) 도형 ⇒ '모서리가 둥근 사각형 설명선'을 삽입한 후 ≪출력형태≫와 같이 내용을 입력하시오.

(10) 나머지 사항은 ≪출력형태≫에 맞게 작성하시오.

≪출력형태≫

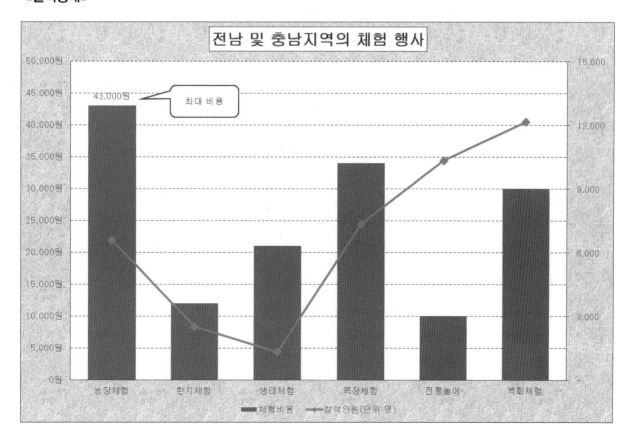

주의 ➡ 시트명 순서가 차례대로 "제1작업", "제2작업", "제3작업", "제4작업"이 되도록 할 것.

과목	코드	문제유형	시험시간	수험번호	성명
한글엑셀	1122	A	60분		

MS오피스

·수험자 유의사항·

- 수험자는 문제지를 받는 즉시 문제지와 **수험표상의 시험과목(프로그램)이 동일한지 반드시 확인**하여야 합니다.

- 파일명은 본인의 "수험번호-성명"으로 입력하여 답안폴더(내 PC₩문서₩ITQ)에 하나의 파일로 저장해야 하며, 답안 문서 파일명이 "수험번호-성명"과 일치하지 않거나, 답안파일을 전송하지 않아 미제출로 처리될 경우 실격 처리합니다 (예 : 12345678-홍길동.xlsx).

- 답안 작성을 마치면 파일을 저장하고, '답안 전송' 버튼을 선택하여 감독위원 PC로 답안을 전송하십시오. 수험생 정보와 저장한 파일명이 다를 경우 전송되지 않으므로 주의하시기 바랍니다.

- 답안 작성 중에도 **주기적으로 저장하고, '답안 전송'**하여야 문제 발생을 줄일 수 있습니다. 작업한 내용을 저장하지 않고 전송할 경우 이전에 저장된 내용이 전송되오니 이점 유의하시기 바랍니다.

- 답안문서는 지정된 경로 외의 다른 보조기억장치에 저장하는 경우, 지정된 시험 시간 외에 작성된 파일을 활용할 경우, 기타 통신수단(이메일, 메신저, 네트워크 등)을 이용하여 타인에게 전달 또는 외부 반출하는 경우는 부정 처리합니다.

- 시험 중 부주의 또는 고의로 시스템을 파손한 경우는 수험자가 변상해야 하며, 〈수험자 유의사항〉에 기재된 방법대로 이행하지 않아 생기는 불이익은 수험생 당사자의 책임임을 알려 드립니다.

- 문제의 조건은 MS오피스 2021 버전으로 설정되어 있으며 MS오피스 2016은 【 】에 표기되어 있습니다. 이와 관련하여 작성한 답안의 출력형태가 문제지와 다를 수 있습니다.

- 시험을 완료한 수험자는 답안파일이 전송되었는지 확인한 후 감독위원의 지시에 따라 문제지를 제출하고 퇴실합니다.

·답안 작성요령·

- 온라인 답안 작성 절차
  수험자 등록 ⇒ 시험 시작 ⇒ 답안파일 저장 ⇒ 답안 전송 ⇒ 시험 종료

- 문제는 총 4단계, 즉 제1작업부터 제4작업까지 구성되어 있으며 반드시 제1작업부터 순서대로 작성하고 조건대로 작업하시오.

- 모든 작업시트의 A열은 열 너비 '1'로, 나머지 열은 적당하게 조절하시오.

- 모든 작업시트의 테두리는 ≪출력형태≫와 같이 작업하시오.

- 해당 작업란에서는 각각 제시된 조건에 따라 ≪출력형태≫와 같이 작업하시오.

- 답안 시트 이름은 "제1작업", "제2작업", "제3작업", "제4작업"이어야 하며 답안 시트 이외의 것은 감점 처리됩니다.

- 각 시트를 파일로 나누어 작업해서 저장할 경우 실격 처리됩니다.

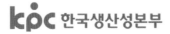

kpc 한국생산성본부

➡ 다음은 '**미래 배달앱 등록업체 관리 현황**'에 대한 자료이다. 자료를 입력하고 조건에 맞도록 작업하시오.

≪출력형태≫

코드번호	업체명	분류	등록일	메뉴수	최소주문금액 (단위:원)	전월배달건수	최소 배달비	등급
						결재	팀장 / 부장 / 사장	

미래 배달앱 등록업체 관리 현황

코드번호	업체명	분류	등록일	메뉴수	최소주문금액 (단위:원)	전월배달건수	최소 배달비	등급
KA1-001	한옥마을	한식	2022-03-10	25	15,000	295	(1)	(2)
CH2-001	초이반점	중식	2020-12-20	20	16,000	422	(1)	(2)
WE2-001	영파스타	서양식	2021-10-10	15	15,000	198	(1)	(2)
KA3-002	오늘된장	한식	2022-05-20	12	9,000	343	(1)	(2)
CH3-002	사천성	중식	2021-08-10	17	11,000	385	(1)	(2)
CH1-003	북경	중식	2021-11-20	22	15,000	225	(1)	(2)
WE1-002	버텍스	서양식	2022-02-10	9	9,900	398	(1)	(2)
KA2-003	장수본가	한식	2022-01-20	16	13,000	415	(1)	(2)
한식 업체 개수			(3)			최소 메뉴수		(5)
한식 전월배달건수 합계			(4)		코드번호	KA1-001	전월배달건수	(6)

≪조건≫

○ 모든 데이터의 서식에는 글꼴(굴림, 11pt), 정렬은 숫자 및 회계 서식은 오른쪽 정렬, 나머지 서식은 가운데 정렬로
작성하며 예외적인 것은 ≪출력형태≫를 참조하시오.

○ 제 목 ⇒ 도형(십자형)과 그림자(오프셋 오른쪽)를 이용하여 작성하고 "미래 배달앱 등록업체 관리 현황"을 입력한 후
다음 서식을 적용하시오
(글꼴-굴림, 24pt, 검정, 굵게, 채우기-노랑).

○ 임의의 셀에 결재란을 작성하여 그림으로 복사 기능을 이용하여 붙이기 하시오(단, 원본 삭제).

○「B4:J4, G14, I14」영역은 '주황'으로 채우기 하시오.

○ 유효성 검사를 이용하여「H14」셀에 코드번호(「B5:B12」영역)가 선택 표시되도록 하시오.

○ 셀 서식 ⇒「F5:F12」영역에 셀 서식을 이용하여 숫자 뒤에 '개'를 표시하시오(예 : 25개).

○「F5:F12」영역에 대해 '메뉴수'로 이름정의를 하시오.

➡ (1)~(6) 셀은 반드시 **주어진 함수를 이용**하여 값을 구하시오(결과값을 직접 입력하면 해당 셀은 0점 처리됨).

(1) 최소배달비 ⇒ 코드번호 세 번째 값이 1이면 '2,000', 2이면 '1,000', 3이면 '0'으로 구하시오
(CHOOSE, MID 함수).

(2) 등급 ⇒ 메뉴수가 15 이상이고, 전월배달건수가 300 이상이면 'A', 그 외에는 'B'로 구하시오
(IF, AND 함수).

(3) 한식 업체 개수 ⇒ 결과값에 '개'를 붙이시오(COUNTIF 함수, & 연산자)(예 : 1개).

(4) 한식 전월배달건수 합계 ⇒ 조건은 입력 데이터를 이용하시오(DSUM 함수).

(5) 최소 메뉴수 ⇒ 정의된 이름(메뉴수)을 이용하여 구하시오(MIN 함수).

(6) 전월배달건수 ⇒「H14」셀에서 선택한 코드번호에 대한 전월배달건수를 구하시오(VLOOKUP 함수).

(7) 조건부 서식의 수식을 이용하여 전월배달건수가 '300' 미만인 행 전체에 다음의 서식을 적용하시오
(글꼴 : 파랑, 굵게).

➡ **"제1작업"** 시트의 「B4:H12」 영역을 복사하여 **"제2작업"** 시트의 「B2」 셀부터 모두 붙여넣기를 한 후 다음의 조건과 같이 작업하시오.

≪조건≫

(1) 고급 필터 – 분류가 '서양식'이거나 등록일이 '2021-09-01' 전인(해당일 미포함) 자료의 코드번호, 업체명, 메뉴수, 전월배달건수 데이터만 추출하시오.
　　　　　　 – 조건 범위 : 「B14」 셀부터 입력하시오.
　　　　　　 – 복사 위치 : 「B18」 셀부터 나타나도록 하시오.

(2) 표 서식 – 고급 필터의 결과셀을 채우기 없음으로 설정한 후 '표 스타일 보통 7'의 서식을 적용하시오.
　　　　　　 – 머리글 행, 줄무늬 행을 적용하시오.

[제3작업]　피벗 테이블　　　　　　　　　　　　　　　　80점

➡ **"제1작업"** 시트를 이용하여 **"제3작업"** 시트에 조건에 따라 ≪출력형태≫와 같이 작업하시오.

≪조건≫

(1) 메뉴수 및 분류별 업체명의 개수와 최소주문금액(단위:원)의 평균을 구하시오.
(2) 메뉴수를 그룹화하고, 분류를 ≪출력형태≫와 같이 정렬하시오.
(3) 레이블이 있는 셀 병합 및 가운데 맞춤 적용 및 빈 셀은 '✻✻✻'로 표시하시오.
(4) 행의 총합계는 지우고, 나머지 사항은 ≪출력형태≫에 맞게 작성하시오.

≪출력형태≫

메뉴수 ▼	개수 : 업체명	평균 : 최소주문금액(단위:원)	개수 : 업체명	평균 : 최소주문금액(단위:원)	개수 : 업체명	평균 : 최소주문금액(단위:원)
		한식		중식		서양식
1-10	✻✻✻	✻✻✻	✻✻✻	✻✻✻	1	9,900
11-20	2	11,000	2	13,500	1	15,000
21-30	1	15,000	1	15,000	✻✻✻	✻✻✻
총합계	3	12,333	3	14,000	2	12,450

분류 🔽

➡️ **"제1작업"** 시트를 이용하여 조건에 따라 ≪출력형태≫와 같이 작업하시오.

≪조건≫

(1) 차트 종류 ⇒ 〈묶은 세로 막대형〉으로 작업하시오.

(2) 데이터 범위 ⇒ "제1작업" 시트의 내용을 이용하여 작업하시오.

(3) 위치 ⇒ "새 시트"로 이동하고, "제4작업"으로 시트 이름을 바꾸시오.

(4) 차트 디자인 도구 ⇒ 레이아웃 3, 스타일 1을 선택하여 ≪출력형태≫에 맞게 작업하시오.

(5) 영역 서식 ⇒ 차트 : 글꼴(굴림, 11pt), 채우기 효과(질감-분홍 박엽지)
  그림 : 채우기(흰색, 배경1)

(6) 제목 서식 ⇒ 차트 제목 : 글꼴(굴림, 굵게, 20pt), 채우기(흰색, 배경1), 테두리

(7) 서식 ⇒ 메뉴수 계열의 차트 종류를 〈표식이 있는 꺾은선형〉으로 변경한 후 보조 축으로 지정하시오.
  계열 : ≪출력형태≫를 참조하여 표식(세모, 크기 10)과 레이블 값을 표시하시오.
  눈금선 : 선 스타일-파선
  축 : ≪출력형태≫를 참조하시오.

(8) 범례 ⇒ 범례명을 변경하고 ≪출력형태≫를 참조하시오.

(9) 도형 ⇒ '모서리가 둥근 사각형 설명선'을 삽입한 후 ≪출력형태≫와 같이 내용을 입력하시오.

(10) 나머지 사항은 ≪출력형태≫에 맞게 작성하시오.

≪출력형태≫

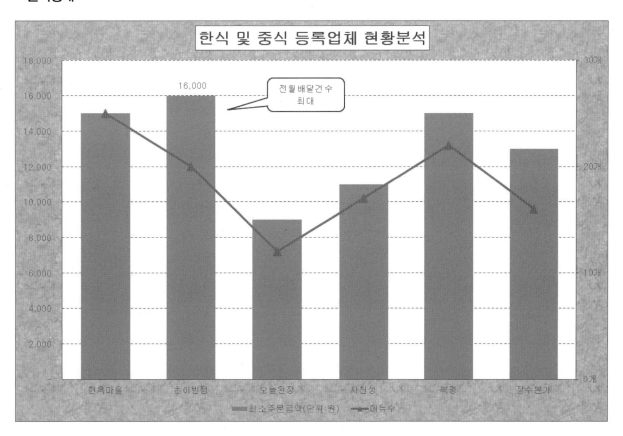

주의 ➡️ **시트명 순서가 차례대로 "제1작업", "제2작업", "제3작업", "제4작업"이 되도록 할 것.**

MEMO